语言历史论丛（第五辑）

Papers on Languages and history
Volume 5

四川师范大学汉语研究所
中国·成都· 2012
The Linguistic Institute, Sichuan Normal University
Chengdu, China, 2012

四川出版集团
巴蜀书社

目　录

CONTENTS

简述杜道生先生的文字学观

——写在先生期颐寿庆之际

华学诚①

引　言

　　1985 年初夏入川参加硕士研究生复试，我认识了杜道生先生，当年仲秋入学就开始听杜先生的文字学课。杜先生的课程内容分为两大部分：一部分是《汉文字学常识》，以《说文解字》为主要教材，讲述《说文》和汉字形音义的内容；一部分是《说文解字》段注，以阐发段注的义例为主要内容，兼采他家之说，折衷评述。杜先生是乐山人，乐山话与成都话的差别很大，还保留入声。一开始我听课很吃力，尽管每次都坐在第一排，与先生只隔着一张课桌（当时川师研究生教室没有现在大学那种

---

① 作者简介：华学诚，1957 年生。北京语言大学教授，语言学博士。

居高临下的讲台，老师和学生平起平坐，使用的是同样的课桌），而且全神贯注，但是仍然在很长一段时间听不明白，甚至先生直呼我的姓名让我用家乡方言印证他的讲课内容我都直愣愣不知道是在招呼谁。但是杜先生的课却是我收获最大的课程之一，原因有三：一是先生编写了系统的讲义，工楷墨书，每个学生都有扫描油印件，这就为课前预习课后温习提供了最好的条件；二是我的同学大多是四川人，先生临场阐发的、补充的，我没有听明白而漏记的，借用同学的课堂笔记都能补充完整；三是先生就住在中文系办公楼，研究生宿舍与之相距也就一两百米，除了休息时间，什么时候都能在中文系楼上找到先生请教，不是在二层的宿舍里，就是在三层的资料室。

今年正值先生期颐大寿，川师举办专门的学术活动为先生庆寿，为先生增寿。接到通知我立即想到的是，应该借此机会写篇文章。杜先生关于汉字和汉字研究有非常丰富的思想，试图在一篇文章里完整而又系统地进行阐发，是根本不可能的。因此，这篇文章只能就我所理解的，对我影响最大的，撮要浅谈，故题曰《简述杜道生先生的文字学观》，向同学们和专家们请教，也算是我这个老学生25年后向杜先生交出的一份作业。

一 关于汉字本体的重要观点

杜先生关于汉字本体的重要观点，散见在他的讲义中，内容非常丰富，全面梳理、概括、总结，需要假以时日。《人类心灵的几何学》》① 是一篇具有重要影响的论文，是杜先生见诸公开报刊的不多的几篇文字学论文之一。

关于汉字与汉语的关系，杜先生有着十分科学的认识。杜先生认为，"作为语言的书写符号的确立，一开始就担负了表达语言的'词'的任务"，"语言的发展，推动文字的发展，汉字的发展和壮大，总是以汉语为中心。当汉字作为汉语书写符号出现的时候，它既以形体表示读音，又以形体表示意义"。

杜先生认为，透过《说文》部首还能够窥测到人类智慧发展的消息。他说："劳动人民在观察理解客观事物的基础上，创造文字，而且作过归纳，作过概括"，"按照人类智慧发展的程序，最早出现的文字，应该是些大共名或者大别名"，《说文》部首的说解就能提供这类信息，比如"鸟"是"长尾禽总名"，"艸"是"百卉"，"川"是"贯穿通流水"，"可以说，许慎的建立部首，有意于对事物进行综合和分类"，"《说文》的许多大部，都是族类的代表"。

关于汉字特点，杜先生最有影响的观点是：汉字是人类心灵的几何学。

杜先生的这一重要观点是在李约瑟博士的启发下提出来的。李约瑟博士认为汉字具有"数学"素质，但是他虽提出了这一命题，并没有进行具体分析和科学论证。李约瑟博士的原话是："在中国的文字中，一个字的发音和它的书写方式是没有关系

---

① 1982 年 11 月 23 日《华侨日报》文史双周刊廿四期。先生在讲义中补记云："本文原题《关于汉字'数学'素质的拟测》，初稿于 1980 年暑假，1982 年 5 月曾在四川省语言学会首届年会提出报告。"本文所据，是杜先生的讲义《汉文字学常识·汉文字学进修资料辑略》附录，157－161 页。

的。事实上，写出来的文字的意义是固定的，不管讲什么方言的人都明白它的意义，但他们发出来的音可以完全不同，彼此无法听懂，就是这种语言中的'数学'素质使公元十四世纪早期的波斯人深为感动，后来又引起像莱布尼茨这样的十八世纪欧洲学者的注意，也许还推动了欧洲数学逻辑的发展……"①

　　基于对汉字的系统研究、对中华文明的深刻把握，杜先生对李约瑟所提出的"数学"素质做出了具体解释，并创造性地提出了"汉字是人类心灵的几何学"这样的论断。杜先生认为，李约瑟博士所说的"数学"素质，答案只有一个，这就是，"汉字本身具有几何学的素质。换言之，即汉字具有用图形、符号表示概念的素质"。"概言之，就是人们把心灵对于客观事物感受用图形、符号表达出来，描绘出来。'字为心画'的说法就源于此，这也是我所理解的汉字最根本的素质"。"欧几里得几何是研究物体形状、大小和位置相互关系的科学，它以高度抽象和概括的图形表达事物之间的关系。而汉字与之相较，则有异曲同工之妙，因为汉字最大的特点，是把人们心灵对客观事物的感受，用图形、符号的方式表达和描绘出来，所以我们尽可以把它视为人们'心灵的几何学'"。

　　杜先生不仅就李约瑟博士的命题提出了科学解释，提出新的论断，而且从人类的本质特征上揭示了图形、符号的性质。他认为，人类把心灵的感受表达出来的方式有三种，即动作、声音以及图形和符号，而"创造符号并使用符号也是人类最本质的特征之一"，汉字的"超方言"性质和"超时间"性质，都是由它

----

① 李约瑟《中国科学技术史》第一卷第一分册，71 页。转引自杜先生讲义。

的"心灵几何学"的性质所决定的。高本汉曾经提出:"将来果有世界语之创立,当以中国语文之研究为基础。"①李澄波也认为:"统一全球非中国文字不为功。"② 中外学者所提出的类似观点,杜先生深表赞同。他认为,人类"经常陷于民族仇恨,领土纷争之中","究其根本,则语言不通,互不理解,为一重要因素",因此,"世界上倘若有建立共同文字的规划和理想",那么最适合的就是"根据人们共同心灵感受而造成的中国文字"。

文章的最后还指出了外国朋友学习汉字的有效途径,这是来自一位汉字学大家的意见,极富学术眼光,如果能够结合对外汉字教学实践来认真研究它,也许因此而能够找到破解对外汉字教学难题的重要方法。

二 关于汉字研究的重要观点

关于汉字研究的重要观点,杜先生的讲义中有两种体现方式,一种是讲义内容的安排,一种是直接的表达。

杜先生认为学习、研究汉字,必须研读《说文解字》,还要兼习古文字,这是十分通达而且科学的。杜先生的《汉字学常识》列有四章,即《说文解字叙》、六书补例、《说文解字》在编写上的创建、甲骨文金文述略。这样的内容编排,体现了杜先生的汉字研究观。

---

① 高本汉(1889 – 1978),瑞典汉学家。杜先生所引高氏语,见《中文大字典·序》二页所载。转引自杜先生讲义。

② 李澄波(1872 – 1961),字天根,精通历史与考古,成都历史文化名人。杜先生所引李氏语,见于李澄波所著《中西文字异同考》。转引自杜先生讲义。

关于《说文解字叙》，杜先生除了对正文进行分段并逐句标点之外，主要采用传统讲疏形式：随文夹注，征引有助于理解叙文字句的文献，对生僻字词作简明注解；每段正文之后撰写的内容有三层，一是概括段意，二是用现代文译述，三是扼要提示。比如从"叙曰"开始至"靡有同焉"为第一段，此段后首先概括曰："以上文字原始"；接着译述；最后提示曰："讲述文字起源，援引史实，建立发展进化的观点。重视语言文字之社会性。"杜先生的重要见解，主要体现在提示部分。

杜先生特别重视"六书"，而讲"六书"则尊崇戴震、段玉裁。杜先生采用戴震的四体二用说，认为"《汉书·艺文志》说'六书'是造字之本，这是不够全面的说法"；杜先生编写《六书补例》一章的目的是，让同学们"多观察一些例证，把分析的方法熟悉起来"。

关于《说文》在编写上的创建，杜先生认为主要体现在下述几方面。字体的选择，在史籀大篆、小篆、古文、鼎彝铭文诸多文字材料面前，合理地选择了小篆，兼顾"古籀"，并指出，所谓"古文"，"乃汉人之'壁中书'之专称，非泛指古代之文字"。体例的组织，"特别表现在他的分析字形，创建部首，以五百四十部，统率九千三百五十三文的分部工作方面"，"按照形体去整饬部勒汉字"，"提纲挈领，执简御繁"，"是切合汉字特点的"。

关于《说文》部首，杜先生有详尽的讨论。关于部首的次第，南唐徐锴只根据意义的联属，清代段玉裁则着重形体的联属，杜先生认为"两家各执一端，都不完全切合实际"，"《说文》的部居次第，是据形据义联系安排的"。虽然部首都是字，但并非什么字都能充当部首。杜先生认为只有同时具备形符、义符、类符这三种特点，"部首的意义方能完足，部首的作用才更显著"，并具体分析了部首的作用，和充当部首的理由。

在《甲骨文金文述略》一节，杜先生简述了甲骨的发现与甲骨文、鼎彝的出现与鼎彝铭文，介绍了甲骨文、金文的结构知识等，并特别指出了甲骨文字、金文对文字学的影响。杜先生认为，"甲骨文字出现以后，首先影响到'文字学'的研究"，一是"'文字学'上之原则研究（文字产生的社会性，文字发展之渐变性）"，二是"文字本身之字原研究"。杜先生认为，"真的把金文的研究用到文字学上，是在清朝乾嘉以后"，用沈兼士的话说，就是"乾嘉以来定一尊于《说文》之学风于焉丕变"①。

在讲义的不少地方，都能见到杜先生关于汉字研究的精彩观点。下面仅从《说文解字叙》的注语中按自然顺序检索，就能摘要如下，可见一斑。"黄帝之史仓颉"下注语云："关于八卦及仓颉造字之说，在今天应该批判地认识。"述周至西汉文字源流一段文字的译述之后提示云：要"注意籀文（大篆）与小篆关系，小篆与隶书关系。""分别部居，不相杂厕"下注语云："许君以为，音生于义，义著于形；圣人之造字，有义以有音，有音以有形；学者之识字，必审形以知音，审音以知义。""爰明以喻"下注语云："许君之书，以字部首为经，而物类纬之也。谊兼字义、字形、字音而言……一字必兼三者，必互相求，万字皆兼三者，万字必以三者彼此交错互求。"

---

① 沈兼士《金文编序五》，丁福保《说文解字诂林》后辑之"序跋类"。转引自杜先生讲义。

三 关于汉字发展的重要观点

关于汉字的起源和发展。杜先生认为，许慎在叙文中承袭"八卦及仓颉造字之说，在今天应该批判地认识"，但是他"援引史实，建立发展变化的观点"，则应该得到肯定，说明他"重视语言文字之社会性"。杜先生认为，"劳动人民创造文字，使用文字，爱护文字，而且不断地改造文字，使得文字更丰富完美，更好地为人类服务"。

汉字的发展是有规律的。杜先生认为，"由于文字记录语言之功能，必然是走向'密切表音'，此所以形声之字日益增加；由于施展交际交流思想之作用，必然是走向'书写便易'，此所以形体简化日益显现"。

汉字是不断发展的，并且"远在三千年前已经发展壮大"。随着汉字的增多，汉字教学、汉字研究事业也发展起来。为教人识字而编纂识字课本，编纂识字课本的人或者是"朝廷显官"，或者是"文史大家"，所以这些识字课本不仅在汉字传承方面发挥了不可替代的作用，而且为汉字研究奠定了基础，《说文解字》的编写离不开这些重要基础。基于这样的认识，杜先生讲解《说文解字》在编写上的创建，首先详尽地评介了《说文解字》以前的字书。

与汉字发展观念相应的是，杜先生主张今人的研究要强调继承。杜先生在《略谈字典编撰的历史继承》① 一文中有比较集中

---

① 文载《四川师范大学学报》1991 年第 4 期。

的论述。杜先生以字典收字和根据字书编字书这两个问题为例进行了讨论。杜先生指出："历史的继承对语言文字来说更具有重要意义，历代字典词书的编撰对此都给予了充分的重视。"继承不是消极的，而应该是积极的。杜先生把历代字典词书的收字原则概括为四句话："作好历史的继承（存古），促进书写的规范（正字），进行不断的补充（拾遗），切合实际的使用（利今）。"杜先生明确表示："根据字书编字书这个说法，个人比较相信。"因为"它深含历史继承的意义，又不是简单的照搬，机械的录用，而是有所借鉴，吸收其精华，剔除其糟粕，纠正其讹误。"并举出历代代表性字典词书为证，指出《说文解字》、《切韵》、《字汇》、《正字通》、《康熙字典》、《中华大字典》、《汉语大字典》等无不如此。

在强调继承的同时，杜先生十分注重今人研究的创新。杜先生的《"及神农氏结绳为治而统其事"的探索》① 一文堪称创新的代表作。杜先生提出，《说文叙》中所说的"结绳"应该理解为"缔结盟约"，而不是实物纪事，这是一个十分有意义的创新见解。杜先生从两个方面进行了有力的论证。一方面，从社会发展的角度说，"游牧社会人类已经知道使用符号来表示宇宙现象，这就是易八卦"；在进步到农业社会时不可能"反而退到实物纪事而使用'结绳'"；"结绳"是"为治"，是要"统其事"，简单的实物承担不了这样的任务。另一方面，从文献词义发展的事实来看，"结绳"这个词语的意义确实经历了从指实物纪事发展到指缔结盟约：《易·系辞下》说"作结绳而为网罟，以佃以

---

① 文载《四川师范学院学报》1980 年第 1 期。

渔",又说"上古结绳而治,后世圣人易之以书契。百官以治,万民以察"。杜先生认为,"'结绳'一语,在这两节的叙述里,字面相同,而表达的意义存在着很大的差异",《说文叙》里的"结绳"义同后者;其次,用"绳"来解释"约",古书上例子不少,《老子》27 章"善结无绳约而不可解"句中"绳约"为联合结构作宾语即为典型例证。"结绳"这一个词语,在不同的历史阶段表达了不同的内容,转为"缔结盟约"是客观史实。

四 关于六书研究的重要观点

杜先生极为推崇段玉裁的观点,认为六书的根本性质是"文字声音义理之总汇"。《说文解字叙》"周礼:八岁入小学,保氏教国子,先以六书"下注语引段玉裁云:"六书者,文字声音义理之总汇也。有指事象形形声会意,而字形尽于此矣;字各有音,而声音尽于此矣。有转注假借,而字义尽于此矣。异字同义曰转注,异义同字曰假借。有转注而百字可一义也,有假借而一字可数义焉。"

杜先生对汉字结构洞察无遗,因此能够对"六书"做出科学、细致的辨析。《说文解字叙》"指事"下注语云:"指事之别于象形者,'形'谓一物,'事'赅众物,专博斯分……学者知此,可以得指事象形之分矣。""象形"下注语云:"有独体之象形,有合体之象形。独体如日、月、水、火是也。合体者,从某而又象其形,如'眉'……'算'……'畴'……是也。独体之象形,则成字,可读;辑于从某者,不成字,不可读。此等字半会意半象形,一字中兼有二者。会意则两体皆成字,故与此别。"在《指事补例》序言中云:"象形是按照实物用画画儿的办法来表达,指事是用符号表示抽象的概念……指事是一种'借象表意'的文字,与象形之'以象表物'不同,因为它表的是意形而不是物形,所以造字的时候应该力求显明,使人易于体会它的意思。"该节补例后云:"象形和指事的区别可以分成两方面来说:(一)就形象来说,两者都是表形的,不同的地方在于象形是写实的,指事是写意的;(二)就所指来说,象形是专指,指事是泛指。"在《会意补例》后云:"会意字和指事字的区别,在于会意字是由两个以上的字组合而成的,而指事字的组成部分决不会都是字。"《说文解字叙》"形声"下注语云:"其别于指事、象形者,指事、象形独体,形声合体。其别于会意者,会意合体主义,形声合体主声。""转注"下注语云:"转注者,所以用指事、象形、形声、会意四种文字者也。数字同义,则用此字可,用彼字亦可。""假借"下注语云:"假借者,古文初作,而文不备,乃以同声为同义。转注专主义,犹会意也;假借兼主声,犹形声也。"

杜先生对象形指事会意形声这四类还作了进一步区分:象形再分为纯象形(如"日")、合体象形(如"眉")和变体象形(如"尸")三种;指事再分为纯指事(如"丩")和合体指事(如"畺")二种;会意再分为纯会意(如"从")、会意兼象形(如"牢")和会意兼指事(如"春")三种;形声字依据声旁分为两种,即声旁兼表意义的(如"论")和声旁不表意义的(如"江"),还指出两种变例,即省声字(如"哭")和亦声字(如"春")。

五　关于《说文》段注的重要观点

杜先生对段玉裁的《说文解字注》极为重视，当年给我们讲授过两个专题，一是段注论六书，一是段注义例。

杜先生认为"段君注《说文》之六书，有其特殊见解"，并概括为六点，即：六书赅括汉字之形音义；不信六书为仓颉造字六法；六书有四体二用；指事象形形声会意是造字而转注假借是训诂；以异字同义说转注，以异义同字说假借。杜先生认为："明此条例，贯串全书。"

杜先生对段注所论六书精髓——揭示，深中肯綮。比如其揭段注论指事要点有四："一、指事具抽象之符号性；二、'事'非具体之物，所赅者广；三、'事'之有形成象者，或混于象形；四、指事为独体，或就图象而增加符号，亦不应与合体之会意混。"比如其揭段注论象形云："段注解释象形，与各家比较一致，总立独体、合体两类。特别指出合体之象形部分，不能独立成字，不能讲出意义来比附另一形体，明此区分合体象形字与会意字。"比如其评段注对形声字的注解云："段注《说文》，对形声字之处理，对古今字音变化之研究，确有超越他家之成绩。"

杜先生自 1934 年从沈兼士研习《说文》即开始点阅段注，1979 年扫描油印其墨书《段注说文解字所发义例辑略》时记云："段注所发之义例，就书上标出记号，即在另册抄录。四十五年以来，通读段注五遍，此稿即经四次翻查，四次钞录。旧稿幸皆保存，偶尔取出对照，则又有所删削，有所归并，有所增补……

举此稿交付刻出油印，余将随从同人，又一次通读段注，更加以订补。"由此可见，杜先生于段注之重视和用力之勤。

杜先生所辑段注义例凡519条，1982年再次扫描油印时把所编《分类检阅表》冠于卷前，据此可得所辑段注义例凡34类，即：本字本义、古今字、方言俗字、部首、六书、训解、引申假借、引经传、传注字书不同、训诂考源流得失、音韵、当为读为读如、省声、古有以声不以义者、古传注多不言名、从某为某之属、合二字成文、附见之例难定或体正体、析言浑言、复字、言许书之义例、称一曰例、言今、言所以、言词言意、言某之言某、言犹、古书也兒二字多互讹、或因形近相借、地名、纠许、订徐、改动、山海经有出于汉人者。

杜先生在《分类检阅表》之前言曰："此为读注摘录，主观缀集，未投钻研之功夫，只有抄写之琐事。"事实并非如此，先生所辑义例，正如《汉语大字典》编写组同人所言："可以帮助通读许书，掌握段注精要。"（杜先生1979年后记述）授人以渔，功莫大焉，先生却如此谦逊，每读此言，都感慨万千。

结　　语

杜先生《题黄冈东坡赤壁》第一首云："世仰眉山秀，东坡树此堂。连篇赋赤壁，再闰守黄冈。乡梦岷峨远，归途江汉长。浮云等富贵，不朽是文章。"[①]"浮云等富贵，不朽是文章"，这

---

　　①　四川省诗书画院编《岷峨诗稿》第三十六期第23页《题黄冈东坡赤壁（二首）》。

正是杜先生心中的价值观，也是先生崇高精神境界的真实写照！

2011 年 10 月 12 日星期三夜

于清华园东邻之潜斋

从移民史和方言分布看
四川方言的历史

—— 兼论"南路话"与"湖广话"的区别①

周及徐②

内容提要：以前的研究认为，现代四川方言是元明清以来的湖广移民带来的。根据移民史的材料、四川方言分布情况和其语音特点，我们认为现代四川方言大致以岷江为界，以东以北地区是明清移民带来的方言，以西以南地区则是当地宋元方言的存留。以前的研究中，对"南路话"有所忽视，将其混同于四川官话"湖广

① 基金项目：国家社会科学基金项目（2008），四川西南地区方言研究，项目批准号08BYY015。四川省社科基金"十一五"规划重点项目（2007），四川西南地区方言研究，项目批准号SC07A006。
② 作者简介：周及徐（1957 - ），四川师范大学教授，语言学博士，研究方向：汉语研究。

话"，导致了四川方言历史形成结论上的偏误。

关键词： 四川方言 历史移民 南路话 湖广话

一 问题的提出

四川方言的形成，与四川地区的历史密切相关。这个话题，往往令人思逸万里，上挂巴蜀古国的历史、战国秦人入蜀，下联扬雄《方言》词例，征引《说文解字》解说，考证若干古语犹存于今，等等。然而，要系统地说明现代四川方言，特别是其语音系统和古代蜀语的关系，恐怕不能如此去做。因为：其一，中国古代一贯的书面语（国家标准语）传统，忽视以至排斥地方语言的记录，而零星的方言的记录又不成系统，难以成为重建方言史的依据。其二，汉字写成的文献不能区别汉语方言语音的差别，即使是记录当地风土的文献也难看出完整系统的方言特征。因此，古代流传下来的如实记录当地方言的资料确实是太少了。唐代以降，系统记录四川方言语音的资料几乎完全空白。屈指可数的几部专著（例如《蜀语》）和古代县志中的方言资料，往往在时间和空间两个方面都很模糊，而且还是举例性质的，不具备语音、词汇和语法上的任何一方面系统性。而现代语言学意义上的方言研究，研究对象的系统性和对象所在的地区、时间的确定，是对语言资料的基本要求。

因此，按照现代语言学的方法，要研究四川方言的历史形成，办法是从现代四川方言的调查研究做起，全面掌握方言特点和地区分布，再利用汉语古音系统和其他方言音系，进行语言的分析和历史比较，由此去观察四川方言形成的历史过程，同时参考古代和近现代四川移民的历史。而且还应注意：一、我们不能奢望凭着这个方法，在追溯方言历史的道路上能走得太远。因为现存四川的方言之间的差别，没有超出汉语北方方言的范围①，以之为重建方言历史的材料，上溯时间不会超过历史上的《切韵》时代；二、古代四川移民，特别是元明以来的大移民，曾经改变了四川人口的成份，语言纵向发展的主流曾经被横向的巨大潮流冲乱，形成四川方言的特殊分布格局。因四川特殊的历史，四川现代汉语方言形成，既不同于原住民学习移民语言中介语石化型的"海口模式"，也不同于外来移民接受当地强势方言型的"上海模式"（潘悟云 2009）。三、方言的历史形成最终要能够从方言本身的性质来证明，可以借鉴史学界关于移民史研究的成果，但只是作为辅助材料。

过去的比较大的四川方言调查研究有两次：一是中央研究院历史语言研究所在 1941 年前后的调查研究，形成的专著《四川方言调查报告》（上、下，约 1800 页）（杨时逢 1984）；一是四川三个高校在 1956 – 1960 年间联合进行的调查研究②，形成"四川方言音系"（约 150 页）（1960）。前者更为详尽，后者比较简略。然而，两者都只是方言音系的现状描写，没有对四川方言历史形成的分析。四川大学崔荣昌教授曾关注于此③，曾有多篇文章和专著研究四川方言及其历史形成。他的观点被许多行内

---

① 清代早期移民在四川境内形成的湘方言、客家方言等外来移入方言来源明确，不在本文讨论之内。

② 指当时的四川大学、西南师范大学（今西南大学）和四川师范学院（今四川师范大学）。

③ 此文写成后，惊闻崔荣昌教授于 2011 年 1 月 6 日去世。谨对这位受尊敬的前辈学者深表哀悼。

外的学者所接受。他认为："元末明初的大移民把以湖北话为代表的官话方言传播到四川，从而形成了以湖北话为基础的四川话，清朝前期的大移民则进一步加强了四川话在全省的主导地位，布下了四川话的汪洋大海。"（崔荣昌1985）。在他的后期专著《四川境内的湘方言》"四川方言的形成"一节中说："我们认为，四川方言，包括四川官话都是外省移民带来的。"（崔荣昌1996）。他的看法是：四川的汉语方言在元明清以后被外来移入的方言替代了，四川汉语方言的历史发展被截断了。我们不同意这种观点。根据四川方言调查得到的资料和四川地区移民史的资料，我们认为四川（以及重庆）地区的方言有多层的历史沉积，特别是仍然成片地保存着元明清大移民以前延续下来的方言。下面从移民史和方言分布的材料进行讨论。

二 四川、重庆明清时期的移民

历史上给四川人口和语言的发展带来重要的影响，使其脱离常轨、发生重大的改变，宋元以后是重要时期之一。元以后比较大的外来移民高潮在四川历史上有两个时期：明初移民和清前期移民。广泛流传于四川民间的"湖广填四川"，宽泛而模糊，不是一个准确的史学概念，容易产生误解，需要厘清。

2.1 元末明玉珍的移民（湖广填四川之序曲）

北宋和南宋时期，由于远离战乱，四川的经济繁荣，人口增长。南宋嘉定十六年（1223年）四川人口数达到约600万人①。

----

① 以下所引资料，来自于葛剑雄主编、曹树基著《中国移民史》第五、六卷。

造成四川人口锐减的战乱，第一次是在（南）宋元时期。在1230年前后，元蒙军队攻入四川，南宋军队坚守境内的城池，双方激战，往往一地多次易手。如"宋元争蜀，资（阳）、内（江）三得三失，残民几尽。"（光绪《内江县志》）又，宋元军在长江上游大战，宋军守泸州神臂城34年，军民消耗殆尽。50年后，元军才完全平定四川。迄至1280前后的近半个世纪中，四川饱受战火蹂躏，人口损失严重。据统计，元军平定四川后的至元十九年（1282年），"四川民仅十二万户"（《元史·世祖本纪》），按每户5人计算，也才60万人。以至不得不裁撤官府，减少行政区设置。在此后的80余年中，四川人口的恢复缓慢。又值元末战争损失，"四川的土著就只有30–40万人了。"（曹树基1997a：152页）

宋末元初四川人口90%的损失，为此后的移民填入四川留下了巨大的空间。

明玉珍的军事移民是四川明初移民的序曲。明玉珍是元末红巾军将领，元末（1357年）从湖北经三峡统兵入蜀，先后据重庆、泸州、宜宾，后建立大夏朝，统治全蜀及汉中、遵义。1366年明玉珍病卒。1371朱元璋派汤和率明军征蜀，明玉珍之子明升在重庆出降。明氏在蜀十五年，领有四川而无大战，不苦民，有政声，民心归。明玉珍湖北随州人，其士卒及家属多湖北（西部地区）人，随军入蜀，明玉珍自称"区区二十万人马"（《明太祖实录》卷六十八），合家属计，应不少于40万人，夏亡降明，都留在了四川，以重庆（夏之都城）周围地区为多，其来源多是湖北西北及明玉珍驻扎过的江汉平原地区的人。40万人虽不算多，却是与元末四川土著人口相当的数字。这是湖广移民四川之始，可称作"湖广填四川"之序曲。

2.2 明初洪武移民（湖广填四川之主曲）

明代的湖广承宣布政使司，又称"湖广布政使司"，简称"湖广"、"湖广行省"或"湖广省"，明朝时期直属中央政府管辖，治所武昌，为明朝 15 个"承宣布政使司"之一。辖今湖北、湖南全境。

洪武移民的时间，据移民族谱和有关文献记载，从洪武二年（1369 年）始，直到洪武二十四年（1391 年），官府组织的大规模移民前后持续了 22 年。其中又以洪武五年至洪武十四年 10 年间为最高峰，四川总人口增长 155.83%，达到 146.45 万口。（黄友良 1995：75 页）来源地，有称楚、秦楚、湖广麻城、黄（州）麻（城）、武昌者，其中称"麻城孝感乡入川"者尤多。值得注意的是，麻城县孝感乡在明成化八年（1472 年）并入了仙居乡而不复存在，故今称其祖籍为"麻城孝感乡者"都应是明洪武时期来四川的移民，而不是清代的移民。（黄友良 1995：78 页）总之，在洪武时期所谓"湖广"移民，主要来源是湖北地区，包括今湖北省西南官话区的大部（武昌、黄陂、随州）和一部分江淮官话区（麻城）。

这一时期移民的落籍地，主要是在川东、川中地区。间接的反映在李懋军根据《明一统志》中各县里甲数对四川人口密集区做出的分析，有重庆周围地区，有奉节、南充、三台等地区，以及泸州大部、宜宾东南。（曹树基 1997a：158 页）另外，洪武间升、复的州县也应是移民密集区，洪武十三年升、复、新置的州县有四十个之多。关于洪武大移民的结果，据估计，洪武二十六年，四川人口数的修正值约为 160 万，加上十卫三所的军人及家属 19.5 万人，总人口合计约为 180 万人。洪武年间移民的数量达到 80 万人，加上明氏移民 40 万，元末明初四川接受移民高达 120 万人，（曹树基 1997a：159 页）这是元末四川人口 40 万人的三倍。考虑到路程就近和投亲靠友等因素，移民分布并不平均，则在局部地区（如重庆和川东、中部地区）构成的移民人口优势，是大大超过原宋元以来的原住居民的。

总之，洪武时期湖北籍的移民，在短时间内大量移居重庆和四川的东中部地区，填补了宋元以后四川人口的空虚。这奠定了以后五百年间四川移民和土著分布的基本格局，可称为"湖广填四川"之主曲。

2.3 清前期移民（湖广填四川之重奏）

清代康熙初沿袭明行省，而改十五行省为十八行省。其中，原明代的湖广行省划分为湖北、湖南，遂与今大致相当。故"湖广"之称，实是以明代的行政划分，而不是清代的。

2.3.1 移民的时间

清前期移民指清代顺治、康熙、雍正和乾隆一百年间的向四川的移民运动。从 1393 年（洪武二十六年）至 1600 年（万历八年），人口按平均增长率 0.5% 增长，四川人口总数应达到 500 万人左右。此后天灾人祸接踵而至。顺治三年至五年（1646 - 1648 年）四川大饥，人口减少。更严重的是战乱给四川带来的破坏。主要有：张献忠三次入川（1634 年、1639 年和 1644 年）的劫掠和屠杀，川东北"摇黄"盗匪的残害（1630 - 1648 年），南明军队在川抗清对当地的危害。其中，尤其以张献忠在成都三年残害最甚，顺治二年（1645 年）十一月张献忠屠戮成都平民，以至闾巷空虚，千里无烟。张的"大西军"采粮，至数百里外无所得，粮绝而食人。顺治三年因无粮难支，张献忠焚城而去。清兵入成都，荒芜破败，竟不可居，弃城而还龙安（今平武县）。其后又是平吴三桂反叛之战（1674 - 1681 年）。从崇祯初到康熙二十年，前后约半个世纪，四川饱受战乱蹂躏。清初人口残存约 10%，约 50 万人。（曹树基 1997b：69 页）

从康熙十年（1670 年）政府颁布政策鼓励向四川大规模移民起，至乾隆四十年（1775 年）后政府逐渐限制移民止，形成了近代历史上第二次向四川移民的高潮，前后长达一百余年。中曾因"三藩之乱"而有七年的中断，因而形成了康熙十年至康熙十三年（1671 - 1672 年）、康熙二十年至乾隆四十年（1681 - 1775 年）前后两个阶段。显然后一段的 95 年是清代四川移民的主要时期。

2.3.2 移民来源地

相对洪武移民多集中于今湖北西部一带来说，清代移民的来源地更为广阔，据官方文献记载，除湖广以外，还有广东、江西、福建等省。湖北仍然是四川移民主要来源地，"湖广麻城"仍是主要原籍地，特别是在重庆和川中、东部地区。四川西部地区，如成都及其附近，虽稍少于川东及重庆，但仍是以湖北移民为多，金堂县"楚省籍约占百分之三十七"（据民国《金堂县续志》卷三《户口》），便是一例。除道途近便的湖北外，还有湖南的衡（州）、永（州）、宝（庆）府、零陵（县）等地。"总而言之，清代的'湖广填四川'是一场以湖广移民为主，广东、江西、陕西等省移民为辅的规模浩大的人口迁移。湖广移民沿长江由东向西分布，愈往西、往南、往北，分布愈稀。"（曹树基 1997b：91 页）这是大致正确的。湖广移民往西的分布也并不

"稀"，在西部地区也占总人口的百分之三十强，在各省籍人数中是最多的。不过，移民史研究者没有注意到岷江两岸的不同。"沿长江"，更准确地说，是"沿长江及岷江以北、以东的广大地区"，应明确岷江的分界的地位。在岷江以西、以南便不是这样的了。由于没有注意到这方面的情况，在有关的移民史资料中，湖广（楚）籍移民比例的统计资料不详尽，这是可惜的。根据下面所引的资料可知，这里的湖广籍移民比其他地区更要少得多。

2.3.3 移民的结果和分布

乾隆四十一年（1776 年）四川总人口约 1000 万。其中的土著人口和移民人口的比例，据估计为移民在 60 - 70% 之间，土著在 30 - 40% 之间。又根据乾隆十八年至二十年四川移民分省籍户数统计，其中湖广移民占各省籍移民的总数约为 60 - 70%。再根据清代云阳等五县移民氏族原籍分布统计，迁入的湖广籍氏族约占 60%，与前述分省籍户数的抽样统计大致相符。所以湖广移民占移民总数近 60%。（曹树基 1997b：90 - 101 页）这样，湖广移民占当时四川总人口的比例，应在 36% - 42% 之间，即与土著人口数大致相当。然而，四川盆地各地区接受移民的数量不是平均的。下面的统计值得注意：乾隆四十一年四川各区分原籍人口统计表（原书表 3 - 7）和据此做出的清代前期（1776年）四川移民迁入与分布图（原书图 3 - 1）反映，邛州、眉州、雅州府、嘉定府、叙州府、泸州和叙永厅等地的移民数量远远少于其他地区，每个州/府在 5 万户以内。（曹树基 1997b：102页）这些都是我们所讨论的岷江以西以南的地区。而邻近的成都府则是移民迁入的最密集地区，达到 90 万户。这虽然只是用

1776 年的资料作的抽样调查，却能代表清代四川移民的分布特点。这种分布的原因，我们下文会论及（参见本文 3. 2. 3 小节）。

乾隆四十年以后，四川移民的高潮渐近尾声，四川移民和土著分布的区域和比例也稳定下来，一直发展到现代，1953 年四川人口统计为 6568. 5 万人。

总之，在清代前期的约一百年中，来自湖北、湖南、江西、广东和福建的移民，其中以两湖最多，再次陆续移入重庆和四川东中部地区，少量移入四川西南部地区，填补了明末清初四川人口的不足。这可以看作是"湖广填四川"之重奏。

综上所述，"湖广填四川"是一个包括了元末明初和明末清初的向四川境内移民运动的总称，有明玉珍移民、洪武移民、清前期移民三个阶段。洪武移民尤其重要，由于其处在宋代以后向四川移民的第一个重要阶段，又是中央政府组织的大规模集中移民，我们认为它奠定了今重庆和四川东、中部地区人口来源和分布的基础，不应把它和清代移民混而同之，忽视它的作用。清代移民则是洪武移民的重复和加强，除了增加了来自湖南的湘方言移民和来自赣粤的客家方言移民成份外，对明代形成的移民成分和移民分布格局，没有重大的改变。

三　近现代四川方言的形成和明清移民的关系

3. 1　重庆和四川中东部地区方言"湖广话"的形成

3. 1. 1　方言历史形成与移民的关系

在移民方言的形成中，中央政府组织的、时间短、来源地集中、在迁入地集中居住的移民，是最能保持其原有方言特征的人群。这是因为他们能够在短时间内形成一定规模的方言社会群体。而一旦形成了这种方言社会，尽管规模较小，甚至仅一村半里，但他们的方言会保持下来，世代相传，随子孙的繁衍扩大。我们认为，洪武移民具有这一种特点。明初以后的50年时间内，中央政府组织湖北江汉平原及相邻地区大规模移民，迅速填补了宋元战乱和萧条在四川留下的巨大的人口空间，在重庆和四川中东部的人口中第一次形成了"湖广话"方言社会，在重庆和四川中东部方言形成中，起到了决定的作用，成为明代成渝片方言的主流。

反之，自发的、时间上先后不一、来源地分散、在迁入地与当地人杂居的移民，由于不能形成自己的一定规模的方言社会，只能与讲当地话的人群交流，会很快融入移居地的方言社会。其原有方言往往在第二代即为移居地的方言所同化，不能保持。我们认为，清代前期移民具有这一种特点。其一，移民持续时间长。清初以后顺治至乾隆前期的100多年的时间内，来自鄂、湘、赣、闽、粤等南方五省的移民相继来四川。迁入时间绵延长达一个世纪，像一次缓慢持久的输血过程，留下了迁入地土著方言消化外来方言的时间。其二，来源地分布广阔。以不同地区分别而论，来自赣、闽、粤的客家方言，由于与北方方言的差别很大，与移入地原有的方言不能交流，隔阂的压力使之保持内部的紧密联系，形成方言社会。至今四川中东部在"湖广话"的汪洋包围之中，还顽强地保存着许多客家方言岛。来自湖南的湘方言与之相似，但由于湘方言与北方方言的交流度更大，许多移民后裔的湘方言今已经模糊难辨，甚至同化于当地方言"湖广话"。（杨荣华 2005，饶冬梅 2006）其三，来自湖北的移民仍然是清代四川移民的主要来源，"湖广麻城"仍然是这时期移民常见的原籍。湖北地区移民在洪武移民的基础上的第二次填充，使得四川湖广移民成分得到补充。在有些地方则是重新填补，例如在明末遭受人口重创的成都府地区。清初湖北移民与洪武时期相距 350 多年，来源于同一地区的方言又一次加强了"湖广话"。

总之，洪武入川的湖广（北）移民，经过三百多年的发展，在川东中部地区形成了比较稳固的方言基础。清前期移民在这样的基础上进行。这一时期移民的时间长、来源地分散，形成方言能力相对弱；客家和湘方言等南方方言则由于方言差别太大，只在本方言群体内部交流中使用，不能影响当地原有方言；移民主力仍是集中于湖北移民。由于这三个特点，形成了四川东中部明代以来、四川西部清代以来，以"湖广话"为主要方言的分布特点①。

3.1.2 "湖广人"和"湖广话"

"湖广人"和"湖广话"是四川（和重庆）人的普遍概念。"湖广人"在四川话中指明清时期从湖北、湖南迁来的移民的后代，现在遍布于重庆和四川中、东、西部地区，在问及祖先原籍时，绝大多数都会说"湖广麻城人"或"湖广人"。而"湖广话"一般指以成都重庆两地的方言为代表的通行于成渝地区的方言，具有西南官话的共同特征，例如古入声字归阳平；也有自己的一些特征，例如不分平翘舌声母、不分鼻边音声母、调值相

---

① 四川东中部指现重庆直辖市和四川东部地区，四川西部指成都周围岷江以东地区，详见下。

似等等①。由于两地方言之间差别很小，所以"湖广话"覆盖了东起万州市西到成都岷江以东的地区②。从地理上说，整个四川盆地，除去岷江西南以及沱江西南的部分，都是湖广话地区。从当地人的意识上说，通常说的四川话就是成渝两地话为代表的湖广话。从历史上看，重庆在湖广话的中心，成都则处在湖广话与川西南方言（南路话）的结合部。在东部的重庆及周围地区，早就是湖广话的一统天下。而在成都附近地区，近年来才由于经济迅速发展的影响，湖广话作为地域通用方言，正在同化周围的其他方言，拥有越来越大的使用范围。

3.2　四川西南地区方言"南路话"的形成

以上的讨论，是除开岷江以西和以南，以及四川境内的长江以南的 L 型地区，即我们所说的四川西南地区的。这一地区，其人口来源和方言的形成，与成渝地区有不同的历史。这一点，在以往的研究中，被忽视了。

3.2.1　四川西南地区方言的分布特点

我们先作一个假设，如果岷江西南地区的方言和岷江东北（成渝地区）的方言都是同一时期"湖广填四川"移民带来的，其结果应是同一性质的方言在岷江两岸的广泛分布。或者，因移民来源地不同，不同特征的方言在岷江两岸交错分布。而今天的四川方言分布却很齐整，大致形成以岷江和沱江为界，东北、中部和西南三块地区，其方言有各自明显的特征。仅从调类特征上说，北边的成渝地区是入声归阳平；中间沱江和岷江之间是入声

---

① 四川方言的语音及各片之间的区别详细的特点，另文讨论。
② 约相当于《中国方言地图集》（1987）中的"西南官话成渝片"。

归去声①；岷江西南地区是入声独立。很显然，这种截然分立、界线明确的格局，提示岷江两岸的方言的来源不同。不同来源的方言的发展，形成了如今成片的整齐的方言地理分布②。四川中、东部及西部的一块，即成渝地区方言，是明洪武及清前期移民的结果，前文已论证。我们把岷江与沱江之间的中间的一块（自贡仁寿等地区）留作以后讨论，现在只讨论岷江以南和以西的情况。

湖广话和南路话在四川沿岷江地区的分布

---

① 即《中国方言地图集》（1987）中的"西南官话灌赤片"中的"仁富小片"。

② 如果是原来的同一种方言的渐变分化形成数种方言，其音系差别必能由语音的历史演变来解释，而成渝方言和川西南地区方言之间不具有先后分化形成差别的音系特点，问题讨论见周及徐《四川西南地区方言调查研究》（2011）。

3.2.2 "南路人"和"南路话"

和"湖广话"相对,"南路人"和"南路话"也是川西地区社会中普遍的概念。"南路话"指岷江以西及以南,特别是成都西南的都江堰、温江、崇州、大邑、邛崃、蒲江和新津一带的方言。它在语音、词汇上都有自己的特征,最明显的不同于湖广话的语音特征是入声独立[①]。在更大的范围上,有这种语音特征的话沿岷江以西一直向南分布,经乐山、宜宾直至泸州地区,再折向东北进入今重庆市境内[②]。由于水路便利,南东而去的岷江是古代成都、乐山、宜宾等城市经长江进出四川盆地的主要通道,商旅必经,这条通路称为"南路"。成都的"湖广人"称讲这种话的、口音有别于自己的人为"南路人"。在当地人的观念中,"南路话"与以成都城市话为代表的"湖广话"是两种完全不同的方言,有明显的区别[③]。又由于讲"南路话"的人多是川西南县城或农村人,"南路话"成了川西农村土话的代表。成都人常模仿南路话,嘲笑乡下人语音不正,例如(后一书写形式是成都人对南路话的听觉,标音采自崇州话):"肉骨头"说成"肉锅 [ko^{33}] 头"、"卖不卖"说成"卖波 [po^{33}] 卖"、"读书"说成"多 [to^{33}] 书"、"爷爷"说成"姨 [i^{11}] 姨"、"婆婆"说成"扑 [phu^{11}] 扑"、"月亮"说成"哟 [io^{33}] 亮"、"肚子"说成"舵 [to^{11}] 皮"等等,有如现在说普通话的相声

---

① "南路话"的语音特征另文讨论。

② 约相当于《中国方言地图集》(1987)中的"西南官话灌赤片"中的"岷江小片",但不包括西昌地区。

③ 笔者的母亲(1927—)是成都人,讲"湖广话",父亲(1923—)是崇庆(今崇州市)籍的南路人,早年来成都后乡音不改,一生操"南路话"。笔者生长于成都,讲湖广话。由于童年在崇庆县老家生活多年,也能讲南路话。

小品演员学舌其他方言土语。总之，他们认为南路话是与"官话"完全不搭界的土话。四川师范大学校园内的主流方言是成都话。在四川师大的课堂上，讲南路话的同学发言被哄笑，而讲话人自己也觉得很惭愧。而讲成都话（湖广话）的同学则很坦然。长期以来的情况是，成都的大学生在大学二年级以后多改说成都话，大学毕业时已是一口成都话，在生活中通用。成都北、西、南三面各县城原是南路话通行的地区。在上世纪80年代以后，由于经济繁荣，成都与周围地区道路交通状况大大改善，交流频繁，强势方言成都话（"湖广话"）影响日益强烈，成都附近各县城中青年纷纷放弃南路话，说成都话的越来越多，说纯正的南路话的人越来越少。从这时开始，南路话才开始了"上海模式"的演变（潘悟云2009）。

在过去的四川方言研究中，没有注意到南路话在四川方言中的重要地位。崔荣昌在四川方言的划分中，认为四川话即湖广话，把大片的属于南路话的方言点归于"湖广话"之下，忽略了南路话与湖广话的区别。如《四川境内的湘方言》（1996）"四川方言的形成"一节"四川的官话——湖广话"小节下，四川（和重庆）的160个市县219个点，除湘方言、客方言和北方河南话的三个点外，都是四川官话（即湖广话），没有南路话的地位。这导致在四川方言形成研究上的偏差。

"南路话"与成都周围的"湖广话"有一个很明显的地域分界。如果我们从东面的万州经重庆向成都，在长江和岷江以北的地区，作一次横越四川盆地的旅行，并且不断地与沿途的当地人交谈，会发现直至成都以前沿途上千里，方言只有渐变，没有明显的不同。但是，从成都继续向西，出成都市区约十公里，特别是越过岷江后，口音大变，当地人讲的是南路话，说快了（实际上是正常语速）听不懂。灌县（今都江堰市）地跨岷江东、西，以岷江（外江，自然河道）为界，有两种不同的方言，当地人称"河东话"和"河西话"，前者近于湖广话，后者是典型的南路话①。需要指出的是，在岷江中下游以及相延的长江中游地区，这种分界在沿江地区有跨越，南路话扩大分布到了岷江东岸和长江北岸，如在成都、乐山、宜宾和泸州，这一现象对解释方言分布格局很有意义（见后文）。从整体来看，四川话中入声独立的南路话以岷江为界是明显的。在上世纪50年代，岷江以东、成都以西10公里左右（温江）便进入了南路话区域，现在成都话的区域扩展了，这条湖广话和南路话的交界线向西退后了，郫县、温江、双流等县区讲成都话的人越来越多，几乎到以岷江为界了。

3.2.3 "南路话"与移民的关系

根据前文引移民史资料的统计，在清代时期的移民数量的抽样调查（1776年）中，四川岷江以西以南地区（下游是长江以南）明显地少于其他地区。（见前2.3节后四段）我们由此可以推知这个地区在整个明清时期的移民都相对地少，南路话几乎不受外来移民的影响。南路话保存的主要原因有：

1. 从事农业的土著人口相对集中。岷江中游地区，自战国都江堰水利工程建成后，农业的发达很早。后经千年的发展，至宋末，已成为农业发达地区。人口密度大，上世纪60年代，川

---

① 按：都江堰河东话经笔者调查，是"南路话"和"湖广话"的混合型方言。参见《四川西南地区方言调查研究》（周及徐2011）。

西平原人均占地不到一亩。这里的人民世世务农，精耕细作，自给自足，讲当地话，行本乡俗。除去少数经商之人外出到过其他地方，绝大多数人附着故土，"民至老死不相往来"，甚至一生也没到过今天看来近在咫尺的"成都省"①。这种情况在上世纪60 年代以前一直保持着。近乎封闭的环境很平静，既少有外来方言的扰动，也没有学习外来方言的需要，原有方言得到保持和传承。在岷江中下游地区，如乐山、宜宾和泸州地区，也都在岷江沿岸，有平旷的冲积平原，灌溉充足，农业条件良好。虽经宋元战争，由于这些地方的自然环境和农业条件没有破坏，恢复相对要快，外逃回归的土著人多，剩余耕地少。没有川东中部那样广阔的空间，移民若来到这些地方时，只能插占土地，难以成批聚居。

2. 天然的地理阻隔。岷江以西地区距离湖北江汉平原，比起重庆和川东地区，要远约三百至五百公里，在靠徒步迁移的岁月里，这是一个不短的距离。已经数千里跋涉到达四川东部的移民，到达四川西部要花费更多的精力、时间和路资。又有长江和岷江的阻隔，需要有渡口和渡船。笔者的记忆中，童年时（1958－1965 年）从成都到崇庆（今崇州市）老家去，从成都西去十余公里过岷江渡口，叫"三渡水"，因水域宽阔河道纵横，人和车要摆渡三次才能通过。50 公里的路程，公交班车在坑坑洼洼的路上颠簸，早上出发，常常傍晚时分才磨蹭到县城。夏天洪水季节，岷江水量陡增，渡口时有船倾人亡的事故。因不能行船而交通阻绝，有时竟月。这还是在岷江中游，时间还是在

---

① 川西农村人对成都市的旧称。

现代①。若是在中下游，岷江收纳众水，江面宽阔，古代移民远道而来，要越过滔滔江水，更非易事。

3. 战争的破坏程度小。无论是在宋元战争还是在明末战乱中，岷江西南岸地区受到的破坏都比岷江以东和以北地区遭受的破坏要小，这是由于地理位置相对偏远，又有岷江的天然阻隔，岷江与金沙江在宜宾汇流后，则是长江的阻隔，保护了这些地区。虽不能完全免于兵燹，却大大地减少了破坏。

4. 移民时间相对较晚。由于道路遥远和地理阻隔，经长江三峡和四川北部通道入川的外省移民，在早期多会选择比较近便的重庆地区和川东中部地区，待这些地方移入渐满后，才会选择更远的地区。这就为本地土著人口的恢复和发展留下了时间。而一旦土著人口恢复到一定的数量，就会形成讲本地方言的强势方言社会。以后迁入的移民如果不是成批的并且集中居住，就很难在后代中保持住自己的方言了。而晚期移民要形成"从同一移出地成批移来"和"在同一移入地集中居住"这两个条件，几乎不可能。

5. 方言孤岛现象。在成渝片方言湖广话的海洋中，散布着一些南路话方言，形成孤立的方言岛，如四川中部的射洪、盐亭、西充。我们在调查中还发现，《中国方言地图集》（1986）标为成渝片方言区的地区，一些地方至今还保持着入声调独立等与南路话相似的特点，如成都东北的新都、广汉（吴红英2010）和双流等地。这些分布在湖广话区域中的异质方言岛，应该是明

① 直到1970年前后，才在岷江上建起了从成都西去崇庆、邛崃的第一座公路桥"岷江大桥"，此桥三十多年后于2008年坍塌江中，成为颇有意义的历史遗迹。

清移民的潮流没有完全覆盖的当地方言的存留。

在以往的研究中，由于过于偏重明清移民对于四川方言形成的影响，忽视岷江西南地区方言（南路话）与成渝地区方言（湖广话）的差别，也忽视了岷江两岸不同的方言分布格局，把岷江左右的全部四川方言，都视为明清"湖广填四川"移民的结果。这就错过了进一步揭示四川方言历史层次的关键线索。根据移民史和现代四川方言分布特点以及语音特点，我们提出：四川盆地岷江以西以南地区以及与其相延续的长江以南地区的有独立入声调类的方言（即"南路话"），应是更早的宋元时期古代四川方言的遗留。岷江以东以北四川中东部地区，以成都、重庆话为代表的成渝片方言（即"湖广话"），才是明清"湖广填四川"的结果①。现代四川方言的形成，有两种情况：即明清以后外来方言在四川中东部地区直接填入和明以前当地方言在西南部边缘地区存留。这是官话方言在四川（和重庆）地区两大不同的历史分支。

上述关于四川方言形成的结论，不仅是根据移民历史和四川地区的方言地理分布，更主要的是在调查了这些地区的方言后，分析比较得出的（周及徐 2011）。四川西南地区方言音系和语音特征、语音字表等详细的语音资料，是归纳得出上述观点的重要的语言学基础。这些材料见笔者的国家社会科学基金课题《四川西南地区方言调查研究》（周及徐 2011）。

---

① 关于四川西南地区方言语音特点的论述，见另文。在岷江北岸和沱江之间的地区，形成自贡仁寿荣县等地的"仁富片"方言，有不同于前述两种方言的特征，另有来源。四川安宁河流域西昌等地的汉语方言，也不同于前述两种方言，另有来源。

参考文献:

[1] 潘悟云. 吴语形成的历史背景 [J]. 方言, 2009 (3).

[2] 崔荣昌. 四川方言的形成 [J]. 方言, 1985 (1): 6-14.

[3] 崔荣昌. 四川境内的湘方言 [M]. 台北: "中央研究院" 历史语言研究所, 1996.

[4] 杨时逢. 四川方言调查报告 [M]. 台北: "中央研究院" 历史语言研究所, 1984.

[5] 四川方言调查工作组. 四川方言音系 [J]. 四川大学学报, 1960 (1).

[6] 曹树基. 中国移民史 (第五卷) [M]. 福州: 福建人民出版社, 1997a.

[7] 曹树基. 中国移民史 (第六卷) [M]. 福州: 福建人民出版社, 1997b.

[8] 黄友良. 四川移民史论 [J]. 四川大学学报, 1995 (3).

[9] 杨荣华. 四川安岳大平话音系研究 [D]. 四川师范大学语言学硕士论文, 2007.

[10] 饶冬梅. 四川德阳黄许话调查研究 [D]. 四川师范大学语言学硕士论文, 2006.

[11] 中国社会科学院, 澳大利亚人文科学院. 中国语言地图集 [M]. 香港: 香港朗文出版公司, 1987.

[12] 吴红英. 川西广汉等五县市方言音系研究 [D]. 四川师范大学语言学硕士论文, 2006.

[13] 周及徐. 南路话和湖广话的语音特征 (见本书).

[14] 周及徐. 四川西南地区方言调查研究 (国家社会科学基金课题, 2011, 待发表).

New Thesis on Immigrating in the Ming Dynasty and Evolving of the Sichuan Dialects

Zhou Jixu

(Chinese Department, Sichuan Normal University, Chengdu Sichuan 610068, China)

Abstract: There is a conclusion on the history of Sichuan dialects that the Modern Sichuan Dialects were begun from the immigrants who were from Hubei province and Hunan province in the Ming Dynasty and the Qing Dynasty. Based on the historical immigrants material, the distribution of the Sichuan dialects and the sound system features, we think that Sichuan dialects are divided into two: the one in the eastern and northern banks of the Min River belongs to the immigrants from Huguang province in the Ming and Qing Dynasty, the other one in the western and southern banks could trace back to the natives in Sichuan before the Ming Dynasty. We study the elements that the Sichuan dialects formed, and point out: it is an error on the study of the Sichuan dialect history that neglecting the features of "Nanlu – speech" and confusing it with the Sichuan mandarin "Huguang – speech". The error caused the mistaken conclusion on Sichuan dialect History.

Key words: Sichuan Dialect, history, immigrants, Nanlu – speech, Huguang – speech.

《切韵》系韵书中的韵类相混现象[①]

仝小琳[②]

内容提要：唐五代《切韵》系韵书中已有大量反映当时实际口音的同韵等混同、开合口相混现象。有关等的相混，多半是二、三等混并，亦有一、三等的混并。开合口的相混涉及一、二、三、四等，唇、舌、齿、牙、喉五音。

关键词：唐五代《切韵》系韵书　同韵等相混　开合口相混

从隋初产生的《切韵》，到在它的基础上扩充发展而成的唐五代一系韵书，所跨时期正是汉语音韵史上最重要的中古音时

---

①　基金项目：国家社科基金西部项目"唐五代《切韵》系韵书研究"（09XYY013）。

②　作者简介：仝小琳（1977－），女，河南南阳人，文学博士，研究方向为应用语言学。

期。历来对唐五代《切韵》抄刻本的研究，总是着眼于利用它们来补充、参证中古音系。实际上，这些韵书在保持着音系基本一致的情况之下，内部沉淀着不同时期的语音层次。诚如徐朝东在《从例外音切看〈切韵〉系韵书中的语音层次》一文中所述："即使在非常保守的《切韵》音系代表材料切三、王韵、《唐韵》、《广韵》等中至少存在两个语音层次：一个是保守的《切韵》音系，另一个是代表创新形式的口语语音。"[1]144

我们通过对唐五代《切韵》系韵书内部的考察，发现从《切韵》到《广韵》因反切用字的改变而带来的韵类方面的语音变化，如：同韵等相混、开合口相混现象大量存在。这两种语音现象反映了当时的实际语音。

一　同韵等的相混

有关等的相混，多半是二、三等混并，亦有一、三等的混并。共计 10 例，具体如下：

1. 戈韵一三等混同

歌韵㛂小韵，下字王韵作"过"，《广韵》作"皵"。过属戈韵一等合口平声，皵属戈韵三等合口平声。

歌韵脞小韵，切语《王一》作"仓和"，《王三》作"食和"，《王二》作"仓禾"，《广韵》作"醋伽"。仓、醋属清母，食属船母，这可能属于精、章的相混，也可能是《王三》因"食"与"仓（倉）"字形相似而产生的讹写。和、禾属戈韵一等合口平声，伽属戈韵三等开口平声。

这两例，前代韵书注音都是戈韵一等，只有《广韵》改为戈韵三等。

2. 庚韵二三等混同

庚韵生小韵，下字各卷作"京"，《广韵》作"庚"。京属庚韵三等开口平声，庚属庚韵二等开口平声。

3. 马韵二三等混同

马韵炮小韵，切语下字 S2071、P3693（正）、《广韵》作"野"，王韵作"雅"。野属马韵三等开口上声，雅属马韵二等开口上声。

马韵鞢小韵，切语 S2071、《王一》作"车者"，《王三》作"车下"，《广韵》作"昌者"。车、昌同属昌母，者属马韵三等开口上声，下属马韵二等开口上声。

4. 敬韵二三等混同

敬韵敬小韵，切语下字 P3696（2）、《王一》、《王二》作"命"，《王三》作"孟"，《唐韵》、《广韵》作"庆"。命属敬韵三等合口去声，孟属敬韵二等开口去声，庆属敬韵三等开口去声。

敬韵生小韵，切语下字《唐韵》、《广韵》作"敬"，《王三》作"更"。敬属敬韵三等开口去声，更属敬韵二等开口去声。

敬韵迎小韵，切语下字《王一》、《广韵》作"敬"，《王三》作"更"。敬属敬韵三等开口去声，更属敬韵二等开口去声。

5. 陌韵二三等混同

陌韵虩小韵，下字多数卷及《广韵》作"郤"，"郤"在各卷字形稍有区别，《王二》作"陌"。郤属陌韵三等开口入声，陌属陌韵二等开口入声。

另外，还有一例真韵介音的混同。

真韵逺小韵，切语下字多数卷作"恚（恚）"，《王二》作"睡"。恚（恚）属真韵三等 D 类合口去声，睡属真韵三等 C 类合口去声。此小韵虽同韵同等，但还有介音的区别，而等的区别多半和介音有关，故我们放在此处讨论。

二　开合口相混

1. 唇音（21）

寒（桓）韵瞒小韵，切语各卷作"武安"，《广韵》作"母官"。武属明母武类，母属明母莫类。安属寒韵一等开口平声，官属桓韵一等合口平声，为开合口的相混。不过，"瞒"是唇音字，下字无论开合均无影响。

庚韵明小韵，下字各卷及《广韵》作"兵"，《王一》作"英"。上字一致，属明母。兵属庚韵三等合口平声，英属庚韵三等开口平声。这属于开合口的相混。不过，"明"是唇音字，下字无论开合均无影响。

纸韵彼小韵，切语 S2071、《广韵》作"甫委"，《王二》作"卑被"，《王三》作"补靡"。甫、卑属帮母方类，补属帮母博类。委属纸韵三等 C 类合口上声，被、靡属纸韵三等 D 类开口上声，这是开合口的相混。不过，"彼"是唇音字，下字无论开合均无影响。

纸韵婢小韵，切语多数卷作"便俾"，《王二》作"避尔"。便、避同属并母符类，俾属纸韵三等 D 类合口上声，尔属纸韵三等 C 类开口上声，这是开合口的相混。不过，"婢"是唇音字，下字无论开合均无影响。

旱韵伴小韵，切语 S2071、《王一》、《王三》作"薄旱"，P2014（8）作"步卵"，《广韵》作"蒲旱"。薄、步、蒲同属并母蒲类，旱属旱韵一等开口上声，卵属缓韵一等合口上声，这是开合口的相混。"伴"是唇音字，所以下字无论开合均没有影响。

旱韵满小韵，切语下字多数卷作"旱"，P2014（8）作"卵"。旱属旱韵一等开口上声，卵属缓韵一等合口上声，这是开合口的相混。"满"是唇音字，所以下字无论开合均没有影响。

铣韵辡小韵，切语下字 P3693（正）、S2071 作"显"，《王三》作"典"，《广韵》作"泫"。显、典同属铣韵四等开口上声，泫属铣韵四等合口上声，这是开合口的相混。不过"辡"是唇音字，下字无论开合均无影响。

哿韵麼小韵，切语多数卷作"莫可"，《广韵》作"亡果"。莫属明母莫类，亡属明母武类。可属哿韵一等开口上声，果属果韵一等合口上声，这是开合口的相混。不过"麼"是唇音字，下字无论开合均无影响。

哿韵叵小韵，切语下字多数卷作"可"，《广韵》作"火"。上字一致，属滂母。可属哿韵一等开口上声，火属果韵一等合口上声，这是开合口的相混。不过"叵"是唇音字，下字无论开合均无影响。

梗韵鮤小韵，《王三》、《广韵》存。切语《王三》作"蒲杏"，《广韵》作"蒲猛"。杏属梗韵二等开口上声，猛属梗韵二等合口上声，这是开合口的相混。因"鮅"是唇音字，下字可开可合。

敬韵命小韵，切语下字《王二》作"姎"，《王三》作"映"，《唐韵》、《广韵》作"病"。上字一致，属明母。映属敬韵三等开口去声、病属敬韵三等合口去声。因"命"为唇音字，下字可开可合。《王二》下字"姎"只有平声唐韵和上声荡韵读法，疑《王二》此处有讹。

泰韵旆小韵，切语《王三》、《广韵》作"蒲盖"，《王一》作"薄盖"，《王二》作"蒲外"。蒲、薄、蒲同属并母蒲类，盖属泰韵一等开口去声，外属泰韵一等合口去声，这是开合口的相混。

箇韵播小韵，首字《王二》作"簸"。切语《王二》作"布货"，《王一》、《王三》作"补箇"，《唐韵》、《广韵》作"补过"。布、补同属帮母博类，货、过属过韵一等合口去声，箇属箇韵一等开口去声，这是开合口的相混。因为"播"是唇音字，下字可开可合。

敬韵病小韵，切语《王二》作"被敬"，《王三》作"皮敬"，《唐韵》、《广韵》作"皮命"。被、皮同属并母符类，敬属敬韵三等开口去声，命属敬韵三等合口去声，这是开合口的相混。因"病"是唇音字，下字可开可合。

祃韵帊小韵，首字《王三》作"靶"。切语多数卷作"芳霸"，《唐韵》、《广韵》作"普驾"。芳属滂母芳类，普属滂母普类，霸属祃韵二等合口去声，驾属祃韵二等开口去声，这是开合口的相混。因"帊"是唇音字，下字可开可合。

宕韵螃小韵，《王二》、《王三》首字作"谤"。切语《王二》作"补浪"，《王三》与《广韵》作"补旷"，《唐韵》作"甫旷"。补属帮母博类，甫属帮母方类，浪属宕韵一等开口去声，旷属宕韵一等合口去声，因"螃"为唇音字，下字可开可合。

末韵末小韵，下字多数卷作"割"，《王二》作"曷"，《广韵》作"拨"。割、曷同属曷韵一等开口入声，拨属末韵一等合口入声，二者的区别就在开合口，而曷、末两韵在《唐韵》之前都是合一的，也就是不分开合口。"末"又是唇音字，故表音实同。徐朝东认为"蒋藏本用开口字'割'作'末'的切下字，可能是由于两韵刚开始分立，蒋藏本的撰者未能彻底贯彻自己的体例。"[2]63

薛韵瞥小韵，小韵首字或作"瞥"。下字各卷及《广韵》作"灭"，《唐韵》作"劣"。上字一致，属滂母。灭属薛韵三等开口入声，劣属薛韵三等合口入声。这是开合口相混的现象。因"瞥"为唇音字，下字可开可合。徐朝东认为"反映了'劣'字开始有开口一读。"[2]47、52、53、110

薛韵旻小韵，下字多数卷及《广韵》作"劣"，《王一》作"力"，《王二》作"列"。上字一致，为明母。下字列为薛韵三等开口入声，劣为薛韵三等合口入声，这两字为开合口相混。因"旻"为唇音字，下字可开可合。但《王一》下字用"力"，力为职韵三等开口入声，实在不知何故。查之 P2011 的照片，此处模糊，"力"较明显，但应不是完整字，上面模糊有空余，推测此处应是"劣"字，因为《王一》残烂模糊，所以少去了"劣"的上半部。故《王一》的"力"，当属校勘问题，实为"劣"。

质韵弼小韵，小韵首字或作"弜"。切语 P3694 背作"房笔"，S2071、《王一》作"房律"，《王二》作"旁律"，《王三》作"房箻"，《唐韵》、《广韵》作"房密"。上字房属并母符类，旁属并母蒲类。下字笔、密同属质韵三等开口入声，箻、律属术韵三等合口入声，箻字只出现这一次，当是笔（筆）之讹。这是开合口的相混。因"弼"为唇音字，下字可开可合。

昔韵碧小韵，切语 S2071 及《唐韵》作"方彳"，五代本及《广韵》作"彼役"。方、彼同属帮母，彳属昔韵三等开口入声，役属昔韵三等合口入声，这是开合口的相混。因"碧"为唇音字，下字可开可合。此小韵为 S2071 首加，注释有"新加"，《唐韵》亦有小韵增加标记"加"。因此《唐韵》的"加"标记，我们不能把这个小韵认为是《唐韵》首先增加的，只能认为这是陆本所无的。

2. 舌音（5）

迥韵顶小韵，切语 P3693（背）、《王三》作"丁挺"，S2071 作"丁茗"，《广韵》作"都挺"。丁、都同属端母，挺属迥韵四等开口上声，茗属迥韵四等合口上声，这是开合口的相混。

祭韵缀小韵，切语下字各卷及《广韵》均作"卫（衞）"，《王三》作"制"。上字一致，属知母。卫属祭韵三等合口去声，制属祭韵三等开口去声，这是开合口的相混。

翰韵炭小韵，切语下字多数卷作"半"，《唐韵》作"案"，《广韵》作"旦"。上字一致，属透母。半属换韵一等合口去声，案、旦属翰韵一等开口去声，这是开合口的相混。

夬韵薑小韵，切语下字 P3696（2）、《王一》、《王三》作

"芥",《王一》原作"菜",据上田本改[3]。《王二》作"界",《唐韵》作"介",《广韵》作"犗"。上字一致,属彻母。芥属夬韵二等合口去声,界、介属怪韵二等开口去声,犗属夬韵二等开口去声。这既有开合口的相混,也有夬、怪的相混。

薛韵𪑛小韵,切语多数卷作"丑劣",《唐韵》作"敕列",《广韵》作"丑悦"。丑、敕同属彻母,列属薛韵三等开口入声,劣、悦属薛韵三等合口入声。这是开合口相混的现象。徐朝东认为"反映了'劣'字开始有开口一读。"[2]47、52、53、110

3. 齿音(7)

支韵厜小韵,下字各卷作"规",《广韵》作"宜"。上字一致,属精母。下字的区别就在于:规是合口字,宜是开口字。这是开合口的相混。

仙韵遄小韵,下字王韵及《广韵》作"缘",S2071作"延",P2014(3)作"厶"。上字一致,属常母。缘、厶同属仙韵三等合口平声,延属仙韵三等开口平声,这是开合口的相混。

轸韵準小韵,首字多作"准"。切语下字多作"尹",《王一》作"忍"。S2683上字原作"君",据上田本改正[3]。上字一致,属章母。尹属准韵三等合口上声,忍属轸韵三等开口上声,这是开合口的相混。

至韵㩻小韵,切语下字《王一》作"類",《王三》作"利",《广韵》作"愧"。上字一致,属初母。類、愧属至韵三等C类合口去声,利属至韵三等开口去声,这是开合口的相混。

夬韵𠵾小韵,切语下字P3696(2)、《王三》作"芥",《王二》作"界",《广韵》作"犗"。上字一致,属生母。芥属夬韵二等合口去声，界属怪韵二等开口去声，辖属夬韵二等开口去声。这既有开合口的相混，也有夬、怪的相混。

箇韵磋小韵，切语下字《王一》、《王三》作"箇"，《广韵》作"过"。上字一致，属清母。箇属箇韵一等开口去声，过属过韵一等合口去声，这是开合口的相混。与諎小韵音同。

薛韵掣小韵，下字《唐韵》、《广韵》作"列"，五代本作"说"。上字一致，属昌母。列属薛韵三等开口入声，说属薛韵三等合口入声，为开合口相混。

4. 牙音（15）

脂韵葵小韵，切语下字多数卷作"脂"，S2055作"惟"，《广韵》作"追"。上字一致，属群母。脂属脂韵三等开口平声，惟、追属脂韵三等合口平声，这是开合口的相混。

佳韵娲小韵，切语S2071、《王三》作"姑柴"，《王二》作"姑紫"，P2015（2）作"姑呙"，《广韵》作"古蛙"。姑、古同属见母，柴、紫属佳韵二等开口平声，呙、蛙属佳韵二等合口平声，这是开合口的相混。

清韵倾小韵，下字《王二》作"盈"，《王三》、《广韵》作"营"。S2071此字下各家均作"荣"，疑"荣"为下字。上字一致，属溪母。盈属清韵三等开口平声，营属清韵三等合口平声，荣属庚韵三等合口平声。这里既有清韵开合口相混的现象，也有中古庚三与清韵混用的语音现象。

旨韵癸小韵，切语下字多数卷作"诔"，《王二》作"履"。上字一致，属见母。诔属旨韵三等合口上声，履属旨韵三等开口上声，这是开合口的相混。

轸韵嫠小韵，首字《王一》、《王二》作"廮"，《王三》作

"丘"。切语下字王韵作"陨",《广韵》作"尹"。上字一致,属溪母。陨属轸韵三等合口上声,尹属准韵三等合口上声。这是开合口的相混。

敬韵敬小韵,切语下字 P3696(2)、《王一》、《王二》作"命",《王三》作"孟",《唐韵》、《广韵》作"庆"。上字一致,属见母。命属敬韵三等合口去声,孟属敬韵二等开口去声,庆属敬韵三等开口去声。

寘韵伪小韵,切语下字多数卷作"赐",《广韵》作"睡"。《王一》下字原作"睡",据上田本改[3]。上字一致,属疑母。赐属寘韵三等 C 类开口去声,睡属寘韵三等 C 类合口去声,这是开合口的相混。

未韵既小韵,切语下字各卷作"未",《广韵》作"豙"。上字一致,属见母。未属未韵三等合口去声,豙属未韵三等开口去声,这是开合口的相混。

夬韵犗小韵,首字 P3696(2)、王韵、《唐韵》均作"芥"。切语下字 P3696(2)、王韵作"迈",《唐韵》、《广韵》作"喝"。上字一致,属见母。迈属夬韵二等合口去声,喝属夬韵二等开口去声,这是开合口的相混。

裥韵鰥小韵,《王一》、《王三》、《广韵》存。切语下字《王三》作"盼",《广韵》作"幻"。《王一》上下字缺。上字一致,属见母。盼属裥韵二等开口去声,幻属裥韵二等合口去声,这是开合口的相混。

线韵靶小韵,切语《王三》作"丘弁",《广韵》作"区倦"。丘、区同属溪母,弁属线韵三等开口去声,倦属线韵三等合口去声,这是开合口的相混。

漾韵诳小韵，切语王韵作"九妄"，《唐韵》、《广韵》作"居况"。九、居同属见母，妄属漾韵三等开口去声，况属漾韵三等合口去声，这是开合口的相混。

宕韵旷小韵，下字各卷及《广韵》作"谤"，《王三》作"浪"。上字一致，属溪母。谤属宕韵一等合口去声，浪属宕韵一等开口去声，这是开合口的相混。

质韵橘小韵，下字 P3694 背、S2071、《王三》作"蜜"，《王一》、《王二》作"密"，《唐韵》作"律"，《广韵》作"聿"。上字一致，属见母。蜜、密属质韵三等开口入声，律、聿属术韵三等合口入声，这是开合口的相混。

5. 喉音（22）

皆韵崴小韵，切语下字多数卷作"乖"，《广韵》作"皆"。上字一致，属影母。乖属皆韵二等合口平声，皆属皆韵二等开口平声，这是开合口的相混。

耕韵宏小韵，下字 S2071、《王二》作"甿"，《王三》、《广韵》作"萌"。上字一致，属匣母。甿属耕韵二等开口平声，萌属耕韵二等合口平声，这是开合口的相混。

青韵荧小韵，切语 S2071 及《王三》作"胡丁"，《王二》作"乎丁"，《广韵》作"户扃"。胡、乎、户三字同属匣母，丁属青韵四等开口平声，扃属青韵四等合口平声，这属开合口的相混。

旱韵旱小韵，切语 S2683、S2071 作"何满"，《王一》、《王三》作"河满"，《王二》作"胡满"，《广韵》作"胡笴"。何、河、胡同属匣母，满属缓韵一等合口上声，笴属旱韵一等开口上声，这是开合口的相混。

旱韵罕小韵，首字多作"罕"。切语下字 S2683、《王一》作"捍"，S2071、《王三》作"猈"，《广韵》作"旱"。上字一致，属晓母。捍属翰韵一等开口去声，猈、旱属旱韵一等开口上声。

养韵柱小韵，切语下字 S2071、《广韵》作"往"，《王二》作"两"，《王三》作"罔"。上字一致，属影母。往属养韵三等合口上声，两、罔属养韵三等开口上声，这是开合口的相混。

荡韵浤小韵，切语下字多数卷作"晃"，《王二》作"朗"。上字存有异体字"乌（鸟）"，属晓母。晃属荡韵一等合口上声，朗属荡韵一等开口上声，这是开合口的相混。

梗韵永小韵，切语 S2071、P3693（背）作"荣昞"，《王三》作"荣丙"，《广韵》作"于憬"。荣、于同属匣母于类，昞、丙属梗韵三等开口上声，憬属梗韵三等合口上声，这是开合口的相混。

至韵瞡小韵，首字《王一》、《王二》作"瞩"。切语王韵作"许鼻"，《广韵》作"香季"。许、香同属晓母，鼻属至韵三等开口去声，季属至韵三等 D 类合口去声，这是开合口的相混。

至韵位小韵，切语王韵作"洧冀"，《广韵》作"于愧"。洧、于同属匣母于类，冀属至韵三等开口去声，愧属至韵三等 C 类合口去声。这是开合口的相混。

泰韵会小韵，切语下字王韵作"带"，《唐韵》、《广韵》作"外"。上字一致，属匣母。带属泰韵一等开口去声，外属泰韵一等合口去声，这是开合口的相混。

震韵韵小韵，切语 S6176 作"永夔"，《王一》、《王三》作

"为捃"，《王二》作"永爠"。永、为同属匣母于类，裴、爠属震韵三等开口去声，捃属稕韵三等合口去声，这是开合口的相混。《广韵》此字入问韵运小韵，音"王问"。

翰韵汉小韵，切语下字 S6176、《王一》、《王三》作"半"，《王二》作"旦"，《唐韵》、《广韵》作"旰"。上字一致，属晓母。半属换韵一等合口去声，旦、旰属翰韵一等开口去声，这是开合口的相混。

裥韵苋小韵，切语下字王韵作"辨（辦）"，《唐韵》、《广韵》作"裥"。上字一致，属匣母。辨（辦）属裥韵二等合口去声，裥属裥韵二等开口去声，这是开合口的相混。

夬韵喝小韵，切语下字 P3696（2）、《王一》、《王三》、《唐韵》作"芥"，《王一》下字原作"菜"，据上田本改正[3]。《王二》作"界"，《广韵》作"犗"。上字存有异体字"於（扵）"，属影母。芥属夬韵二等合口去声，界属怪韵二等开口去声，犗属夬韵二等开口去声。这既有开合口的相混，也有夬、怪的相混。

夬韵讲小韵，切语下字 P3696（2）、《王一》、《王三》作"芥"，《王二》作"界"，《唐韵》作"介"，《广韵》作"犗"。上字一致，属晓母。芥属夬韵二等合口去声，界、介属怪韵二等开口去声，犗属夬韵二等开口去声。这既有开合口的相混，也有夬、怪的相混。

线韵选小韵，切语下字多数卷作"绢"，《王二》作"便"。上字一致，属心母。绢属线韵三等合口去声，便属线韵三等开口去声，这是开合口的相混。

祃韵㩻小韵，《王一》、《王三》、《广韵》存。首字王韵作

"窫"。切语下字王韵作"迒",《广韵》作"吴"。上字一致，属影母。迒属祃韵二等开口去声，吴属祃韵二等合口去声，这是开合口的相混。此小韵与亚小韵音同，重出。

宕韵挡小韵，《王二》、《王三》首字作"潢"。切语《王二》作"呼浪"，《王三》作"胡浪"，《广韵》作"乎旷"，《唐韵》只存上字"乎"。呼属晓母，胡、乎同属匣母，这是晓、匣的相混。浪属宕韵一等开口去声，旷属宕韵一等合口去声，这是开合口的相混。结合"荒"小韵，《王二》两处切语一模一样，当是此处"挡"小韵的上字讹误，因为读音与"胡"相似而讹。

质韵岫小韵，下字多数卷及《广韵》作"笔"，P3694背作"律"。上字一致，属匣母。笔属质韵三等开口入声，律属术韵三等合口入声，而质、术两韵在《唐韵》之前都是合一的，也就是不分开合口。此小韵在《唐韵》、《广韵》中亦放质韵，说明《唐韵》虽已开始分开合口，但并不是那么地严密，从另一面也说明质、术两韵的关系很密切。

薛韵说小韵，下字多数卷及《广韵》作"薮（蓺）"，《王二》作"热"，五代本作"悦"。上字一致，属以母。薮（蓺）、悦属薛韵三等合口入声，热属薛韵三等开口入声，这是开合口相混的现象。

锡韵殳小韵，《王二》小韵首字为"殈"，反切为"血历"。与《广韵》切语不同，《广韵》为"呼昊"。血、呼同属晓母，历为锡韵四等开口入声，昊为锡韵四等合口入声。这是开合口相混的现象。

另外，还有一例比较特殊，声类各不相同。

质韵茁小韵，切语《王一》周本作"尤律"[4]，姜本作"几律"[5]。按《王一》照片此处漫漶不清，实难辨认是"尤"还是"几"。考虑到《王三》与《王一》的一致性很高，《王三》切语作"几律"，故《王一》此处我们取姜本看法。《广韵》切语作"徵笔"。几属见母，徵属庄母。下字律属术韵三等合口入声，笔属质韵三等开口入声，这是开合口的相混。

有关开合口相混的现象，共计 71 例。从中可看出开合口相混是《切韵》一系韵书比较明显的现象，声母除了喉牙唇音外，还有齿音、舌音。只不过，喉牙唇音声母占了绝大多数，共计58 例。这说明绝大多数开合口相混是因为声母的圆唇化造成的。

参考文献：

[1] 徐朝东. 从例外音切看《切韵》系韵书中的语音层次 [C]. 南大语言学第一编，2004.

[2] 徐朝东. 蒋斧本《唐韵》研究 [D]. 南京大学中文系，2002.

[3] 上田正. 切韵残卷诸本补正 [M]. 东京：东洋学文献センター—丛刊 19 辑，1973.

[4] 周祖谟. 唐五代韵书集存 [M]. 北京：中华书局，1983.

[5] 姜亮夫. 瀛涯敦煌韵辑 [M]. 姜亮夫全集 9. 昆明：云南人民出版社，2002.

Rhyme classification combined in the series of Qie Yun from Tang Dynasty to the Five Dynasties

Tong Xiaolin

(Chinese Department, Sichuan Normal University, Chengdu, Sichuan Province, 610068)

Abstract: These two phenomenons which reflect the phonology of spoken language that time is largely found in the series of < Qie Yun > from Tarng to Five Dynasties. They are the divisions of rhymes combined, and open – mouth and close – mouth combined. The second – division and the third – division of the same rhyme combined is in the majority, the first – division and the third – division of the same rhyme combined is in the minority. The phenomenon of open – mouth and close – mouth combined appears in the first – division, the second – division, the third – division and the fourth – division, and it covers five tones: labial, lingual, sibilant, teeth and laryngeal.

Key words: the series of < Qie Yun > from Tarng to Five Dynasties; The divisions of rhymes combined; open – mouth and close – mouth combined

经典·语言·文化

刘兴均①

内容提要：经典特指儒家经典，她是国学核心思想的载体。重倡国学应从诵读儒家经典做起。儒家经典蕴涵着深刻的人生哲理与高度的智慧，也蕴藏着大量的古代文化元素。时过境迁，这些文化元素已远离现实生活，成为青年阅读经典的障碍。文章从经典中的祭祀、军事、民俗三个方面的词语来探析中国古代的祭祀文化、军事文化以及民俗文化，旨在说明经典的阅读离不开对传统文化的体认。

关键词：儒家 经典 祭祀 军事 民俗 词语

儒学是经由孔子创立、孟子发展、荀子集其大成，在春秋战

---

① 作者简介：刘兴均（1956— ），男，四川宣汉人，教授，语言学博士。主要从事文字训诂研究。

国时期成为显学，在汉代以后成为中国思想文化主流的一个学术流派。儒家经典是国学核心思想的载体。《周礼·天官·大宰》云："以九两系邦国之民：一曰牧，以地得民；二曰长，以贵得民；三曰师，以贤得民；四曰儒，以道得民；五曰宗，以族得民；六曰主，以利得民；七曰吏，以治得民；八曰友，以任得民；九曰薮，以富得民。"郑玄注："儒，诸侯保氏，有六艺以教民者。"[1]109 "以道得民"的"道"，是先王（尧舜禹汤文武）的古道，孙诒让《正义》引郑玄《儒行目录》云："儒之言优也，柔也。能安人，能服人。又儒者，濡也，以先王之道，能濡其身。"[1]111 由此看出，儒家思想在汉代占有中国古代思想学术正统地位是由来已久的。儒家以六艺（礼、乐、射、御、书、数）教人，涵盖文、武两科，主张德、智、体、美全面发展，这在中国教育史上所彰显的价值和意义历久弥新。经由孔子删订整理的《易》、《诗》、《书》、《礼》、《乐》、《春秋》，完整地保存了先王的古言古道，后来又成了读书人安身立命、经世致用的常典而垂宪万世。

　　儒家经典在先秦有"六经"之说，即《易》、《书》、《诗》、《礼》、《乐》、《春秋》，到汉代，《乐》经失传，仅有"五经"。东汉立于学官者有"七经"，《易》、《书》、《诗》、《仪礼》、《春秋》、《公羊》、《论语》，即在"五经"的基础上，将《春秋》经与"三传"中的《公羊传》分离为二经，再加上《论语》。隋炀帝以"明经"科取士，有"九经"之说，唐承隋制，将《礼》一分为三：《周礼》、《仪礼》、《礼记》，又将《春秋》三传各自独立为《春秋左氏传》、《春秋公羊传》、《春秋穀梁传》，连同《周易》、《尚书》、《诗》一起构成"九经"。宋代也有"九经"，但是指的《周易》、《尚书》、《诗》、《春秋左氏传》、《礼记》、《周礼》、《孝经》、《论语》、《孟子》。无唐时之《仪礼》和《春秋公羊传》、《春秋穀梁传》，却加入了《孝经》、《论语》、《孟子》三部经书。到了南宋，奠定了十三部儒家经典的格局。也就是在宋代"九经"的基础上恢复了"三礼"中的《仪礼》，《春秋》三传中的《春秋公羊传》、《春秋穀梁传》的经典地位，再加上秦汉之际人撰写的一部说经解经的词书——《尔雅》。今天说到儒家的经典，一般就是指的这十三部经书：《周易》、《尚书》、《诗》、《周礼》、《仪礼》、《礼记》、《春秋左氏传》、《春秋公羊传》、《春秋穀梁传》、《尔雅》、《孝经》、《论语》、《孟子》。

诵读儒家经典当循序渐进，由易到难。这一点，古代朝鲜的汉学做得比较聪明。它们对儒家经典按难易程度分为大经、中经、小经，大经是大部分人都需诵读的经典，小经则是少部分人才钻研的经典，大经是《礼记》、《左传》，中经是《毛诗》、《周礼》、《仪礼》，小经是《周易》、《尚书》。而《孝经》、《论语》是不同层次的人都要研习的[2]164。根据今天青年学生国学根柢不深，古文功底较薄的实际情况，当先读《论》《孟》，次读《诗》《礼》，最后读《书》《易》。

诵读儒家经典当得法，要把通读与精读结合起来，首先是通读，通读可只管原典，不涉古人的注疏。勾画出原典中的重要的章节，然后有选择性地精读。《论语》、《孟子》里有的名篇还要能做到背诵如流。精读不仅要细读原典，还要把玩前人的注疏，真正做到字词句落实，章句义理兼通。所谓义理也就是通常所说的微言大义。这就涉及语言的问题。

　　说到字词句落实，看似容易，其实也难。有的词句字面上看，没有多大问题，可它的实际内涵却是一般人看不出来的。例如：《孟子·滕文公上》："夫以百亩之不易为己忧者，农夫也。"王力主编《古代汉语》是这样注的："以田地种不好为自己忧虑的人，是农夫。易，治。"这一注释表面看，没有问题，其实是错误的。错在不懂上古农田有轮耕制度。古代一夫受田地百亩，不是这一百亩田地每年都要耕种，而是拿一部分田地休耕不种，只种其中的一部分，土质好的田地为不易之田，就是不需要休耕的田地。农夫一心想的是把自家的田地弄好，让其土质变得肥沃起来，可以不休耕，这样就可增加收成。所以，"不易"才为治。"易"反而不是治，是轮耕的意思。田地因不易而治，这才是农夫要操心的事[3]41-45。可见，阅读儒家经典、领悟经书中的微言大义一定要把对传统文化的体认结合起来。语言与文化从古至今都是密切地联系在一起的。

一　经典中祭祀词语与古代的祭祀文化

　　儒最早不是一个学派，而是一种职业，是指充当司仪的人。我们知道，古代国家有两件大事，一个是祭祀，另一个就是战争。祭祀有祭祖先神灵、祭天地山川，还有祭草木百兽的。凡此种种祭祀都有一套严格的仪式。儒家的创始人孔丘年轻时就做过司礼这一职业，《孔子世家》记载他自幼好礼，"为儿嬉戏，常陈俎豆，设礼容。"[4]1905《礼记·礼运》也讲他参与到蜡祭时司仪的行业。因此，以孔子为创始人的儒家学派是很注重祭祀礼仪的。儒家经典中也对此多有记载。

例如：

《论语·乡党》：孔子于乡党，恂恂如也，似不能言者，其在宗庙、朝廷，便便言，唯谨尔。

《论语·颜渊》：仲弓问仁。子曰："出门如见大宾，使民如承大祭。"

《论语·卫灵公》：卫灵公问陈于孔子。孔子对曰："俎豆之事，则尝闻之矣，军旅之事，未之学也。"明日遂行。

《孟子·离娄上》：天子不仁，不保四海；诸侯不仁，不保社稷；卿大夫不仁，不保宗庙；士庶人不仁，不保四体。

《礼记·中庸》：宗庙飨之，子孙保之。武王未受命，周公成文、武之德，追王大王、王季、上祀先公以天子之礼。……父为大夫，子为士，葬以大夫，祭以士。父为士，子为大夫，葬以士，祭以大夫。[5]44、46、50、76、129

里面提到的"祭（或称祀）"、"宗庙"、"俎"、"豆"、"社"、"稷"等词都与祭祀文化有关。不懂古代的祭祀文化，在阅读中就会遇到许多障碍。

其中"宗庙"一词用得最多。值得一提的是，"庙"在先秦一般是指祖庙，《说文·广部》："庙，尊先祖貌也。"段玉裁注云："尊其先祖而以是仪貌之，故曰宗庙。"[6]446"宗庙"之名，得名于尊（宗）先祖之仪表容貌，和我们今天讲的佛寺之庙是完全不同的。中国没有正宗的宗教，却有极为严格的宗法制度，十分讲究血脉亲情。

祭祀祖先从天子到庶民都是不可或缺的，只不过天子诸侯祭祀祖先远比庶人复杂烦琐。《礼记·王制）说："天子诸侯宗庙之祭，春曰礿，夏曰禘，秋曰尝，冬曰烝。"[7]185 也就是说，一年四季都要祭祀先祖，还形成了一套专门的祭名。这套祭名还在殷商时代就有了，到了周代就改成春曰祠，夏曰礿，秋曰尝，冬曰烝①。宗庙的规格数量是依子孙的爵禄地位而定的，根据《礼记·王制》的记载，天子有三昭三穆，再加上太（始）祖庙，合为七庙；诸侯二昭二穆再加太祖庙，合为五庙；大夫一昭一穆加始祖庙，合为三庙；士一般只有一庙，上士可有二庙。庶人无庙祭于寝。周代宫廷建筑的布局有五门：由外到里是皋门、雉门、库门、应门、路门。库门与应门之间，左边为昭、穆，右边为社、稷。昭穆即宗庙。社是土地之神庙，稷为谷物之神庙。宗庙、社稷是都城的重点保护单位，宗庙、社稷被毁，这个国家就不复存在了。所以，宗庙、社稷以致成了国家政权的代名词。

　　古代祭祀大多都要杀牲，以牛、羊和猪作为牺牲较为普遍，《礼记·王制》记载："天子社稷皆大牢，诸侯社稷皆少牢。"所谓大（音太）牢，是指牛、羊、猪三牲俱全的祭祀。天子祭祀土地神和谷物神需牛、羊、猪三牲俱全；而诸侯只能用羊和猪二牲，称"少牢"。祭祀完了以后就地煮食牲肉。俎是用来放置牲肉的，相当于带有四条腿的案板，用青铜浇铸而成。豆也是一种祭器，一般用它来盛菹（用醋、酱等腌制的菜）和醢（肉酱）

---

　　① 见《诗·小雅·天保》："礿祠烝尝，于公先王。"郑笺："公，谓后稷至诸盩。"孔颖达正义："礿，本又作礿。"按：《诗经》作者为了押韵，调换了词序，本当为：祠礿尝烝。这四个称谓是与时令季节有关的。春天品物少，祭祀献给祖宗的多言辞，故曰祠，夏季万物尚不成熟，但有新鲜的瓜果蔬菜，祖宗可礿而取食，故曰礿；秋季谷物新成，祖宗可尝，故曰尝；冬天万物收藏，品物众多，故曰烝。烝者众也。

的。豆高一尺，直径一尺，容四升。有用木做的，也有陶制和青铜浇铸的，还有竹编的，竹编之豆，古又称为"笾"。

祭祀祖先，则应有"尸"，"尸"指的是代替死者接受祭拜的人，即死者的替身。《礼记·曲礼上》："君子抱孙不抱子，此言孙可以为王父尸，子不可以为父尸。"郑注："以孙与祖昭穆同。"[7]35这说明，死者的替身不是谁都能做的，如果是男性死者，只有同姓同昭穆的子孙才能做。比如说，爷爷这一辈是昭，父亲这一辈就是穆，到己身又是昭，到儿子这一辈又是穆。如果要祭祀死去的爷爷，那就只有自己这一辈才有资格充当其替身，受到包括父亲这一辈人的拜祭。如果是祭祀死去的父亲，那就只有儿子这一辈才有资格充其替身，受到包括己身的祭拜。作为死者替身的，就称为"尸"，其甲文字形象端拱而坐之形。既有庄重的形象义，同时也有崇高的形象义。因此，《礼记·学记》云："当其为尸，则弗臣也。"[7]553天子诸侯在两种情况下，不能把对方当作臣僚，一是某人在作为死者替身的"尸"受人祭拜的时候，一种是作为老师正在教学的时侯。可见，古礼对"师"与"尸"都给予了崇高的地位。如果有人正在作为某一死者的替身受到祭拜，即便是天子、国君来了，都可以不必理睬，继续祭拜，体现了"死者为大"的观念。而女性死者却规定异姓同昭同穆的人才可以充当其替身。但同时规定，异姓是指的与夫家异姓，因此，孙女虽嫁为异姓之妇，但也不能为死去的祖母为尸，只有死者的孙媳可以，而且是嫡孙、长孙的正妻，妾也不可以为尸，因其地位卑贱。祭必有尸，无尸之祭，称为"厌祭"。"厌祭"一般是祭未成年而夭折的人。成年而死的祖先，祭祀时一定要有尸[8]132。这一文化习俗一直保留到春秋时期。《孟子·

滕文公上》记载,孔子死了以后,弟子们为他守丧三年,三年期满,各奔东西之前,有一个叫子夏的弟子提议,让长得与孔子相像的有若来做先师的替身——"尸",大家对着他行祭礼。这个提议遭到了曾子的坚决反对才作罢。后来人们以木牌代替祖宗的灵位,这一文化习俗才逐渐消失,但其文化心理却还完整地保存在今人的心中。今天有一种奇怪的社会现象——"隔代亲",也就是爷爷奶奶疼爱孙子远远超过父母疼爱儿子,人上六十,就盼着抱孙子。其实抱孙子,抱的就是自己。要解释这种社会现象的成因,当追溯到这一文化渊源。

对祖先要祭祀,对死去的老师同样也要服丧祭祀。《礼记·学记》:"大学始教,皮弁祭菜,示敬道也。"[7]547这里所说的"祭菜",是指儿童发蒙,要向先师行"释菜"之礼。先师,就是死去的老师,或指某一门派的祖师爷。"菜"指苹藻(又作蘩,字亦作繁),苹是水草,蘩是艾蒿之类的植物。"释菜"除了写成"祭菜"以外,还有"舍采"等词形。

古人以为万物都有灵气,因此,他们除了祭祀祖先外,还要祭祀各种各样的神灵。《礼记·礼运》记载:"昔者仲尼与于蜡宾,事毕,出游于观之上。"[7]331其中的"蜡",就是古代天子或诸侯年终举行祭祀八种神灵的仪式。其中有发明种庄稼的人以及冥冥中司掌农业作物的神,还有祭猫和老虎的,祭猫神是为了减少鼠害,祭老虎是为了减少豕(野猪)害。猫吃老鼠,虎食百兽,其中也包括祸害庄稼、伤害人的野猪,所以成为古人年终祭祀的对象。甚至昆虫也成了受祭的对象,这体现了人类与自然的密切关系。蜡祭其实在民间还保留这种习俗,就是腊月初八,南方的人们要吃腊八饭,北方的人们要喝腊八粥,就是蜡祭的遗存。《礼记·郊特牲》说蜡祭是"岁十二月，合聚万物而索飨之也"，腊八饭以八种干腊食物合在一起，与米共煮一锅，正有合聚万物之意。所以，吃腊八饭正是蜡祭的保留，只不过是由宫廷走向了民间①。"宾"指助祭的人。这个意义其实是"傧"的借字。《说文》有"傧"字，解释为"引导宾客的人"[6]371，就相当于今天所说的"司仪"。也就是在祭祀时，为诸侯导引宾客。而"宾"字本身没有这个意义。

古人把祭祀看得十分神圣，祭祀之前都要进行占卜。殷商时，人们占卜的主要工具是龟版，把经过钻凿的龟版放在火上烧，看其上面的裂纹即兆象，视其兆象来判定卦象，由卦象来推测祭祀的日子、牺牲的品类数量等。周人改用千年蓍草，由五十根蓍草的分配组合推出阳爻阴爻之数，据此得到卦象，再根据卦象来占断吉凶。六经之首的《周易》，其"传"中的《系辞上》就对蓍卦法有详细地记载：

> 大衍之数五十，其用四十有九，分而为二以象两，挂一以象三，揲之以四以象四时，归奇于扐以象闰。五岁再闰，故再扐而后卦。[9]80

周人同时也用龟卜，《周礼·春官》有"龟人"一职，是专掌选龟、杀龟、制作龟版的。古代一般是在秋天选取龟，取"万物皆成"之意。而在春天杀龟，杀龟时以上等的龟祭祀卜人

① 今网上（http: //baike.baidu.com/view/5137.htm#2）以为吃腊八饭、过腊八节是受佛教的影响，笔者不敢苟同。儒家经典有这么多关于蜡祭的记载，视而不见，却以释迦牟尼修道成佛这一天与我国蜡祭日子巧合，就以为该节与佛教有关。可佛教是东汉时才传入中国本土的，是中国本土文化影响了佛教，还是佛教影响了中国本土文化，不辩自明。

的先师。杀龟的时候还要为被杀的龟举行隆重的祭祀活动，有时杀一只龟，要用三条牛来作它的牺牲。杀龟之后，剔尽其肉，留下背壳和腹甲，然后将背壳和腹甲抛光打磨，刮治整洁之后，有规则地钻凿一些坑窝，藏于椟中，以供占卜时使用。不了解这一点，我们读《论语·季氏》第一章"虎兕出于柙，龟玉毁于椟中，是谁之过与"[9]2520就只能是囫囵吞枣。龟版在古人眼里看得同玉瑞（圭）一样珍贵。这是因为龟版在祭祀昊天上帝、先王先公的重大活动中有着不可替代的重要作用，而且龟版的得来也不易。

占卜与祭祀活动是分不开的。殷商时人们遇事必祭，每祀必卜。因此，有专门从事占卜这一职业的人，在甲骨卜辞中称为"贞"的这类人，就是专司此职的。《周礼·春官》中"大卜"、"龟人"、"卜师"、"菙氏"，"籈人"等也是从事这一职业的职官。他们以灼龟（实际烧的是刮治好的龟版）的方式来判断吉凶，虽是巫卜之类的职事，却拥有较高的社会地位。

古人祭祀还有一个重要的对象就是社，《论语·八佾》："哀公问社于宰我。宰我对曰：'夏后氏以松，殷人以柏，周人以栗。'"[9]2468句中的"社"就是指作为土地神的社。"夏后氏以松，殷人以柏，周人以栗"是说夏、商、周三代社神所在地栽种的树木是不一样的。"社"字的甲骨文字形，就是在地上放置一土块，来表示土地神位，供人们顶礼膜拜。郭沫若《甲骨文字研究》指出"土"就是社字。土块容易风化，后来人们就在土台上种植一棵树，作为土地的神主。《周礼·地官》大司徒之职云："设其社稷之壝而树之田主，各以其野之所宜木。遂以名其社与其野。"郑注："社稷，后土及田正之神。……所宜木，谓若松柏栗也。"[1]692《说文·示部》："社，地主也，从示土。
《春秋》传曰：'共工之子句龙为社神。'《周礼》：'二十五家为
社，各树其土所宜之木。'"[6]8按：《说文》所引《周礼》文，
今传世本《周礼》无此条文字，故段注疑为《周礼》注家之说。
二十五家也就是一个自然的村落，每一个村落都有社，社为土
台，其上种植树木这个文化习俗在友邦韩国还完整地保留下来，
韩国的每一村落都有这种形式的社。

　　祭祀是上古人们政治生活中的大事，可以从司掌此职事的部
门官员之多看出一斑，《周礼》六官中的春官 70 个职官有三分
之二的职位都与祭祀占卜有关。分大宗伯和小宗伯，都是掌管宗
庙祭祀等事。大宗伯是掌管场面比较宏大的祭祀，而小宗伯掌管
小范围的祭祀。在大的祭祀场面上，小宗伯是大宗伯的助手。祝
也是掌管祭祀祈祷之事的职官，主要的职责是祭祀时向神灵作祷
告。也有大（一作泰）祝和小祝之分。大祝又称祝史，也省称
"祝"。他的职责是掌平常祭祀的祷辞。同时有了灾变时，也掌
管祈神求福之辞。因是掌文辞的官员，故又可称史。小祝是掌小
祭祀时的祝号，同时也做大祝的助手。不懂这些基本的文化常
识，我们读儒家经典就如同读天书。

二　经典中军事词语与古代的军事文化

　　古代除了把祭祀作为国家的大事以外，还把战争作为"国
之大事"。《左传·成公十三年》："国之大事，在祀与戎。"[9]1911
"戎"就是战争。儒家五经中的《春秋》，其实就是一部各诸侯
国之间相互征战和内部发生军事政变的历史。为这部经书作传的

有三家，其中《左氏传》记载了春秋间各种类型的军事行动达
483 次，其中大型的战争就有 14 次。军事词语多达 533 个①。
《周礼·夏官》中的 70 个职官均为军事指挥员，其中的大司马
总管周天子的军政事务。《尚书》中的《汤誓》、《牧誓》等篇
其实就是宣战书。《诗经》中的《秦风·无衣》，更是具有赳赳
武夫之气。

古代打仗所用的兵器与今天有很大不同。进攻性的武器有
斧、斤、戈、弓、矢、剑、戟等，防御性的武器有盾、铠。盾又
有干、革、藩盾等异称，干有用犀牛革作成的，也有用金属浇铸
的。把盾称作革，与制作的材质有关。藩盾是排列众多的盾在一
起，以成遮拦的盾墙。儒家经典中的"兵"，多是指的兵器，有
时也称作"器"。《左传·隐公五年》："鸟兽之肉不登于俎，皮
革、齿牙、骨角、毛羽不登于器。"[9]1727其中的"器"指的就是
兵器。"登"是附着在上面的意思。

皮革、齿牙、骨角、毛羽都与制作弓箭有关。古代打仗最常
用的进攻性的兵器是弓箭，这是因为古代是以车战为主。在战车
上杀敌，多为远距离射杀，故弓箭的使用就比较频繁。《周礼·
冬官考工记·弓人》里列举的制作弓的材料有六种：榦、角、
筋、胶、丝、漆。榦是指制作弓体的木材，附在榦之外的就是野
兽肉中的筋，附在榦之内的就是牛羊的角刮制成的骨片，这样才
能增强弓的弹性和张力。如果我们不懂得古代弓箭的制作形制，
就不好理解上文中提到的齿牙、骨角与制作兵器有关。

---

① 参见罗蓓蕾《左传军事词语研究》，广西师范大学硕士研究生学位论文，
2004 年 4 月。

由于是车战，所以才有"千乘"、"百乘"的说法。《左传·哀公十四年》："千乘之国，不信其盟，而信子之言，子何辱焉？"[9]2173所谓"千乘之国"是指能出得起一千辆战车的大国。当时衡量一个诸侯国的军事实力，就是以能出多少兵车作为标准。春秋时期，齐、晋两个大国，都能出兵车千乘以上，故号称"千乘之国"。一辆兵车配甲士三人，步卒七十二人，千乘之国的军事力量除了拥有千辆以上战车，还有三千以上的甲士，七万二千以上的步卒。《左传·隐公元年》记载郑庄公为打败他的弟弟叔段动用的部队是"二百乘"，实际的兵员就是：甲士六百人，步卒一万四千四百人。

能完整地体现古代打仗车战特点的是《左传·成公二年》记载的齐军和晋军在鞌这个地方打的一场恶战。"邴夏御齐侯，逢丑父为右。晋解张御郤克，郑丘缓为右。"齐军的领兵统帅是齐顷公本人，为他驾车的是齐国大夫邴夏，为他作保镖的是逢丑父。晋军的领兵统帅是跛脚将军郤克，为他驾车的是晋国大夫解张，做保镖的是郑丘缓。这就交代了两军主战车上的三位甲士。

求胜心切的齐顷公"不介马而驰"，介马作何解释，前人说法不一，有的说是不给马披上铠甲，有的说不给马尾打结。给马尾打结这种说法比较合乎上古文化背景。古代车战就怕马被绊住，马尾打结就能避免这种意外。齐侯不给马尾打结，直接的后果是"骖绁于木而止"，骖是在外边拉车的马，外边拉车，尾又没有打结，就很容易被路边的树枝纠缠住。

晋军的领兵统帅郤克一交战就受了箭伤，他的御手解张也受了箭伤。

解张受箭伤据他自述的情形是"矢贯余手及肘。余折以御，左轮朱殷"[9]1894。对"矢贯余手及肘",我们也要结合车战的特定环境来理解。解张是御手,两手持缰绳,敌军的箭是从对面射过来的,那就很有可能是从解张的手部进入,一直射入到他的肘部。故"及"就不能讲为"和",而是"到",这句就应理解为:射到我的手,一直贯穿到胳膊肘。下文才讲"余折以御",由于射得深,不能拔出箭,就把露在外面妨碍驾车的箭尾折断,继续驾车。

"左轮朱殷",点明了解张所处的位置是在战车的左边。古代车战,上面的甲士三人的位置是有规定的。如果是主将的车,主将居中,御手居左,右边站立的是做保镖的甲士。如果不是主将的战车,御手居中,攻击手居左,保镖仍在右。晋国大夫韩厥在这次战争中担任司马,不是领兵统帅,按说应该在左边的位置上。但他死去的父亲给他托梦,让他第二天避开左、右的位置,所以他与御手交换了位置,站在车的中间,躲过了齐顷公射来的箭。

"伐"、"侵"、"袭"作为军事进攻的战术名词,在儒家经典中涵义不同。《左传·庄公二十九年》指出:"凡师有钟鼓曰伐,无曰侵,轻曰袭。"[9]1782可见,"伐"是大张旗鼓地去攻打别国,还要找一些"尔贡包茅不入,寡人是征"这样一些冠冕堂皇的理由。而"侵"却是偃旗息鼓地进攻别国。"袭"就带有偷袭的味道,不仅不能击钟鼓,甚至为了防止士兵讲话,还要用一根近似筷子的木棍让士兵衔在口中。《周礼·夏官》大司马之职云:"徒衔枚而进。"郑玄注:"枚如箸,衔之,有缀结项中,军法止语,为相疑惑也。"[1]2347"衔枚"这一军事术语是指在行军中为了防止士兵说话、影响军事行动而采取的一项措施。

古代作为战斗编制单位的有伍、两（又称行）、卒、旅、师、军。军事单位是以五或四进制编伍的。《周礼·地官》小司徒之职云："五人为伍，五伍为两，四两为卒，五卒为旅，五旅为师，五师为军。"郑玄注："两，二十五人；卒，百人；旅，五百人；师，二千五百人；军，万二千五百人。"[1]776。

阅读儒家经典我们还应知道古代的军队编制往往又是与行政单位相呼应的，只不过户籍管理与行政单位是四进制。《周礼·地官·小司徒》载："九夫为井，四井为邑，四邑为丘，四丘为甸，四甸为县，四县为都。"[1]786按一夫（成年男子）耕田百亩（折合今二十五亩多一点），则一井的土地有九百亩，农夫有九家，三十六家为一邑，一百四十四家为一丘，五百七十六家为一甸，《司马法》有乘马之法，则规定一甸就需出兵车一乘，也就是车一辆，马四匹，甲士三人，步卒七十二人。而这些甲士和步卒都是在农闲之时训练出来的，因此古代有以打猎来习武的制度。《左传·隐公五年》："故春蒐、夏苗、秋狝、冬狩，皆于农隙以讲事也。"[9]1728-1729其中的"蒐"是天子春天打猎习武的仪式；"苗"是天子夏天打猎习武的仪式；"狝"是天子秋天打猎习武的仪式；"狩"是天子冬天打猎习武的仪式。打猎习武，一般都是在农事不忙的时候进行的。

了解并掌握古代军事文化的有关常识，对儒家经典的阅读是十分有帮助的。例如，上文提到的《左传·成公二年》记载的"齐晋鞌之战"，其中"矢贯余手及肘"一句，今人有的就注释为："箭就射进我的手和胳膊肘"[10]139。显然与古代车战的情形和解张作为御手的身份不相吻合。

三　经典中民俗词语与古代的民俗文化

"民俗"是指"民族的风俗习惯"。风俗，用今人的解释，就是社会上长期形成的风尚、礼节、习惯等的总和①。这种解释过于笼统而涵盖面小。东汉应劭《风俗通义·序》云：

> 风者，天气有寒暖，地形有险易，水泉有美恶，草木有刚柔也。俗者，含血之类，像之而生。故言语歌讴异声，鼓舞动作殊形。或直或邪，或善或淫也。圣人作而均齐之，咸归于正。圣人废则还其本俗。……《孝经》曰："移风易俗，莫善于乐。"《传》曰："百里不同风，千里不同俗。户异政，人殊服。"由此言之，为政之要，辨风正俗，最其上也。[11]1076

可见，风是指的地理环境，俗才是指的人们的言行习惯。"百里不同风，千里不同俗"，也就是说，一个地方，一个民族，其风俗习惯是不同的。不仅如此，随着时代的变迁，社会的发展，不同时代的民俗也会表现出较大的差异。先秦的民俗文化到了今天，自然是有所继承，也有所发展和改变。有的习俗今天的人会觉得不可理解。例如：古代有侄女从媵（连同自家姑姑一起嫁给同一男人）的习俗，今人就不可理解，因为姑姑和侄女不是同一辈份的人，一个男子怎么可能把姑侄二人都据为己有？所以，有人诟病季汉刘熙《释名》"姑谓兄弟之女为侄，侄，迭

---

① 参见中国社会科学院语言研究所词典编辑室编《现代汉语词典》2002年增补本，377页，商务印书馆，2002年。

也。共行事夫，更迭进御也"这条训释是打胡乱说。其实在上古贵族阶层中，侄女作为姑母的陪嫁丫环，是常有的事，不但不是乱伦、违礼的，而且正是封建宗法礼制实施的一条具体措施。有两个方面的文献资料可以证明刘熙的这条训释。一是《左传》有三条侄女从媵的记载，二是《清史稿·列传一》记载顺治皇帝的生母孝庄文皇后博尔济吉特氏就是清太宗（皇太极）的另一个皇后（孝端文皇后）的侄女，姑侄共事一夫多达十年以上，这是侄女从媵并姑侄平起平坐的一个特殊案例。它进一步证实刘氏所说不虚[12]107-108。从这个例子可说明，阅读古代文献，特别是儒家的经典，一定要联系古代的文化背景，一定要熟悉上古的民俗文化。按今人的价值观念去评价古人的思想，以今天的习俗来判断古人的说法是真理还是谬误，都是片面的，形而上学的。而这类例子在我们今人编著的古文注释中比比皆是，不能不引起我们的重视。

古代民俗文化主要体现在婚丧嫁娶方面，尤其是婚姻习俗值得我们注意。《礼记·礼运》云："男有分，女有归。"[7]332为什么把女子出嫁称为归？原来，古人以为女子要嫁到别人家以后才算真正成人，女子在没有出嫁之前是没有家的，只不过是暂时寄放在娘家。只有出嫁了，才算有了真正的家。故古文把女子出嫁称为"归"。

不懂这一礼俗，我们对一些典籍的语句就会妄加评说。例如，《战国策·赵策四》讲到赵太后嫁女儿到燕国做王后的时候，"持其踵为之泣"，用今天的话说，就是握着脚后跟替女儿的远嫁而哭泣。那么，赵太后为什么要握着女儿的脚后跟，不握别处？今人就这样注释："燕后已上车，赵太后在车下还要握着她的脚后跟，意思是非常舍不得她离去。"[10]177这个解释是不合上古民俗文化和情理的。古代的车离地不到一米，赵太后在车下握车上女儿的脚后跟，除非是侏儒，必然会弯腰或跪着才可以。这与国母的身份不相称。对此的正确解释应该是：女子出嫁为归，因此，在结婚的时候，婆家要给新媳妇预备一双新鞋，这双新鞋一般是由被嫁女儿的亲生母亲给她穿上的①，赵太后在给女儿穿新鞋的时候，一边握着她的脚后跟，想到女儿要远嫁到异国他乡，一边要为她哭泣。这样既合情理，也与上古的民俗文化吻合。

　　我们在阅读儒家经典的时候，往往会遇到古代的婚俗问题。例如，《左传·隐公元年》："初，郑武公娶于申。"[9]1715郑武公为什么要到申国去娶妻，难道郑国就没有漂亮女子吗？实际上郑国是有很多美女的，郑武公不能娶，这是因为受到了"同姓不娶"的婚俗礼制约束。古代所谓同姓，与今天的同姓还不是一个概念，是指的举国之姓。郑国举国都是姬姓，鲁国也如此。齐国举国是姜姓，申国也如此。因此郑国的贵族就不能在郑国的女子中挑选正妻，也不能到鲁国去选妻。为什么要定出这样的规定？是为了子孙的繁衍。《左传·僖公二十三年》有"男女同姓，其生不蕃"[9]1815的说法。所以，古人在贵族通婚方面设置了"同姓不娶，异姓不媵"的礼俗规定。同姓不娶，一是重人伦[11]1070，二是为了子孙的繁衍。"异姓不媵"是指的作为陪嫁的妾，要选择与正妻同姓的女子，最好是她的妹妹或亲侄女。所

────────────

　　① 今网上还在讨论新娘的新鞋是新郎穿上去的，还是她的母亲穿的，按照传统，当是其母穿上去的更为贴切。

以，姑侄共事一夫在上古反而是合礼的，而不能选择与正妻不同姓的女子。作出这样的制度设计，完全是为了避免后宫的纷争。

古人在人际交往中也有一些礼俗是我们今天的人感到陌生的。《礼记·曲礼上》："礼尚往来。往而不来，非礼也；来而不往，亦非礼也。"[7]7今天我们也在讲"礼尚往来"，但未必就如古人那样的往来。《论语·阳货》记载了这样一件事："阳货欲见孔子，孔子不见，归孔子豚。孔子时其亡也，而往拜之，遇诸途。"[9]2524原来在上古人们互赠礼物，一定要到送礼者家去回拜。孔子本来看不起像阳货这种依仗主子的权势作威作福的人，但又不能违背礼仪规定。因此，瞅准阳货不在家时去回拜，没想到却在半路上遇见了。按我们今天的人看来，孔子这样做纯粹是多余的，或者自讨没趣。要么拒收礼物，要么收下就收下了，哪里用得着亲自到送礼者（又是自己讨厌的人）家中回拜呢？

说到人际交往，还涉及相互之间的称谓问题。古人有名有字，还有号。上古时期，婴儿出生三个月后由父亲亲自命名。男子二十岁、女子十五岁举行成人礼，结发加冠（笄），这时取字。名和字往往有意义上的联系。比如宰予字子我，予、我都为第一人称代词。有了名和字以后，在人事交往中就定下了一些不成文的规矩。如自称以名表谦逊，称人以字表尊敬。古代只有父母和老师才有资格直呼其名，一般人称对方都只能称其字。作者在行文中也往往是称字的。例如：《左传·隐公五年》："臧僖伯谏曰：'凡物不足以讲大事，其材不足以备器用，则君不举焉。'"[9]1726臧僖伯名彄，字子臧，谥号"僖"，鲁孝公之子，隐公叔父，鲁国大夫。这是将字和谥号再加上排行合在一起称呼文中的人物。像这种情况，如果我们不懂得古人的称谓方式，会误认为该人物是姓臧名僖伯。有时作者也会直接道出人名，那是对一些不配人们尊重的人才这样称呼。例如：《左传·庄公八年》："僖公之母弟曰夷仲年，生公孙无知。"[9]1765

公孙无知是齐庄公之孙，所以称为"公孙"，他的名字就是"无知"，是他造成了齐国的一场政治动乱。作者对此人很反感，故直书其名。直书其名的，在《左传》还有郑庄公的同母弟叔段。都是犯上作乱者。

儒家经典中对女性的称呼也很特别，一般是以女子娘家的姓加氏，如《左传·隐公元年》中的"姜氏"就是这样的称呼。或把丈夫的谥号加上娘家的姓合称，故姜氏又称"武姜"。

古人崇尚孝道，在尊敬并赡养自己年迈父母方面比今天的人做得到位。反映在民俗中，就是受到别人的饭食馈赠或宴请时总会想到带点好吃的给家里的父母亲。明白这一点，我们就不会误解儒家经典常用到的一个词——"舍"，如《左传·宣公二年》："食之，舍其半。"这里的"舍其半"准确地讲应该是"把其中的一半留下来不吃"。为什么这一半不吃要留下来，文中给了我们答案：

> 问之。曰："宦三年矣，未知母之存否。今近焉，请以遗之。"[9]1867

原来是家有老母，要把这一半食物带回给她吃。因此，这里的"舍其半"就不能讲为"舍弃"，更不能讲为"抛弃于地"。《左传·隐公元年》记载颍考叔在接受郑庄公的食物馈赠时，也是"食舍肉"，吃的时候把肉放在一边，不吃。问为什么要这样做，回答也是："小人有母，皆尝小人之食矣。未尝君之羹，请以遗之。"[9]1716这种礼俗其实在今天的一些偏远地区都还有保存。

提倡阅读儒家经典要与对传统文化的体认结合起来，并不是主张要回复到古代去而改变我们今天的习俗。儒家经典阅读与对传统文化的体认相结合，目的是通过对传统文化的体认，更好地理解经典，感悟圣贤之言中的微言大义，以避免对经典的误读。同时，我们也可以通过对传统文化的体认，学到古人精神和道德层面的一些有价值的东西，一些有益于构建社会主义核心价值的元素。比如，古代的祭祀文化所体现的古人对天地自然的敬畏之心和对人的生命的崇敬之情，都是值得我们今天的人效仿的。古代的军事文化、民俗文化也隐藏有很多合理的内核，都值得我们进一步发掘。古代民俗文化中敬顺父母、尊重师长、友睦同僚等精神，还是合乎我们今天的道德、价值观念的。

参考文献：

［1］孙诒让. 周礼正义［M］. 北京：中华书局，1987.

［2］刘正. 图说汉学史［M］. 桂林：广西师范大学出版社，2005.

［3］刘兴均. 王力主编《古代汉语》1～5单元文选注释商兑［J］. 广西师范大学学报，2009（1）.

［4］司马迁. 史记［M］. 北京：中华书局，1959.

［5］谭平，万平. 国学经典导论［M］. 北京：人民出版社，2009.

［6］段玉裁. 说文解字注［M］. 上海：上海古籍出版社，1988.

［7］朱彬. 礼记训纂［M］. 北京：中华书局，1996.

［8］钱玄，钱钟奇. 三礼辞典［M］. 南京：江苏古籍出版社，1998.

［9］阮元. 十三经注疏附校勘记［M］. 北京：中华书局，1980.

［10］郭锡良. 古代汉语（修订本）［M］. 北京：商务印书馆，1999.

［11］应劭. 风俗通义［M］//新编小四库百子全书·杂家类. 杭州：

浙江古籍出版社，1998.

[12] 刘兴均. 训诂学原理方法与实践 [M]. 北京：中国文史出版社，2007.

Classics, Language and Culture

Liu Xingjun

(Chengdu University, the College of Literature and Journalism, Chengdu , Sichuan, 610106)

Abstract: Classics refer to Confucian classics, which is the core and carrier of traditional Chinese culture. Therefore, it is imperative to read Confucian classics before re – establishing the status of traditional Chinese culture. Confucian classics embody sophisticated philosophy, wisdom and ancient Chinese elements, which might seem distant for Chinese young people nowadays. This paper stated that classics reading cannot be separated from the reader's understanding of traditional culture. It analyzes the sacrifice culture, military culture and folk culture of ancient China by studying words and phrases relating to above – mentioned subjects in Confucian classics.

Keywords: Confucian Classics; sacrifice; military; folk culture; words

"抱布贸丝" 等训释三则

刘志成①

内容提要：本文对《诗经》"抱布贸丝"、《说文》"亡""無"二字和《敦煌变文》"生杖"三条古文献字词做了新的训释。

关键词：古文献　注释　修订

一　抱布贸丝

《诗经·卫风·氓》："氓之蚩蚩，抱布贸丝。"《毛诗故训传》："布，币也。"郑玄笺云："币者所以贸买物也。季春始蚕，孟夏卖丝。"《汉语大字典》"布"字有一义项"古代钱币"，并引《诗经·氓》为证[1]。《汉语大词典》"布"："古代行实物贸

---

① 刘志成，男，1940 年出生，四川师范大学教授，主要从事汉语史、汉语与文化研究。

易时，作为货币的一种，其长宽有定制。"[2] 并引《睡虎地秦墓竹简·秦律十八种》："布，袤八尺，福（幅）广二尺五寸。布恶，广袤不如式者，不行。"又引汉桓宽《盐铁论·错币》："古者市朝而无刀币，各以其所有易所无，抱布贸丝而已。"

上面所举的分歧，是毛、郑对，还是《汉语大词典》对呢？今人的古代文学作品选、古代汉语、大学语文多从《汉语大词典》，我却不以为然。理由如次：

1. 用《睡虎地秦墓竹简》来证明"抱布贸丝"太过牵强：时代不合、地望不合。《睡虎地秦墓竹简》大部属于战国晚期的文物，有的写于秦始皇时期，而《氓》是春秋时期的民歌，战国时的秦律能管到春秋时的交易吗？卫国成为秦国的附庸，那已经是战国末期的事了。睡虎地在湖北云梦县，位置是湖北中部靠东，与卫国无涉。

再说，秦国的法律只能说明秦国存在着以所织布作为实物贸易中间媒介物的情况，并不等于当时秦国全国都是实物贸易。很难想象战国时的秦都咸阳百姓都是扛着织布上街购买东西。实物交换，借助中间的等价交换物，从上古到新中国成立前一直存在。新中国成立前云南、四川、广西的少数民族都有借助等价交换物进行实物交换的情况，如用猪、铁锅作为交换的中间媒介物，难道我们由此而推测新中国成立前上海、南京、北京大家购买东西都赶着猪上街吗？其实，考古发现已经证明战国时期秦国已经有了布币，可见《秦律》是针对秦国部分地区的情况而制定的。

2. 考古发现金属的布币有两种：空首布、平首布[4]。其中空首布流行较早，春秋时期流行于三晋、卫、魏和王畿一带，以

山西侯马、河南汲县出土为多。汲县位于河南的北部，曾是
卫地。

3. 桓宽所言"古者市朝而无刀币"，"古者"时间并未确指
何时，而引"抱布贸丝"也只是为说明"古者"的贸易情况顺
便提及而已。这里的"抱布贸丝"指的是实物交换情况，非为
解释《氓》诗中的"抱布贸丝"的布。用桓宽的话来解释"抱
布贸丝"，实不可信。即使桓宽是为了解释《诗·氓》而言，也
只能算是并不确切的一说而已。

4. 从《氓》的上下文来看，释"布"为织布也讲不通。粗
麻的织布和蚕丝的价格相差悬殊。战国时期的孟子在《梁惠王》
中说："五亩之宅，树之以桑，五十者可以衣帛矣。"即使家家
养蚕，也做不到人人穿丝绸衣服，也只是老年人才有可能穿。当
时养蚕的技术还比较原始，产量不高，织布和蚕丝之价相差几十
倍，商人会抱着不值钱的织布去买价格高昂的蚕丝吗？再看
《氓》下文："匪来贸丝，来即我谋。""氓"目的不是来做生
意，而是想勾引女孩子，那就得有钱才能成功，抱着不值钱的家
家都有的织布，女孩子能上当吗？

毛亨、郑玄和《汉语大字典》无疑是对的。

"抱布贸丝"的"抱"怎么解释？似乎不如"抱着麻布换
丝"简单明了，错了，完全错了。

这首先得从"袋"说起。"袋"字《说文》所无，见于
《玉篇》："袋，囊属。"而"囊"字首见于《诗经·大雅·公
刘》，《文选序》五臣注："囊，有底袋也。"可见，"袋"字虽
然从衣，却不是衣裳上的附件，本义是独立于衣、与囊类似的口
袋，其较早的用例是《南史》、《隋书》，而作衣袋讲是近代的

事，双音词"衣包"、"衣兜"指衣服上的口袋的意义也产生于近代。《说文》"衣部"共收一百一十六文，有衣服的制作、形状、各部位的名称等等，无一字是表达衣服上的口袋的。由以上推知，上古的衣服和"袋"是分开的，不像如今的衣服都有衣袋，直到中古也如此，衣服上有衣袋，最早也应该是明清以后的事。考古和历代服饰研究与我们从文字词语上的推断完全相符[5]。古代有"香囊"、"香袋"以及装官印的囊等，都是独立于衣要系在腰带上的。古人服装多有腰带，扎上腰带会在人的腰部上方的上衣或襦衣形成下垂的圈兜状，携带钱币等小件物品可以从斜开的衣襟放入其中，或者是用另外缝制的小口袋系在腰带上。钱多，小口袋沉重，系在腰带上不安全，也可以将口袋放入怀中，行走时用一只胳臂搂抱腰部稳住钱袋，即为"抱"。如果钱特多，口袋要大，则不能放在怀中，而要搭在肩上。为了稳定，钱要均衡地放在口袋的两端，后来就形成了北方的"褡裢"。走路为了稳住口袋，则用一手搂抱口袋，也叫"抱"。今人一只胳臂弯曲揽人或物叫"搂"，双臂环住人或物叫"抱"（所谓熊抱是也），古代没有如此分别，单臂或双臂的动作都叫抱。《公羊传·僖公二年》："虞公抱宝牵马而至。"虞公一只手在牵马，而"抱宝"用另一只手臂。"抱布贸丝"的"抱"也与此类似。"氓"到底有多少钱，装"布"的口袋有多大？他"抱布"的具体动作究竟是什么样子？是将小口袋放入怀中、还是大口袋搭在肩上？无法考知，但是"氓"带钱叫"抱布"，于情、于字词均合理是确定无疑的。

二 "亡通"无（無）"还是"无（無）通亡"？

这是训诂学上的一大疑案，至今很多古代汉语教材、古代文学作品选、甚至一些字典，遇到"亡"当"无"讲的时候，都以为"亡"通"无"。其实是搞反了。

《说文·亡部》："亡，逃也。""無，亡也，从亡無声。"许慎对二字的解释均误。

我们来看甲金文材料。

"亡"，甲金文有四个义项[3]。（1）没有，殷商甲骨文多用作没有的意义，《甲骨文合集》11977："贞亡其雨。"12221："贞今夕亡祸。"，同时期甲骨文中另一个用法是人名。直到西周早期的《毛公鼎》，"亡"仍然用作"没有"。（2）灭亡、死亡，金文《中山王壶》："故邦亡身死。"（3）通"忘"，《吊家父匜》："哲德不亡。"（4）通"望"，《师□簋》："隹王正月既亡。"

"無"甲金文有三个义项[3]。（1）祭祀之舞，《甲骨文合集》14209："贞我無雨。"5456："贞無有雨。"这个意义传统文献作"雩"。进而指一般歌舞，如《英国怀特氏所藏甲骨》996："乎無亡雨。"（2）甲骨文又方国名，后来写作"鄦"。（3）没有，金文《姬壶》："用丏眉寿無强（后来写作'疆'）。"

将上面的材料对比，以字形表达意义和最早文献用法来判定本义的原则来观察，殷商时期"亡"的本义是"没有"，"無"的本义是要"舞蹈"，"無"用作"没有"意义的时间较晚；从字形上看，虽然"亡"的形体意义不明，但是"無"像一人手持动物的尾巴而舞之形，和舞蹈之"舞"是同一个字，小篆才误分为二，这是古文字学家的共识。"無"的本义是舞蹈，是确定不疑的。 "無"作"没有"讲，毫无疑问，是"無"通"亡"。

三 敦煌变文中的"生杖"

这一条是我参加某博士生论文答辩时提出的意见。"生杖"敦煌变文中四见，《汉将王陵变》："发使交人捉他母，遂将生杖引将来。"《大目乾连冥间救母变文》："狱主闻语，扶起青提夫人，拔却四十九道长钉，铁锁锁腰，生杖围绕，驱出门外，母子相见处：⋯⋯生杖鱼鳞似云集。"《降魔变文》："王敕所司，生擒须达并祇陀太子，生杖围身立地。"

"生杖"各家所释不一。

黄征、张涌泉《敦煌变文校注·汉将王陵变》："生杖即大枷，长枷，以其一端狭长如杖，故名。"

蒋冀骋《敦煌文献研究》："生杖可以围身，可以围绕，可以牵引，可以似云集，与枷的形制不合。只有杖（荆条）才可以围身，荆条、棍皆可牵引，只有荆条才可缠身，才能有如鱼鳞，才可云集。所以，我们认为生杖即新砍的荆条。"

项楚《敦煌变文选注·汉将王陵变》："凡生杖皆应作绳杖，是古代捆缚罪人的刑具。"[6]项先生并引《搜神后记》卷六："晋元熙中，上党冯述为相府吏，将假归虎牢，忽逢四人，各执绳及杖来赴述。"[6]

长枷不可以围绕缠身，黄说于文意不合；荆条不可以层层捆绕，更不能似云集，蒋说仍有可商；项楚之释近是，然释"生杖"是绳和杖，为二物，亦有未安。

"生"项先生以为通绳，《广韵》"生"所庚切，中古音是生母庚韵；"绳"食陵切，中古音是船母蒸韵；生母是舌叶清擦音，船母是舌面前塞擦音，但是陆志伟、邵荣芬等人主张船、禅互换，那么船母就成了舌面前浊擦音，这样生、船发音方法相同、部位相近，只差清浊。庚、蒸韵尾相同，主要元音相近，说它们通假大致可信，或许也有方言关系。

"铁锁锁腰，生杖围绕"，铁锁、生杖为对文，应该都是性质近似的某物名词，不应"生杖"为二物来和"铁锁"一物形成对文。况且如果只有生（绳）可围绕、杖不能围绕，怎可说"生杖围绕"、"生杖围身"？

"杖"应怎么解释？

"杖"本义是手杖、棍棒，先秦文献多见；棍棒可以手握，故引申为握、拿，《书·牧誓》："王左杖黄钺，右秉白旄以麾。"由握再引申为捆，是很自然的事。"生杖"即捆人的绳索，"铁锁"乃锁人的铁链。从对文上看，铁对生，锁对杖，结构格式相应，也合乎文意。

这篇短文，所举的三条训释材料是针对训诂方法而有意选择的，对我们各有不同的启示。"抱布贸丝"提示我们，训诂要注意证据的时间、地点的确切，还要参考当今的考古成就和古代的社会服饰文化。"無"通"亡"，告诉我们，训诂学者要关心古文字研究成果，甲骨文、金文、简帛、玺印、货币文、陶瓦、砖文等大量出土，是训诂不应忽视的材料，给传统的训诂方法带来了冲击，提出了新的问题。让训诂学者人人都成为古文字学家是困难的，但是把古文字的研究成果引用到训诂当中应该是可以做到的。"抱布贸丝"、"無"通"亡"，是上古汉语的训释材料；"生杖"，唐五代的敦煌文献是中古汉语材料，"生"是中古通假字，"杖"是中古新产生的引申词义，"生杖"是定中修饰结构，可见中古双音词的训释对其构成词素的意义来源有的要分别深入考察。

参考文献：

[1] 汉语大字典编辑委员会. 汉语大字典 [M]. 四川：四川辞书出版社，1990.

[2] 罗竹风. 汉语大词典 [M]. 上海：汉语大词典出版社，1994.

[3] 方述新等. 甲骨金文字典 [M]. 四川：巴蜀书社，1993.

[4] 王毓铨. 中国货币的起源和发展 [M]. 北京：中国社会科学出版社，1987.

[5] 黄能馥，陈娟娟. 中国服饰史 [M]. 北京：中国旅游出版社，1995.

[6] 项楚. 敦煌变文选注 [M]. 北京：中华书局，2006.

New Annotations on the Three Sentences of the Ancient Documents

Liu Zhicheng

(Sichuan Normal University, Chengdu, Sichuan, 610068)

Abstract：The author made the new annotations on the three sentences in *Shijing*, *Shuowen Jeizi* and *Dunhuang Bianwen*, He disagreed with the old comments in these notes.

魏晋"口（嘴）"语义场
及其历时演变①

龙　丹②

内容提要：魏晋"口（嘴）"语义场有五大成员，分别是口、嘴（觜）、喙、唇、吻，主导词是"口"。本语义场历时演变问题的焦点集中在"嘴"对"口"的替换上，但在"嘴"替换"口"之前还应有一个"嘴"对"喙"进行替换的过程。研究发现，这两个替换过程在时间的序列上呈现出前后相承的态势。

关键词：魏晋　语义场　嘴　口　喙

"口（嘴）"在 M. Swadesh《一百词的修订表》中居第 42

---

① 基金项目：中南大学自由探索计划（人文社科类）青年教师助推专项项目（2010QN05）。

② 作者简介：龙丹（1980 - ），湖南湘潭人，文学博士，中南大学文学院讲师。

位[1]。魏晋时期"口(嘴)"语义场有五大成员：口、嘴（觜）、喙；唇、吻。主导词是"口"，可用于人或动物；"嘴（觜）"主要用于鸟禽类；"喙"指鸟兽的嘴，初义专指兽嘴；唇、吻是口的一部分，也列入我们的研究范畴，"吻"还可以扩大指"嘴"。在所考察的魏晋文献中，这些词的使用情况如下所示：

表1-1　魏晋代表文献中"口（嘴）"语义场成员的使用情况①

文献 词目	三国志	华阳国志	法显传	抱朴子内篇	搜神记	肘后备急方	尔雅、方言（郭璞注）	佛经文献	总计
口	62	5	9	27	15	69	6	239	432
喙	3	0	0	2	3	0	3	6	17
嘴（觜）	0	0	0	0	0	0	3	4	7
唇	3	0	0	1	1	5	1	31	44
吻	0	0	0	1	1	4	0	3	9

口，甲骨文字像人的嘴，有上下唇，甲骨卜辞有"疾口"之占。《说文》："口，人所以言、食也。""口"可扩大指整个人，《孟子·梁惠王上》："百亩之田，勿夺其时，数口之家可以无饥矣。"还可以指动物的嘴，《春秋·宣公三年》："三年春王正月，郊牛之口伤，改卜牛。"所考察的魏晋文献中表"人或动

---

①　汉译佛经主要考察了口语性强、典型性、年代著者准确的佛典，《撰集百缘经》、《菩萨本缘经》、《大明度经》、《六度集经》、《生经》、《普曜经》、《中阿含经》、《长阿含经》、《出曜经》，佛经文献均来自《大正新修大藏经》。

物之嘴"的"口"较之"嘴"有绝对优势，它既可用作"人嘴"，又可用作"鸟兽虫鱼之嘴"，例如：

（1）事祖母以孝闻，其侍疾则泣涕侧息，日夜不解带，膳饮汤药，必自口尝。（《三国志·蜀志·杨戏传》裴注引《华阳国志》）

（2）阿耨达池西有婆叉河，从马口出，从五百河入于西海。（《长阿含经》卷一八，T01/ p0116c）

（3）魏黄初元年，未央宫中，有鹰生燕巢中，口爪俱赤。（《搜神记》卷六，170 条）

（4）此虫口中横骨角弩，唧以射人形影则病。（《肘后备急方》卷七，"治卒中射工水弩毒方第六十五"）

（5）鳣，大鱼，似鳟而短，鼻口在颔下，体有邪行，甲无鳞，肉黄，大者长二三丈，今江东呼为黄鱼。（《尔雅·释鱼》郭璞注"鳣"条，卷下）

"口"的用例中又以用为"人嘴"的居多。"口"的本义即"人嘴"，且指称"动物嘴"义除用"口"之外，还有"嘴（觜）、喙"等词，因此，"口"的"人嘴"义更为常见。

长久以来，"口"在本语义场一直处于优势地位，直到后来"嘴"进入本语义场，"口"、"嘴"两词经过激烈竞争，"嘴"最终取得单用时的优势，此时，"口"的主导地位才被动摇。后代"嘴"之所以能进入本语义场并最终占据核心地位，这也是与"口"的语义负担过重有关。我们选取了魏晋《三国志》和《搜神记》两部文献，具体来了解一下"口"当时的义项分布情况（见表1－2）。

表 1-2　魏晋部分文献中"口"的使用情况

文献 \ 义项	人嘴	动物嘴	言语	口头	口子	通道	物相通处	地名	人口	婴儿	俘虏	牲畜	量词	合计
三国志	54	8	31	19	1	35	0	101	58	2	5	9	4	327
搜神记	12	3	0	0	1	4	5	0	2	0	0	0	0	27
合　计	66	11	31	19	2	39	5	101	60	2	5	9	4	354

　　从统计结果可以看出，魏晋时期"口"的义项是相当复杂的，其他文献中可能还有更多的义项。很多用法先秦就已经产生，如"人或动物嘴、言语（口才）、人口、口头、物体内外相通之处"等义。魏晋时期还产生了一些新的义项，如指"婴儿"义的"尺口"，《三国志·吴志·孙皓传》裴松之注引《江表传》："定挟忿谮勖于皓，皓尺口诛之，焚其尸。"可见，"口"的义项还在不断增加，语义负担也在不断加重。"词义负担不断加重，表义的明晰性受到影响，这时就会把某些义项卸给其他词。"[2]413新词"嘴"后来替代"口"也属于这种类型。

　　喙，先秦时代就已经出现，共 27 见。原指鸟兽等的嘴，如《山海经》："有鸟焉，其状如鸮，青羽赤喙，人舌能言，名曰鹦鹉。"《一切经音义》："兽口曰喙。"黄金贵先生也认为"喙"最初是专指兽嘴，后来才扩大到指鸟嘴[3]521。但从先秦用例来看，似乎没有这种倾向。根据文献及考古材料分析，我们也认为"喙"最早应该是指兽嘴。古代相传海外有三十六国，"豕喙国"就是其中之一。《淮南子·地形篇》"海外三十六国"就有"豕喙民"（自西南至东南方）。《山海经·海内经》曰："流沙之东，黑水之西，有朝云之国、司彘之国。黄帝妻雷祖，生昌意。昌意降处若水，生韩流。韩流擢首、谨耳、人面、豕喙、麟身、渠股、豚止；取淖子，曰阿女，生帝颛顼。"文中以"豕喙"来形容颛顼之父韩流的体表特征。《韩诗外传》姑布子卿称孔子"莫喙"，郝懿行说："莫盖与猇通，即豕喙也。"今按《孝经援神契》说孔子是"海口"，可知"豕喙"即大嘴巴也。徐南洲将韩流的外貌特征和四川广汉三星堆一、二号祭祀坑出土的青铜人像群进行对照，发现后者也有此等体表特征。他在《古代蜀人是怎样得名的》一文中指出三星堆一号坑《简报》记其 A 型、C 型人头像都是"大嘴紧闭"，二号坑《简报》称其 A 型人面像"大嘴，两嘴角上翘接近耳根"[4]。这也说明当时确有这类特征的人存在，说不定有的就是豕喙国民的后裔。

《庄子》中有 2 例"喙"用于人，《秋水》："今吾无所开吾喙，敢问其方。"《徐无鬼》："庄子丘愿有喙三尺。"黄金贵先生指出这种用法是带有嘲讽意味的修辞性喻用[3]522。西汉"喙"仍有用于人的用法，皆言人嘴长得像豕、鸟、马[5]，有些是由贬义变为谦说，如刘向《说苑》："夫自中行衍皆嬴姓也，中衍人面鸟喙。"

魏晋时期沿袭先秦的用法，以指称鸟兽嘴为常见，并有"口"、"喙"连用的形式。如：

(1) 昼度树不久当生如鸟喙。（《中阿含经》卷一，T01/ p0422a）

(2) 后生子，王捐之于涧中，猪以喙嘘之，徙至马闲，马以气嘘之，不死。（《三国志·魏志·乌丸鲜卑东夷传》裴注引《魏略》）

（3）襄平北市生肉，长围各数尺，有头目口喙，无手足而动摇。（《搜神记》卷九，245 条）按：这里形容"怪"的外形特征。

《肘后备急方》有"乌喙" 3 例，乌喙，中药名也。先秦就已经出现，《墨子》："常令边县豫种畜芜、芒、乌喙、椒叶，外宅沟井填可，塞不可，置此其中。"据形而名，颜师古注云："乌喙，形似乌之喙也。"

魏晋以前专指"鸟兽嘴"的还有"咮（喟）、啄"，王凤阳先生指出"咮、啄"兼有名词"鸟嘴"和动词"用嘴取食"的用法， "啄"是"咮"的同源分化字，分出了动词用法的"咮"[6]113。可见，咮、喟、啄应为同源关系。王力先生也考察了这组同源词，因它们均兼有动词和名词的用法，认为最初时"咮、喟、啄"实同一词[7]188。但在所考察的魏晋文献中，除郭璞《尔雅》因作注需要而用到"咮"外，不见其他用例，说明这些词在当时已经很少使用，逐渐退出了本语义场。

嘴，本作"觜"，或作"紫"。《说文》："觜，鸱旧头上角觜也。"段注："觜犹紫，锐词也。毛角锐，凡羽族之咮锐，故鸟咮曰觜。"可见"觜"的特点是"锐如角故曰觜"（朱骏声《说文通训定声·履部》"觜"字）。"觜"最初也仅指"鸟嘴"，东汉始见个别用例，张衡《东京赋》："秦政利觜长距，终得擅场。"李善注引薛综曰："喻七雄为斗鸡，利喙长距。"[8]107

所考察的魏晋文献中，"嘴"（觜、紫）凡 7 见，作为本语义场的新成员，"嘴"的用法集中在"动物嘴"上，主要用于鸟禽类，也可用于虫类。如：

（1）彼中或鸡子以紫以足，啄破其卵。《中阿含经》（卷五六，T01/p0781b）

（2）虫名凌瞿来，身白头黑，其觜如针。《中阿含经》（卷一二，T01/p0505a）

值得注意的是佛经文献中还出现了"口觜（1例）"连用的形式，但也是用于鸟禽类。《中阿含经》（卷四〇，T01/p0679c）："鸡设放逸，于中有鸡子，或以口觜，或以足爪，啄破其卵，安隐自出。""觜"与"口"连用，受"口"强势词义的影响，大约在唐朝时"觜"的义域进一步扩大到人[8]107。王凤阳先生提供了这方面的例证，《朝野佥载》："尚书左丞陆馀庆，转洛州长史，其子嘲之曰：'陆馀庆，笔头无力觜头硬。'"这显然是当时的口语成分[6]119。"觜"起初用于人时有明显的贬义色彩，如《王梵志诗》："世间慵懒人，五分向有二。例着一草衫，两膊成山字。出语觜头高，诈作达官子。"张志毅、张庆云认为"觜"在宋元明用于人带贬义，到清代失去贬义，陪义褒化[9]253。"觜"起初用于人有明显的贬义色彩，这和上文"喙"的情况相似，可见，两词有相同的修辞喻用机制。

元明时期，新词"嘴"的优势才逐渐体现出来，先后完成了对"喙"和"口"的替换后，最终成为本语义场的代表词。

唇、吻均属于口的一部分，指嘴唇，嘴角。唇，古字"脣"。吻，亦作"吷、呡、肳"。唇、吻两词在先秦就已经出现，《庄子·盗跖》："唇如激丹，齿如齐贝。"《周礼·考工记·梓人》："锐喙决吻，数目顾脰，小体骞腹，若是者谓之羽属。"郑玄注："吻，口腾也。"在所考察的魏晋文献中，"唇"的用例明显多于"吻"。佛经文献中用"唇"不用"吻"，说明当时口语中"唇"比"吻"更常用。"吻"还可以扩大指"口，嘴"。晋 桓温《荐谯元彦表》："身寄虎吻，危同朝露。""唇、吻"连用既可用如本义，又可比喻议论、口才。魏晋时期本义用法较少，多为比喻义。如：

（1）寒风摧条而宵骇，咳唾凝沫于唇吻，则其中将有独中冷者，而不必尽病也。（《抱朴子·内篇·极言》）

（2）浚曰："伷是南阳旧姓，颇能弄唇吻，而实无辩论之才。"（《三国志·吴志·潘浚传》裴注引《江表传》）

后来，"吻"的"嘴唇"义用法逐渐减少，主要向其动词义"亲吻、符合"方向发展，"吻"逐渐退出了本语义场。

魏晋以后，本语义场发展的焦点集中在"嘴"对"口"的替换上。吕传峰《"嘴"的词义演变及其与"口"的历时更替》一文对此已经有翔实而可信的讨论，他认为"嘴"的语义经历由最初专指鸟类到指称动物和人的演变后，元末明初"嘴、口"进入白热化的竞争期，清末单用的"嘴"已经基本完成对"口"的替换，但由"口"组成的复合词还大量使用[8]107。现代汉语中，两词在某些词组中仍各自为阵，不能互易，如"口腔"、"嘴尖"，这说明两词还保留了一些本质上相区别的语义特征，用于人的"嘴"侧重指口的外突，所指范围小于"口"，"口"是就整体而言[3]521。"嘴"的外突与其初义有关，其"鸟嘴"义则由"毛角"而来，即取其尖锐、外突之形。

"喙"指鸟兽等的嘴，后代用例逐渐减少，综合分析"嘴"对"口"的替换过程及魏晋以后"喙"逐渐退出本语义场的历程，我们认为除了"嘴"对"口"的替代，还应有一个"嘴"

或者"口"替代"噣"的过程。那么，到底是"嘴"替代"噣"还是"口"替代了"噣"？是在"嘴"替代"口"之前替代的还是两个替代过程同步交叉进行的？从这三个词的来源考虑，"嘴"替代"噣"的可能性更大。"口"最初是指"人嘴"，而"嘴"和"噣"最初都是指称动物嘴，都有"外形凸出"的隐性义特征，两者关系更密切。至于替代的时间，根据我们的考察，"嘴"替代"噣"和"嘴"替代"口"在时间上应该是前后相承的，而并非交叉进行。

在所考察的魏晋文献中，"嘴"和"噣"的用例比为7：17，"噣"具有一定的优势。"嘴"自东汉进入本语义场以来，时间并不长，属于本语义场的新词。由于它进入本语义场的时间不长，因此，表示"动物嘴"义"嘴"的优势还不及"噣"。我们对"噣"在南北朝以后代表文献中的使用情况进行了统计，如表1-3所示。

表1-3　南北朝——清朝代表文献中"噣"的使用情况①

噣	南北朝	用例	唐五代	用例	宋朝	用例
	齐民要术	8	祖唐集	0	朱子语类	1
	世说新语	0	敦煌变文	0	太平广记	20
	颜氏家训	0	全唐诗	11	全宋词	1
	总　计	8	总　计	11	总　计	22

① 该表先利用陕西师范大学历史文化学院袁林主持开发的汉籍全文检索系统（二）对魏晋以后各时代的"噣"进行全面检索，理清魏晋后"噣"的整体发展趋势，然后再选取各时代的代表文献统计而成。

	元朝	用例	明朝	用例	清朝	用例
喙	全元杂剧	1	西游记	2	红楼梦	0
	全元散曲	0	三言	3	儒林外史	0
	元典章	0	金瓶梅	0	儿女英雄传	0
	总　计	1	总　计	5	总　计	0

我们发现，"嘴"和"喙"在魏晋以后的代表文献中使用情况发生了一系列的变化。《全唐诗》中指鸟类的"嘴"有69见，"喙"仅11见，"嘴"已经表现出明显的优势。宋代《朱子语类》和《全宋词》"喙"各有1例，"喙"的用例已经极其鲜见，《朱子语类》"嘴"4例，均形容"猪嘴"；"喙"仅1例指鸟嘴，"'鹳鸣于垤'，垤，即蚁封也。天阴雨下，则蚁出，故鹳鸣于垤，以俟蚁之出，而喙食之也。"其他9例均为中药名"乌喙"。《太平广记》"嘴"27例，多用于指鸟嘴。"喙"20例，其中18例用于"动物嘴"，2例用于"人嘴"，如"磻叟形质短小，长喙疏齿，尤富文学，自负王佐之才，大言骋辨，虽接对相公，旁若无人。"《太平广记》取材于汉代至宋初的野史小说及释藏、道经等，引书约400种。因此，"喙"的用例较多是可以理解的。《全宋词》"嘴"9例，都是用于鸟类，"喙"未见用于"动物嘴"的例子，这说明此时人们更习惯用"嘴"来表达"动物嘴"义，"嘴"已经有替代"喙"的趋势。到了元代，"喙"用为"动物嘴"基本消失，普遍使用"嘴"来表达"动物嘴"或"人嘴"义，"喙"被挤出本语义场。明清文献中"喙"仍有个别用例，属于古语词的遗留现象，《西游记》第八十回：

"那阵狂风过处，只见半空里来了一个妖精，果然生得丑陋。黑脸短毛，长喙大耳，穿一领青不青、蓝不蓝的梭布直裰，系一条花布手巾。"这里的"喙"主要是贬义作用，以丑化人物形象。

从以上分析中我们可以看出，"嘴"替代"喙"的时间大致在元代，而根据吕传峰的研究结果，"嘴"和"口"展开全方位的竞争是在元末明初之际[8]107，这样"嘴"替代"喙"、"嘴"替代"口"也就在时间上呈现出前后相承之势了。

总之，从历时角度来说，"嘴"进入本语义场以后，一方面词义的指称范围在不断扩大，另一方面，它又在"动物嘴"这个子义场中完成了对"喙"的替代，最后又对"口"进行了部分替代，这两个替换过程在时间的序列上呈现出前后相承的态势。"口（嘴）"语义场的其他成员，魏晋以前专指"鸟兽嘴"的"咮（喝）、啄"在魏晋时期已逐渐退出了语义场，而"吻"在魏晋以后也退出了"口（嘴）"语义场。

参考文献：

[1] M. Swadesh. 一百词的修订表［J］. 喻真译. 音韵学研究通讯，1990（14）.

[2] 汪维辉. 东汉－隋常用词演变研究［M］. 南京：南京大学出版社，2000.

[3] 黄金贵. 古代文化词义集类辨考［M］. 上海：上海教育出版社，1995.

[4] 徐南洲. 古巴蜀与《山海经》［M］. 成都：四川人民出版社，2004.

[5] 吴宝安. 西汉核心词研究［D］. 武汉：华中科技大学图书馆，2007.

［6］王凤阳. 古辞辨［M］. 长春：吉林文史出版社，1993.

［7］王力. 同源字典［M］. 北京：商务印书馆，1982.

［8］吕传峰."嘴"的词义演变及其与"口"的历时更替［J］. 语言研究，2006（1）.

［9］张志毅，张庆云. 词汇语义学［M］. 北京：商务印书馆，2005.

［10］黄树先. 汉缅语比较研究［M］. 武汉：华中科技大学出版社，2003.

The Semantic Field *"Mouth"* and its Evolvement

in the Wei – Jin Dynasties

Long Dan

(The School of Literature of the Central South University, Changsha, Hunan, 410083)

Abstract：The semantic field of mouse in the Wei – Jin contains five elements：Kou（口），Zui（嘴 or 觜），Hui（喙），Cun（唇） and Wen（吻）and Kou（口）is the kernel element. The studies of the evolvement of semantic field of mouse in the Wei – Jin were focused on the replacement of Kou（口）by Zui（嘴）without considering of the replacement of Hui（喙）by Zui（嘴）before. The relationship between the two replacements was discussed and their succeeding process was revealed.

Key words：Wei – Jin；The semantic field ；Zui（嘴）；Kou （口）；Hui（喙）

成都市楼盘名称的语言
特色和文化内涵

崔雪梅①

内容提要：以成都市六城区最新楼盘名称为研究对象，分析楼盘名称的多种结构形式，揭示通名多样化和双音节化的新趋势，阐释专名所包含的丰富的文化内涵。

关键词：成都市楼盘名称　通名　专名　语言特点　文化内涵

现代化的城市建设中，高楼大厦是不可缺少的建筑元素之一。楼盘名称不仅具有地名标识作用，而且在楼盘营销中也占有重要地位。各式各样的楼盘命名以其丰富多彩的意义内涵、文化

---

① 作者简介：崔雪梅（1968 - ），女，宜宾人，成都学院文学与新闻传播学院副教授，文学硕士。研究兴趣：古代汉语、对外汉语教学。

气息，吸引着各色楼盘购买者，形成了一道亮丽的都市风景线。

笔者采用网上搜集资料的方式，从爱房网①2011 年 7 月公布的成都市六城区（成华、锦江、青羊、武侯、金牛、高新）最新楼盘信息中，收集到共 330 个楼盘名称，结合实地考察，对其进行了统计分析。笔者发现这些楼盘名称具有与以前不同的新的语言特色，折射出了成都市城市发展的诸多可喜变化，值得关注。以下笔者便从语言和文化两个方面对成都市的楼盘名称做具体阐释。

一　成都市楼盘名称的结构分析

楼盘名称一般由通名和专名构成。通名是楼盘通用的名称，是指普遍存在的、有明显共性的实体，楼盘的通名可以显示楼盘的定位、功能和规模的大小，具有一定的固定性。专名是区别共性实体的楼盘的专有名称，通常位于通名前修饰限定通名，用于辨别、区分不同的楼盘，已被开发商作为一个品牌来进行推销，是楼盘个性化的体现[1]36-37,[2]88。例如楼盘名"紫竹苑"和"卓锦城"，其通名分别是"苑"和"城"，专名分别是"紫竹"和"卓锦"。

从收集到的资料看，成都市楼盘名称有以下几种组合形式：

（一）地名/街道名/风景区名（＋专名）＋通名

由于地段因素是房地产营销中的一个硬性指标，开发商往往选择地段好的楼盘，在其命名中添加位置标识性字眼，凸现地理

---

① "爱房网 成都"，http：//chengdu. aifang. com。

优势，作为其卖点。此类命名是楼盘命名的基本手法之一。如："神仙树大院"、"沙河壹号"、"双楠融城"、"草堂铭城"、"桐梓林欧城"、"北湖龙郡"、"金沙柏林郡"、"东湖国际"、"领馆国际城"、"红星国际"等，都分别在楼盘名称中标明了楼盘所处地理位置。这些地理位置往往都是优势地段，在楼盘营销中值得或需要标榜宣传，以为营销加分。

这类楼盘名称有的采用谐音双关手法将表示方位和传递寓意巧妙地结合于一体。如"熙城国际"和"新熙门"的"熙"都谐音"西"。这两个楼盘都位于成都老西门，随着成都市城市发展，此地旧貌换新颜，到处一片欣欣向荣的景象，当然既是"新西门""西城"也是"新熙门""熙城"了。再如"公元西"位于金沙遗址公园正西，其中的"公元"谐音"公园"，"公元西"既标明此楼盘在金沙遗址公园西边，同时"公元"的使用，也使得这一楼盘名称带上了悠远深厚的历史意蕴，凸显了楼盘所处地区的历史文化韵味。

（二）房地产开发商名（+专名）+通名

这种命名方式主要是开发商为了达到宣传自己的目的而选择的。采用此种楼盘命名方式的开发商常常具有相当资本和规模，在业界已处于一定的优势地位，此种命名一方面可以通过自报名门的方式吸引消费者的注意和信赖，另一方面也使得开发商的品牌在楼盘销售过程中得到推广和提升，进而达到更好的楼盘销售效果。例如："三利宅院"、"九龙仓御园"、"金房央座"等，是"开发商名"直接放在楼盘"通名"前。而"华润翠林华庭"、"华润银杏华庭"、"华润二十四城"、"华润翡翠城"、"华润凤凰城"、"华润金悦湾"等"华润"系列，"万科金润华府"、"万科国宾首府"、"万科金色领域"、"万科魅力之城"、"万科金域西岭"等"万科"系列，还有如"蓝光锦绣城"、"中粮香榭丽都"等则在"开发商名"和"通名"之间还补充了一些"通名"修饰语。

（三）专名＋性质类名＋通名

在楼盘名称中"性质类名"说明楼盘的特有功能、性质和定位，有助于楼盘提高其专业化水平，吸引特殊客户群的注意力。如："东城国际商务广场"、"泓昌嘉泰金融中心"等名称就说明了楼盘的功能和定位是"商务"和"金融"，让顾客一目了然，进而做出应有的购买取向。

（四）开发商名＋专名

这一类楼盘命名省略了"通名"，仅由"开发商名"和"专名"构成。如："华宇阳光四季"、"金房华韵天府观锦"、"蓝光云鼎"、"九龙仓雍锦汇"、"保利金香槟"、"中铁·西子香荷"、"龙湖世纪"等。

（五）专名

有的楼盘名称甚至连"开发商名"也省略掉，只剩"专名"。如："城南名著"、"金林俊景"、"假日时光"、"邻里中央"、"镏金岁月"、"优品道"、"水畔经典"、"榜样"等。这类楼盘大都着重创造一种文化品味和生活理念，通过省略"通名"，给消费者更多的遐想空间，产生了独特的宣传效果。

（六）由数字、英文字母和汉字组合而成

这类楼盘名称紧跟时代潮流，体现时尚流行的生活方式。如："浅水80俊"，小户型的设计，目标人群直指80后；"金府SOHO"是时尚的酒店式公寓；"蓝光SOFA社区"号称首席精装音乐社区；"华侨城纯水岸 208 区"巧妙道出本产品为 208 套高尚别墅；"成都 A 区"、"领馆区 1 号"彰显了楼盘在区域中的尊贵地位；"U⁺尚舍"用"U⁺"谐音"优加"，显得新颖别致。有的楼盘则用数字透露其古色古香的韵味，如："蓝光公馆 1881"。

在我们收集到的资料中，不含通名的楼盘共 92 个，占楼盘总数的 28%。

二 成都市楼盘通名的新特征分析

在成都市楼盘通名中，以下现象值得关注：

（一）通名数量增加，词语来源丰富，风格多种多样

在计划经济时代，楼房名称单一，不是"……宿舍"，就是"……小区"，或是"……村"。随着商品楼房的开发销售，楼盘名称逐渐丰富起来。但是由于各地地名办对通名规定比较严格，楼盘通名还是相对比较单一，比较稳定。近些年来，随着人们居住要求的不断提高，房地产开发的激烈竞争，以及楼盘营销的专业化，楼盘通名发生了不少变化，除了一些传统通名外，还出现了不少新兴通名或正在形成中的通名。

在我所收集到的 330 个楼盘名称中，238 个含有通名，占总数的 72%。这 238 个含通名的楼盘名称一共使用了 47 类楼盘通名，其中使用率居前十位的有 19 类，分别是："城"43 次，"园""庭"各 17 次，"国际"16 次，"湾"11 次，"府""场"各 9 次，"苑""郡""号""区"各 8 次，"中心"7 次，"公馆"6 次，"岸"5 次，"家""邸""寓""筑""峰"各 4 次，

共有 185 个楼盘使用了这些楼盘通名，占含通名楼盘总数的 78%。

其余零星使用的楼盘通名还有"座""邦""地""林""岛""城""院""居""门""里""都""洲""岭""堂""舍""庐""阁""台""镇""街""角""山""谷""源""港""大厦"等，共有 58 个楼盘使用了这些楼盘通名，占含通名楼盘总数的 22%。

以上楼盘通名荟萃了古今中外众多描述建筑形态的词语，这种多姿多彩的壮观局面的形成有以下几个方面原因。

1. 旧词新用

一些古代建筑、住宅类词语被重新启用，楼盘名称充满文心雅趣和古典韵味。

"城"本义是都邑四周用作防御的墙垣，后作都邑解，如都城。"都"指大城市，如都市、都会。现用于楼盘通名，如："华润二十四城"、"龙湖三千城"、"金科一城"、"颐和京都"、"中粮香榭丽都"等，均指占地面积较大、具有宏大气势的楼盘。

"堂"本指正屋，《论语·先进》："由也升堂矣，未入于室也。"又指殿堂，《荀子·儒效》："诸侯趋走堂下。"今天"朗基龙堂"项目将楼盘以"龙"型规划摆放，楼盘名称带上通名"堂"后，显得气度不凡。

"庐"原指农民耕种时暂时在田野居住的棚舍。《诗经·小雅》"中田有庐"笺云："中田，田中也。农人作庐焉，以便其田事。"[3]471 后来"庐"泛指简陋的房屋。"舍"和"居"也是古代表示住所的词。这些词语具有丰厚的历史人文内涵，也具有谦称的感情色彩，以前不少文人常用来雅称自己的住宅。现在重新启用作为楼盘通名，可谓是展现了现代人居文化中的深厚历史文化底蕴。如"北辰美庐"、"都城雅颂居"、"东城小居"、"U⁺尚舍"就给人一种清新、脱俗的文化品位感。

"阁"古代指一种架空的小楼房，现用作楼盘通名，突出了楼宇悠然飘洒的空灵感。如："中海部落阁"，其产品主要为35－65平方米的小户型精装公馆，用"阁"命名突出了它的小巧玲珑。

"台"古代指用土筑的、供观察瞭望用的高坛。用其作为楼盘通名，突显了楼宇的高大气象。如"龙湖铜雀台"是龙湖地产推出的城市花园别墅级洋房，其案名引用了历史上著名的"铜雀台"，项目楼盘的宏伟气势迎面而来。

通名"府"、"邸"、"公馆"、"花园"等，旧指封建官僚、地主、资本家和外国殖民者的私人豪华住宅，带有剥削阶级的贬义色彩。新中国成立后因房产国有而不用、不称。随着住房商品化和人们思想观念的改变，房产商们舍弃了这些词义的贬义色彩，而赋予其高贵显赫的颂扬义，以之作为了高档楼盘的通名[4]42。如"万科国宾首府"以其地处国宾区稀缺地段、纯大户舒居享受、万科最高精装标准而尽显其高贵品质。其他用例如："状元府邸"、"西城公馆"、"华敏世家花园"等。

2. 词义的转移或扩大

一些原本表示地理形势和环境的词，由于词义扩大或转移而走进了通名序列。如"湾""港""岸""洲""源""岛""山""谷""峰""岭""地""域""林"等。

"湾"本指水流弯曲的地方，现以"湾"为名的楼盘，大多确实是处于水流弯曲之处，如"和信融锦云湾"就位于成都市二环路内沙河湾旁，"复地雍湖湾"位于 60 亩湖面及两条河流构成的湾区亲水体系。也有一些楼盘并不处于水流弯曲之处，但却被某物弯曲围绕，因而也以"湾"为通名。如"中海翠屏湾"就被城市绿地三面围绕，呈现出城市里罕有的 U 型林湾版块特点；"华都美林湾"紧邻幸福梅林也是如此。而"银锣湾"环境特点与"湾"无关，是仿照香港的"铜锣湾"而来。"太平洋金色港湾"也不具备"湾"的地理特点，却将"湾"与"港"组合成"港湾"，给人以安全舒适感。

"港"本意为港湾、码头、港口。楼盘"维港"并非港湾，而是取意香港"维多利亚港湾"，代表了一种对美好事物的向往和对品质生活的追求。

"岸"指江、河、湖、海等水边的陆地；"洲"指河流中由泥沙淤积而成的陆地；"源"指水流起头的地方；"谷"原指两山之间狭长而有出口的低地，往往包含一个流域。这些词充当楼盘通名后，其词义都或多或少发生了转移。如"华侨城东岸"，是成都华侨城地产斥巨资打造的生态低密环水高端住宅社区。"美年广场美岸"是一个紧邻锦江，拥有 400 米河岸线的楼盘。"兴元绿洲"、"建发天府鹭洲"，也因其近水的特点而命名为"洲"。"水映长岛浣谷"，凸显了别墅区悠远、恬静的优美环境。而"君和源"则体现了开发商对小区和谐生活氛围的良好期望。

"峰"本指山的突出的尖端，后也可指形状像山峰的事物。"岭"指高大的山脉。现在楼盘叫"……峰""……岭"，一是想突出建筑本身的空间高度，另外也试图展现楼盘品质的高档和业主地位的高贵。如"叠翠峰"就具有小高层、小户型、精装修的特点。"领峰""誉峰"附着在高远楼房之上的领先、位尊之意显而易见。"交大万通绿岭"、"万科金域西岭"，也透露着开发商所标榜的生活品质。

以上词汇用作楼盘通名，无形当中拉近了现代高度发达的物质文明与自然之间本来难以弥合的距离。

3. 从国外或港台引进

"广场"，指面积广阔的场地，特指城市中的广阔场地，译自英文单词 plaza。楼盘以"广场"命名，大多是集高尚住宅、商务公寓、写字楼和商铺于一体的城市综合体，常处于交通便利地段，但不一定具有宽阔露天公共场地。如"成都金牛万达广场"、"大鼎世纪广场"等。而"莱蒙置地广场"、"卡斯摩广场"则都是酒店式或小户型公寓。

"街区"指城市中的某一片区域，也指以某种特征划分的地区。"社区"指城市中以某种社会特征划分的居住区，也指我国城镇按地理位置划分的居民区。二词均来自港台。楼盘用例如"朗诗绿色街区"、"中粮祥云国际社区"。

"SOHO"是英语"Small office（and）Home office"的缩略称呼，直译就是家庭办公室、小型办公室的意思。"金府 SOHO"是位于金府路的酒店式公寓，就是为 SOHO 一族准备的商、住合一的公寓。

（二）**通名双音节化趋势明显**

原来的单音节通名加上临时性修饰语后构成了大量的双音节通名。如：

城——名城、上城、一城、钰城、西城、铭城、少城、倾城、锦城、欧城、尚城

苑——舜苑、丽苑、楠苑、文苑、玉苑、名苑、西苑、馨苑

庭——豪庭、华庭、云庭、香庭、美庭、兰庭

园——花园、御园、家园、嘉园

筑——观筑、领筑、晓筑

域——领域、上域、融域

都——京都、丽都

洲——绿洲、鹭洲

使用双音节通名的楼盘占含通名楼盘总数的 53%。通名的双音节化既是现实的需要，也顺应了现代汉语双音化的发展趋势。一方面，房地产产业日益发展，市场竞争日趋激烈，单音节通名因其数量有限且难以凸现楼盘特色，日益暴露出局限性。楼盘的通名要想继续使自身定位准确、标识性强且个性突出而能起到筛选特定目标消费群体的作用，就必须突破狭义通名的局限而有所创新，通名双音节化是可取的办法之一。另一方面，音节偶化是人们在语言实践中追求整齐、对称的节奏美的一种必然审美选择结果，符合中国人崇尚匀齐对称的审美心理[5]71-72。通名双音节化主要出现在偶字数的楼盘名称中，尤其是四字楼盘名称中，如："汇融名城"、"建发天府鹭洲"等。

三 成都市楼盘专名的文化考察[6]54-55,[7]42,[8]

在楼盘命名中，最能体现开发商创意理念和楼盘建筑特色的是专名。经考察，成都市楼盘专名有如下语言文化特色：

（一）多选用吉祥如意、多福厚禄、富贵显耀的字词，反映价值观念，寄寓美好愿望，具有浓厚的传统文化色彩。

"雍、泰、祥、瑞、熙、怡、融、悦、隆、盛、兴、嘉、颐、和、福、华、逸、尚、润、昌"等字眼在楼盘名称中大量使用，传递出人们对福寿康宁的心理追求。如："泓昌嘉泰金融中心"、"君和源"、"复地雍湖湾"、"加怡名城"、"高升瑞景"、"颐和京都"、"隆鑫九熙"、"福晟钱隆天下"、"兴元华盛"等，都表现了一种浓浓的祈愿和祝祷，与传统文化中的福禄寿禧观、安居幸福观、和美昌盛观一脉相承，反映出成都人注重人文内涵、传承传统文化的社会风尚。

"御廷上郡"、"领峰"、"誉峰"、"万科国宾首府"、"状元府邸"、"名人国际公寓"、"名企公馆"、"汇融新贵公馆"等，以"御""上""领""誉""国宾""状元""名人""名企""新贵"等含有地位尊贵之意的词语做楼盘名称。"上东一号"、"沙河壹号"、"加州壹號"、"中海城南1号"、"成都A区"、"金科一城"等，则以"一（壹、1）号"、"A区"、"一城"自居。以上名称都体现了购买、居住者身份地位的非同一般，满足了部分社会阶层在经济条件改善后追求显赫地位的心理需求。

在中国传统文化中，"龙"和"凤凰"都是祥瑞之物，其中"龙"是"权势、高贵、尊荣"的象征，又是"幸运"和"成功"的标志；"凤凰"则是"吉祥和谐"的象征。"北湖龙郡""华润凤凰城"以"龙"和"凤凰"入名，誉称自己的住宅，寄托美好的祈望。"龙湖铜雀台"，直接以建安年间鼎鼎大名的与曹操紧密相联的"铜雀台"作为案名，不仅彰显建筑华丽恢宏，更透露出一种志向远大、建功立业的壮志豪情。

此外也有以各色精美玉石作为楼盘名称的，如："正成翡翠琉璃"、"北湖龙珠"、"山水琨玉"、"南钻威尼斯"，皆以玉石为喻，中国玉石文化的身影不难察见。还有一些尊贵之物也常在楼盘名称中出现，如："天玺""成功·银玺国际""双玺"都以"玺"入名，"玺"乃帝王御印，拥有者当然可以雄踞宇内、傲视天下了。"蓝光云鼎"，以"鼎"入名，"鼎"在中国古代被视为传国重器，是国家和权力的象征，后"鼎"字也被赋予"显赫"、"尊贵"、"盛大"等引申意义。"万通红墙国际"中的"红墙"，因历史上皇宫围墙的红色而成为了皇权的象征，后也指最高权力层。"颐和京都"则使人不由联想到了清代皇家园林"颐和园"。紫檀和楠木都是名贵木材，在古代一度还曾是皇家专用木材，因此"蓝光金楠府"、"楠香山"、"紫檀"、"檀香花园"等案名所包含的显贵意义显而易见。

此外，一些包涵高贵、富丽意义的颜色词也常用进案名。如："天紫界"、"保利金香槟"、"银锣湾"、"红城"中的"紫"、"金"、"银""红"等。

（二）多选用优美壮丽的自然景物或描绘其特征、姿态、品性的字词，折射出现代都市人群对恬静田园风光的追求和寄情山水的传统情怀。

如："天地云庭"、"森世阳光"、"叠翠峰"、"交大万通绿岭"、"香澜半岛"、"水映长岛浣谷"、"复地雍湖湾"、"中海兰庭"、"瑞升望江橡树林"、"金沙海棠"、"中铁·西子香荷"、"月光诚品"等，为我们铺展了一幅天高云淡、山青水秀、林木茂盛、繁花似锦、有着灿烂阳光和皎洁月光的现代田园城市画卷。

不仅如此，在一些美丽的自然风物中，还寄托着人们的美好情怀。在中国传统文化中，美林嘉木常喻指贤德之人，"尚东美林"、"华都美林湾"在揭示小区林木葱茏的同时，也暗喻居住于此的是一些社会才俊。"梧桐"中的梧桐高大挺拔，是凤凰最喜栖息之处。"瑞升望江橡树林"中的橡树，在欧美是长寿、强壮和骄傲的象征，其本身也有着一段又一段唯美的故事：身上系满黄丝带，代表了大海般深邃的亲情；和火红的木棉并肩而立，则代表坚贞而奔放的爱情。"中海兰庭"、"中铁·西子香荷"的"兰"与"荷"所散逸的清幽高雅气质，无疑是现代都市浮躁风气下人们的美好向往。

（三）选择反映成都特有的历史文化风物和地域地理特征的字词，展现了成都隽永独特的人文地理风貌和世界现代田园城市的建设成就。

"金沙遗址"的发现，为我们撩起了古老的金沙王国的面纱，使金沙片区成为了成都市有名的历史文化保护区，也跻身于公认的成都最具人文气息的新兴高档居住社区之列。众多楼盘开发商争相以"金沙"为楼盘命名，在青羊区和金牛区就有"合能西贵金沙"、"揽胜金沙"、"金沙别致"等10个以"金沙"入名的楼盘。在成都，"锦江"、"望江"因蜀锦、薛涛、四川大学名闻遐迩；"草堂"、"浣花"由杜甫名传千古，"金牛"也因金牛国宾馆而地位显赫。"天府"是四川的美称，"芙蓉"是成都的市花，"银杏"是成都的市树。诸如此类词语在楼盘名称中的巧妙运用，凸显了该楼盘所处地域的深厚历史文化底蕴，散发着浓厚的成都气息。案名如："锦江城市花园"、"瑞升望江橡树林"、"草堂铭城"、"浣花香"、"中房金牛花园"、"阳曦芙蓉城"、"华润银杏华庭"等。

随着成都市的旧城改造和新城建设，府河、沙河、清水河、北湖和东湖涌现成为新兴的城市风景区和自然生态区，其焕然一新的优美居住环境，是位于或毗邻这些片区的楼盘的一个重要卖点。"府河公馆"、"沙河壹号"、"清河阳光"、"北湖印象"、"东湖国际"等楼盘都明确标示本楼盘处于这些区域。神仙树、桐梓林、领馆区则是成都市城市中心南移后脱颖而出的地块新贵，因此开发商们也乐于以此入名来昭示自己楼盘的地域优势，如："神仙树大院"、"桐梓林欧城"、"领馆国际城"等。地铁建设是近年来成都人街谈巷议的热门话题之一，一号地铁线的建成和使用，使成都进入了地铁时代，地铁为成都人的生活注入了新内容，也带来了成都地铁物业的兴起，"中铁瑞城三号线"就明白昭示其地处地铁三号线旁。

不论是悠远的历史印记，还是鲜活的时代剪影，此类成都楼盘名称以其浓烈的乡土情怀、隽永的地方特色而受到各方人士的青睐，也势必带来楼盘营销的利好势头。

（四）选择具有时代气息和国际化特色的字词，展现成都这座历史文化名城的现代活力和开放胸襟。

"时代豪庭"、"绿地世纪城"、"翡翠半岛国际社区"、"威尔斯洲际广场"等楼盘名称中"时代"、"世纪"、"国际"、"洲际"等词的运用，体现了楼盘的时尚之风和与国际接轨之意。

运用大量外来词，使楼盘洋名化，也是楼盘时尚化、国际化的体现。有的楼盘直接借用国外地名，如："南钻威尼斯"借用意大利著名商业贸易中心、水城威尼斯之名。"中粮香榭丽都"、"香榭国际"借用法国巴黎香榭里大道之名来凸显楼盘的法式浪漫风情。"魏玛圈子"中的"魏玛"是德国一座田园般的小城市，曾是德国文化中心，歌德和席勒在此创作出许多不朽文学作品。"比华利国际城"的"比华利"来源于著名的象征着美国上层阶级奢华生活方式的贝佛利山 (Beverly Hills)。"中华名园"三期"波西卡诺"则借用了意大利一个美丽而富有的小镇的名称。有的楼盘命名夹杂外文字母或词语,如: "U⁺尚舍"、"ICON 英郡"、"蓝光 SOFA 社区"、"金府 SOHO"。有的楼盘采用音译的方式将外语词汇入名,如:"北湖卡夫诺","卡夫诺"是 Coffee Loft Office 的音译,卡夫诺式办公文化是将自由开放的 LOFT 式生活、浪漫休闲的咖啡文化与办公室相结合而产生的一种新办公文化,卡夫诺式建筑则是承载这种文化的建筑形态。"摩玛城","摩玛"即 MOMA,是英文 The Museum of Modern Art (现代艺术博物馆) 的缩写,博物馆位于美国纽约,属现代建筑风格,很有名气。"摩根中心"屹立于成都东大街 CBD 金融商务圈,是一个集甲级写字楼、行政级公寓、品牌商业街为一体的高端城市综合体,其中的"摩根"来源于"摩根士丹利"或"摩根大通集团"两家美国金融服务机构。

城市楼盘名称在一定程度上是城市发展的历史缩影,它的语言特色映射着时代色彩和文化光辉。成都市楼盘名称的语言文化价值还可以从其他方面来探索。

参考文献:

[1] 吕津. 杭州楼盘名称的语言文化分析 [J]. 浙江教育学院学报,2004 (5).

[2] 李璇,王玲娟. 重庆市楼盘名的语言文化内涵 [J]. 宜宾学院学报,2010 (4).

[3] 诗经 [G] //十三经注疏 (全二册). 扬州:江苏广陵古籍刻印

社，1995.

　　[4] 童慧刚. 试论上海楼盘通名的创新及其所蕴含的人居文化 [J].上海大学学报（社会科学版），2002（6）.

　　[5] 贾益民，张雪芹. 广州新建住宅楼盘名称命名分析 [J]. 暨南大学华文学院学报，2006（2）.

　　[6] 姜淑珍. 楼盘命名的美学和文化研究 [J]. 民族论坛，2009（2）.

　　[7] 陈婧，戎林海. 常州市住宅楼盘命名的语用分析 [J]. 淮南师范学院学报，2010（2）.

　　[8] 邹敏，黄玉蓉. 论深圳住宅楼盘名称及其所体现的人居文化 [J].沙洋师范高等专科学校学报，2005（3）.

The language features and culture connotation
of the property names in Chengdu

Cui Xuemei

(Faculty of Chinese literature and journalism, Chengdu Universiyt, Chengdu, Sichuan 610106)

Abstract：Using the latest property names in the six districts of Chengdu as the research object, this paper analyses the structural forms of these names, reveals the new trend of diversification and double syllabification that the common names show, and interprets the rich cultural connotation of the special names.

Key words：the property names in Chengdu, common name, special name, language feature, culture connotation

关联词语语法化机制的再思考

——以现代汉语语法化进程中的"是"为观察点

袁雪梅①

内容提要：论文以现代汉语"是"的语法化过程为观察点，讨论关联词语在形成过程中源词意义的重要作用。认为关联词语在由实词向虚词语法化过程中，源词的关联要素是其形成的重要动因之一。现代汉语"是"在语法化道路上又一次朝着关联成分方向发展，这个语法化过程实际上是其源词（即作为指示代词的"是"）固有的关联功能再次被唤醒的过程。

关键词：关联词语 语法化 "是"

关联词语在组合中起关联作用，作用于词与词、词组和词

---

① 作者简介：袁雪梅，女，（1967— ），四川雅安人，教授，博士，研究方向为汉语史。

组、分句与分句、整句与整句，甚至段落与段落之间。关联词语以连词为主体，如"而"、"然后"，也包括相当一部分有关联功能的副词，如"即"、"便"，还可以是介词、助词、语气词等。典型的关联词语绝大部分都是虚词。在现实世界和语言世界之间，虚词和实词同它们的关系是不同的，实词可以指称现实世界，同现实世界对应；而虚词则不然，它处在另一个极端，它的作用并不体现于指称现实世界中的成分，而是对话语中的某些部分起作用，或者是连接与构造作用，或者是赋予言语信息的作用。因此，极端意义上的虚词反映言语活动的需要，如果从表述功能的角度来看，虚词的意义是一种纯粹意义上的语法意义①。因此，关联词语一般都曾经历过由实而虚的语法化过程。在关联词语形成的过程中，哪些词可能发展出关联功能，是我们思考的一个问题。在此，我们以现代汉语语法化进程中的"是"为观察点进行探讨。

一　现代汉语"是"的语法化

"是"在现代汉语中的基本功能是作系词，但与此同时系词"是"有进一步语法化的倾向，例如：

（1）我没有那么多理论，我之反对样板戏是因为当年造

---

① 郭锐《现代汉语词类研究》："事物、动作、性质是对现实世界的反映，而表述功能不是符号与现实世界的关系，因而不是概念语义。表述功能是由语言内部的组织规定的，反映的是语言符号之间的关系，因而是一种语法意义。同时，表述功能也不是反映语言符号与语言使用者的关系，因而也不是语用义。"北京：商务印书馆 2002 年，第 93 页。

反派每到夜间用鞭子抽我的时候，怕我的叫声被别人听见，就用扩音器放《红灯记》和《智取威虎山》，所以我一听见样板戏音乐就浑身打哆嗦。（邓友梅《无事忙杂记》）

（2）滕子京之所以出名，是由于范仲淹的《岳阳楼记》。（汪曾祺《湘行二记》）

"是"在上两例中已经不是单纯的系词，周刚（2002）[2]认为在这种结构中它已虚化成语缀。又如：

（3）他是个粗壮而短矮的人，无论是立着还是躺着。（老舍《一筒炮台烟》）

（4）停车场上，所有的路灯从树叶的后面透射出来，混在浓雾里，夜色温柔。不管是在停车场上，还是在沙漠里，都是一天最美好的时光。（王小波《白银时代》）

（5）让儿子顶替，能顶替吗？仅仅是往各家各户递信送报吗？没那么简单。仅仅是凭着年轻血旺，爬山过岭吗？没那么容易喀。（彭见明《那山那人那狗》）

（6）巧珍那漂亮的、充满热烈感情的生动脸庞，她那白杨树一般苗条的身体，时刻都在他眼前晃动着。尤其是晚上劳动回来，他僵硬的身体疲倦的躺在土炕上，这种想念的感情就愈加强烈。（路遥《人生》）

董秀芳（2004[3]）认为现代汉语中的一些双音连词和双音副词后面经常出现一个"是"字，如"无论是"、"仅仅是"、"尤其是"等，这个"是"字很多时候没有多少实际的意义，正逐步变化为一个词内成分。其源头是作为判断词或者焦点标记的"是"，这类"是"进一步语法化为词内成分。作者从句法的角度对于词内成分"是"的形成给予了充分的论证。但是，为什么"是"可以衍生出关联功能，除了作为系词的"是"的特征外，与其更早的源词的语义和句法功能有没有关系，却是值得考虑的。在此，有必要对系词"是"的来源进行追踪。

二 系词"是"的来源

关于系词"是"的来源，学界曾经展开过讨论。洪心衡（1964[4]）认为来源于表示"确认"意义的副词"是"。赵立哲（1957[5]）认为来源于《诗经》中的语气词"是"，语气词"是"与指代词"是"同源而异流。孙锡信（1992[6]）认为系词"是"既来源于代词性的"是"，又来源于谓词性的"是"。肖娅曼（2003[7]）认为"是"本来就有系词的用法，是一个集"本真""断真""存在者"三者意义于一身的统一体。但影响较大的还是"代词说"与"形容词说"。

"代词说"认为系词"是"来源于指示代词"是"。王力（1937/2000[8]）首先指出系词"是"是由复指的代词"是"发展而来的。郭锡良（1990[9]）进一步说明代词"是"本用于复指过长或过于复杂的主语，后来在短主语后也用"是"复指，这种情况下复指的意味便减弱了，"是"字只起联系的作用，当句末的"也"失去时，"是"字就成了纯粹的判断词，在其词性演变过程中也曾受了形容词"是"的影响。石毓智、李讷（2001[10]）认为指示代词"是"的高频率和其占据的回指话题的句法位置，导致了"是"的语法化。冯胜利（2003[11]）认为由于副词前移把指示代词"是"推进到了话题与说明之间的语音停顿位置，从而使"是"获得了语法化的环境。洪诚（1957[12]）、马忠（1959[13]）、高名凯（1948/1986[14]）、敖镜浩（1985[15]）、向熹（1993[16]）等亦持"代词说"。

"形容词说"则认为来源于形容词"是"，系词"是"与表示"正确"、"对"的形容词"是"的语法性质相同，形容词"是"向系词"是"的演变涉及的是词义引申问题。冯春田（1985[17]）、洪成玉（1980[18]）、Yen（1986[19]）等持这种观点。

目前大部分学者倾向于"代词说"的观点。我们也赞同这个观点。前贤时修对"代词说"已作了充分的论证。但不能忽视的是，代词"是"之所以能转化成系词"是"，有一个重要原因是作为指示代词它固有的关联功能。前辈学者使用"系词"这个术语时，应该是考虑到了"是"的关联作用的。金兆梓《国文法之研究》（1922/1983[20]）首次使用了"系词"这一名称，把"是""为""乃""系"等称为"系词"，属于"联系虚字"。王力《中国现代语法》（1943/1985[21]）指出判断句是在主语和谓语之间加系词"是"字为连系的工具的。《汉语史稿》（1958/1980[22]）明确了系词是在判断句中把名词谓语联系于主语的词。他们都强调了系词的关联功能。正是这一点使我们更有理由相信系词"是"来自于代词"是"。引起词汇语法化的原因很多，但有一个不可忽视的因素是该词本身的语义、句法和篇章功能，如果脱离这个起点，其语法化的方向是很难把握的。石毓智、李讷（2001[10]）指出代词"是"回指话题的位置是应当被充分注意的。

古代汉语指示代词"是"的重要功能是复指，复指就是对前面成分的观照，把前后相关成分联系在一起。例如：

(7) 今二子者，君生则纵其惑，死又益其侈，是弃君于恶也，何臣之为？（《左传·成公二年》）

(8) 帝訾产放勋，是为帝尧。（《大戴礼记·帝系第六十三》）

"是"在例（7）中复指"君生则纵其惑，死又益其侈"，例（8）中复指前句宾语"放勋"，在这两例中"是"同时又成为后句的主语（话题）。"是"的作用是使逻辑上的后句主语明确或简化，不至引起结构和理解上的混乱，这种句法和语用上的双重功能，就来源于其自身的关联性。

因此，"是"对前面相应成分的观照可以从实词的词汇意义角度来看待，也可以从语法意义的角度来分析。正是因为有这样的两种可能，才最终导致其演变为系词，成为判断句的形式标志。"是"由代词演变为系词的过程，通常被认为是语法化的过程，从词的变化角度来说这的确如此（参解植永 2007[23]）。但是如果从语义分析的角度来看，我们又不妨认为，"是"由代词演变为系词的过程实际上是代词"是"的关联功能被强化和凸显的过程，它的关联功能在句法分析中由于词汇意义的原因被掩盖或者说是忽略而成为隐性的存在。随着前后句法成分的变化，这种功能占据了"是"的功能的主要部分而受到重视。因此从这个意义上说，其演变为系词的过程其实就是内部义素此消彼长的过程，是其过去看似次要的关联功能取代指代功能而变得显豁具体的过程。因此，语法化的过程从义素分析的眼光来看，不是一个虚化能够简单地概括的。而语法化的单向性可以在词的范围内广泛地起作用，进入语义的层面有时就会显得力不从心了。

三　现代汉语中"是"的语法化机制

当系词"是"成熟之后，另外一种情形出现了，那就是人们对"是"性质的认识有了变化。"是"所处的句法位置恰好在判断句的前项和后项之间，这个位置曾经使它的关联功能得到充分释放而由代词顺利演变成为系词。但是，成熟的判断句中，"是"的这种关联功能却又一次被淡忘，其原因同样是由于它的句法位置。从汉语使用者的心理认知角度来看，汉语的基本句式是"主语＋谓语＋宾语"（或者"体词＋谓语＋体词"），系词"是"正好占据"谓语"的位置。通过简单的类推人们自然把它归入动词①。如此一来，系词"是"作为"连系的工具"②的特征无形地被忽视。

不过，"是"的关联功能并没有因为人们心理上的淡化而消失，只不过是以一种更为隐晦的方式潜伏下来，并未在表层显现。随着时间的推移，功能的扩张成为大多数词都曾有过的愿望，系词"是"亦不例外。

根据研究，"是"至迟在汉末就发展出焦点标记的用法，魏晋以后更加常见，例如③：

---

①　尽管系词的语法性质并不同于一般动词（参解植永 2007[23]），但这并不妨碍普通的汉语使用者把它作为动词来理解。

②　参见王力《中国现代语法》（1943/1985[21]）。

③　以下是解植永（2007[23]）的研究成果。从中我们还可以看到，系词"是"的语法化并不始于现代汉语。

（9）时谓谢曰："王宁异谋，云是卿为其计。"（《世说新语·言语》）

（10）碑是汉桓帝时柏人县民为县令徐整所立。（《颜氏家训·书证》）

中古时期"是"可以附在"凡""最""甚""极"等副词后面，有虚化的迹象。例如：

（11）言凡是书籍皆有之。（《汉书·宣元六王传》："驷先生蓄积道术，书无不有。"颜师古注）

（12）令夏月饭瓮、井口边无虫法：清明节前二日夜，鸡鸣时，炊黍熟，取釜汤遍洗井口、瓮边地，则无马蚿，百虫不近井、瓮矣。甚是神验。（《齐民要术》卷九）

（13）其鱼，草裹泥封，糖灰中爆之。去泥草，以皮、布裹而揥之。白如珂雪，味又绝伦，过饭下酒，极是珍美也。（《齐民要术》卷二）

"是"还可以放在连词"或"之后，例如：

（14）我为自错误，与彼残浆耶？为是彼业力，强夺此将去？或能共亲厚，与彼使将去？或是夫人瞋，夺此与彼乎？或能我迷误，而与于彼耶？或能彼幻我，使我错乱乎？（后秦鸠摩罗什译《大庄严论经》卷15，4/341a①

"或是"后为谓词性成分，"是"已有语法化倾向。

中古还形成了连词"若是"、"为是"，例如：

---

① 本文译经用例均来自日本《大正新修大藏经》，分别注明译者、经名、卷数、册数、页码、栏次。

（15）若是微尘众实有者，佛则不说是微尘众，所以者何？佛说："微尘众，则非微尘众，是名微尘众。"（后秦鸠摩罗什译《金刚经》，8/752b）

（16）须菩提言："若是诸缘诸事不尔者，是人将无想颠倒、见颠倒、心颠倒；无常谓常，苦谓乐，不净谓净，无我谓我；生想颠倒、见颠倒、心颠倒。"（后秦鸠摩罗什译《小品般若波罗蜜经》卷3，8/548a）

（17）时彼商人遥见我起，皆悉竞来。见我身上尘坌污衣，即便拂之，而问我言："我等向者五百乘车从此而过，世尊见不？"即便答言："我不见也。"彼复问言："世尊自可闭目不视，为闻声不？"我又答言："亦不闻声。"商人又问："世尊为眠，为是入于灭尽定耶？"我又答言："我向不眠，亦非入定，但在禅思，故无闻见。"（东晋法显译《大般涅盘经》卷中，1/198a）

（18）乃怃然叹曰："我等非其人耶？为是师隐我耶？"（后秦鸠摩罗什译《大智度论》卷11，25/136b）

此外，在选择问句中形成了固定的格式，有了向关联词发展的趋势。例如：

（19）菩萨初发心时布施，不言是可与、是不可与。（后秦鸠摩罗什译《大智度论》卷49，25/413c）

（20）多宝世界最在东边，道里悠远，是自用力行？为宝积佛力？是普明菩萨力耶？为释迦牟尼佛力？"答曰："尽是四种人力。"（后秦鸠摩罗什译《大智度论》卷10，25/130a）

在上述各种情形中，"是"出现于不同场合，但主要的功能是起关联作用。从历时的角度观察，这些作用不同的"是"有同一个来源——系词"是"，它们是系词"是"在语法化过程中的不同表现。

经过观察，我们认为在共时状态下被认为有动词性质的"是"，之所以在语法化道路上明显地朝着关联成分方向发展，其语法化过程实际上就是它的源词（即作为指示代词的"是"）固有的关联功能再次被唤醒的过程。但是这一次关联功能被唤醒却没有使这种功能独立（如第一次形成了系词"是"），而是只能作为附属成分或者朝着更加纯粹的语法词（如连词）的方向发展。其原因是由于系词"是"这时已经成为判断句的主要标志，使用普遍，功能强大，深入人心，占据不可动摇的地位。我们看到，哪怕作为成熟的焦点标记时，仍然使人感觉这是系词"是"的附带用法；即使"是"后来的确发展成为选择连词，但却不得不以"是……，还是……"这样一种主要形式出现，以区别于、或者说是让位于系词"是"。但是，一种用法既然已经出现，它就不会轻易就放弃同规则模式的对抗①。"是"转而寻求作为相邻成分的附属物以继续发挥关联作用，为自己在关联功能上争得一席之地。今天，我们就看到了"是"作为前附成分的"是因为""是为了""是由于"，作为后附成分的"但是""凡是""总是""即使是""就算是""无论是"等一批词。

我们认为，"是"的发展历程就是其最初作为代词所固有的关联功能在词中占据地位的消长过程。通过分析可以看到：第

---

① 参见索绪尔《普通语言学教程》中译本，商务印书馆 1980 年。

一，代词强大的关联功能在研究中应引起充分重视；第二，系词"是"语法化后关联功能的来源应当追溯到代词"是"。

参考文献：

[1] 郭锐. 现代汉语词类研究 [M]. 北京：商务印书馆，2002.

[2] 周刚. 连词与相关问题 [M]. 合肥：安徽教育出版社，2002.

[3] 董秀芳. "是"的进一步语法化：由虚词到词内成分 [J]. 当代语言学，2004（1）.

[4] 洪心衡. 《孟子》里的"是"字研究 [J]. 中国语文，1964（4）.

[5] 赵立哲. 秦汉间的系词"是" [J]. 中国语文，1957（2）.

[6] 孙锡信. 汉语历史语法要略 [M]. 上海：复旦大学出版社，1992.

[7] 肖娅曼. 汉语系词"是"的来源与成因研究 [D]. 四川大学博士学位论文，2003.

[8] 王力. 中国文法中的系词 [C] //. 王力语言学论文集. 北京：商务印书馆，1937/2000.

[9] 郭锡良. 关于系词"是"产生时代和来源论争的几点认识 [C] //. 王力先生纪念文集. 北京：商务印书馆，1990.

[10] 石毓智，李讷. 汉语语法化的历程——形态句法发展的动因和机制 [M]. 北京：北京大学出版社，2001.

[11] 冯胜利著，汪维辉译. 古汉语判断句中的系词 [J]. 古汉语研究，2003，（1）.

[12] 洪诚. 论南北朝以前汉语中的系词 [J]. 语言研究，1957（2）.

[13] 马忠. "是"的用法演变 [C] //中国语文杂志社. 语法论集（三）. 北京：商务印书馆，1959.

[14] 高名凯. 汉语语法论 [M]. 北京：商务印书馆，1948/1986.

[15] 敖镜浩. 论系词"是"的产生 [J]. 语言教学与研究，1985 (2).

[16] 向熹. 简明汉语史 [M]. 高等教育出版社，北京：1993.

[17] 冯春田. 从王充《论衡》看有关系词"是"的问题 [C] //程湘清主编. 两汉汉语研究. 济南：山东教育出版社，1985.

[18] 洪成玉. 判断词"是"的来源——与王力先生商榷 [J]. 河北师范学院学报，1980 (1).

[19] Yen, Sian L. The Origin of the Copula Shi in Chinese [J]. Journal of Chinese Linguistics, 1986, 14 - 2.

[20] 金兆梓. 国文法之研究 [M]. 北京：商务印书馆，1922/1983.

[21] 王力. 中国现代语法 [M]. 北京：商务印书馆，1943/1985.

[22] 王力. 汉语史稿 [M]. 北京：中华书局，1958/1980.

[23] 解植永. 中古汉语判断句研究 [D]. 四川大学博士学位论文，2007.

On the Process of Grammaticalization of
Conjunction word "Shi（是）"

Yuan Xuemei

(Chinese Department, Sichuan Normal University, Chengdu, Sichuan Prov. 610066)

Abstract：This paper analyzes the importance of the source word meaning in Conjunction word's formation process from the grammaticalization process of "shi（是）" in modern Chinese. Its view is that the source word plays a vital role in the grammaticalization process from notional words to function words. The word "shi（是）" in modern Chinese is evoluting towards the function of Conjunction words again which is, in fact, a re – awakening process of its source word's (i. e. as a pronoun) inherent conjunctive function.

Key words：Conjunction words，"Shi"，process，grammaticalization

汉语连动句时间特征
的形式语义分析①

刘海燕②

内容提要：句子的逻辑语义信息是由其中的谓词所决定的，谓词通常对应句子中的动词，而动词都凸显较为明显的时间特征。汉语连动句是由多个动词短语组成的单句，由多个动词构成的连动句凸显了什么样的时间特征？所凸显的时间特征如何从形式语义的角度进行描写分析？探究其内部的时间结构机制后，发现连动句内部各个 VP 之间具有彼此参照的时序意义。考虑到集中性，我们暂且把讨论的范围限于以专名充当 NP 的连动

① 基金项目：重庆市教委人文社科项目——《汉语句式的逻辑语义分析与编译研究》（10SKM06）；教育部人文社科西部项目——《汉语语句系统的形式主义学研究》（12XJA740007）。

② 作者简介：刘海燕（1969－），女，四川师范大学文学院教授，博士，主要从事语言学及应用语言学研究。

句，VP 结构不作深入分析，其时序特征在形式上可以用 "$\exists t_1 \exists t_2 \ldots \exists t_n [V_1{}'(t_1, a) \& V_2{}'(t_2, a) \& \cdots \& V_n{}'(t_n, a) \& \Phi[t, t_1, t_2, \cdots, t_n]]$" 来表示。①

关键词：连动句　形式语义　时序意义

客观世界中的任何客观事物都处于一定的时空过程之中，所以自然语言就有时间方面的表达。自 20 世纪 70 年代以来西方理论语言学和形式语义学的研究表明，自然语言的时间表达可从时制、时态和时相三个方面考察②。连动句由多个动词短语组合而成，不仅具有一定的时制、时态和时相等时间特征，更具有几个动词在时间上互相参照的时序特征。对于既具有时制、时态和时相特征，又具有时序特征的连动句如何从形式上加以描写和解释，是我们对自然语言进行逻辑语义分析和信息处理所面临的一个挑战。本文主要针对由多个动词构成的连动句的时序特征和一定的时制特征进行形式上的分析。至于其时态和时相特征留待下一步的工作。

连动句的主要时间特征是各个动作之间具有一定的时序性，这些时序性同时和时制特征相关联。所谓时制指的是事件行为的发生时间 ET（简称 E）、说话时间 ST（简称 S）及另一参照时间 RT（简称 R）三者在时轴上的相互关系。它们在时轴上的前

---

① 这里 $\Phi[t, t_1, t_2, \cdots, t_n]$ 指时间常项 t 和时间变项 t_1, t_2, $\cdots$, t_n 两两之间构成的若干关系，t 对应说话时间。$[t, t_1, t_2, \cdots, t_n]$ 是一种抽象表述，是对各种关系式合取的概括，它既可以表示 $t \leqslant t_1 \leqslant t_2 \leqslant \cdots \leqslant t_n$，也可以表示 $t_1 \leqslant t_2 \leqslant \cdots \leqslant t_n \leqslant t$

② 所谓时制概念通常叫作 "时"，时态叫作 "体"。时相、时制及时态的术语称谓是采用陈平[1]及龚千炎[2]的说法。文章为了问题集中，我们暂不讨论时相和作为 "体" 的时态，集中讨论时制，并且从时制的角度讨论连动句的时序特点。

后关系可以呈现出多种多样的格局。根据莱辛巴赫（Reichenbach）的分析，对于 ET、ST 和 RT 在时轴上相对位置，有两种观察法：一是以 ST 为观察点，确定它同 RT 的相对位置；RT 在时轴上先于 ST，称为过去时（past）；RT 与 ST 在时轴上重合，称为现在时（present）；RT 在时轴上后于 ST，称为将来时（future）。二是以 ET 为观察点，确定它同 RT 的相对位置：RT 在时轴上先于 ET，称之为后事时（posterior）；RT 与 ET 同时，称之为当事时（simple）；RT 在时轴上后于 ET，称为先事时（anterior）。第一种观察方法所得的结果被看作是初级时制（primary tense），第二种观察方法所得结果被认为是次级时制（secondary tense）。传统语法关于时制的说法是在假定 R 和 E 同时的基础上采用初级时制的结果：若句子涉及的事件行为在说话时间之前发生，则句子的时制为简单过去时；若句子涉及的事件行为与说话时间同时发生，则句子的时制为简单现在时；如句子涉及的事件行为在说话时间之后发生，则句子的时制为简单将来时[①]。对汉语的时制研究已经不少，但大多是以某一种观察法为出发点进行单一的研究，很少有人把两种观察角度结合起来一起探讨。这都是因为一般的单句结构单一，主要是叙述一件事情，作出一种判断，进行一种描写，所呈现的时制特征相对单一。

汉语的连动句中含有多个动词短语，从事件语义学角度看，它是由多个较小事件构成的复合事件句，每个较小事件都是在一定的时间里发生的，使得连动句具有多个较小事件时间，多个较

---

① 邹崇理在《自然语言逻辑研究》里博采众家之长，吸收了前人的研究成果后总结出来的（第 372 – 373 页）[3]。

小事件时间之间具有先后或同时的时序关系，一个较小事件的时间是以另外一个较小事件的时间为参照点。一般情况下，连动句中的后一个较小事件的时间（E_2）是以前一个较小事件的时间（E_1）为参照点，即前一个较小事件（E_1）的时间是句子的参照时间（R）。如果连动句有三个以上的动词短语，它们之间的关系以此类推，所以这里的事件时间是一个时间变项，可以用 E_n 表示。由此看来，连动句里也存在着事件时间、说话时间和参照时间。

连动句的时间特征首先是各个较小事件之间存在着一定的时序特征，其次才是整个句子在一定条件下呈现出的时制特征，句子中的时制特征是通过句子中时制标记体现出来的，这里的时制标记是一个时间常项，可以用 t 表示。如果句子的时制标记不明显，整个句子的时制特征就不明显。但时制标记的有无不会影响句子内部各个较小事件之间的时序特征。因此，我们主要探究连动句内部的时序特点，其次对它的时制特征进行适当的探讨，最后对这种特殊的时间特征进行形式化描写。在分析过程中，把连动句内部各个事件之间的时序关系分为两大类：一是先后关系，即"先事"关系，这里的"先事"不同于前面所说的事件时间同说话时间的"先事"关系，它是指连动句中有多个较小事件之间存在的先后顺序关系；二是同时关系，即"当事"关系，它是指各个事件之间的"同时"关系，这里的"同时"是相对的"同时"，严格意义上讲可能存在时态上的包含或交叉关系[1]。

整个连动句的时间结构可以说是由说话时间、事件发生时间

---

① 连动句中时序意义大致分为先后（先事）和同时（当事）关系[4]。

和相互的参照时间纵横交错构成的。用 S 代表说话时间，用 R 代表参照时间，用 E 代表事件发生时间。如出现多个较小事件的发生时间时，就分别用 E_1，E_2，...，E_n 来表示；多个较小事件的发生时间之间具有各自不同的参照时间，分别用 R_1，R_2，R_3，... R_n 来表示。总之连动句内部各个事件的时序关系以及它的时制特征在时轴上的前后关系呈现出多种多样的格局。

各个 VP 事件之间具有"先－后"
("先事")的时序关系

连动句中各个 VP 按照时间顺序或事理逻辑顺序排列，是指连动句式中 VP_1 表示的动作先发生，接着发生的动作是 VP_2，...，VP_n，各个 VP 事件的发生时间在时间轴上几乎不重合，存在发生时间的先后关系。这又存在两种情况：一是前一个 VP 的动作刚完成，后一个 VP 的动作紧跟着就开始发生，前后 VP 动作发生的时间界限不明显；二是前一个 VP 的动作完成了一段时间后，后一个 VP 的动作才开始，两个 VP 动作发生的时间界限很明显，但是根据连动句"连续性"的句式特点，其时间间隔往往可以忽略不计。

表示"先事——过去时"的时间意义

连动句中具有"先－后"顺序的几个较小事件在说话时，都已发生了，它们的时制表现为"过去时"。如：

（1）

小米刚刚　推门　走了进来。

V_{P_1}　　VP_2

小米 刚刚 推门 走了进来。　　（E_1,R;E_2;S；先事过去时）

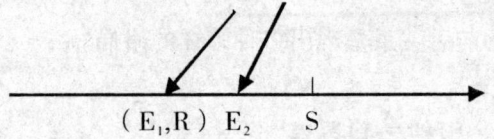

（E_1,R）E_2　　S　　　　　　时间轴

（2）表示"先事——将来时"的时间意义

连动句中具有"先后"关系的各个较小事件在说话时将要发生，表现为"将来时"。它们的关系为"先事"关系，它们的时制为"将来时"。如：

我将　抓住树枝　爬上去　钻进石洞。

VP_1　　　VP_2　　　　VP_3

我将抓住树枝 爬上去 钻进石洞。（S;E_1,R_1;E_2,R_2;E_3;先事将来时）

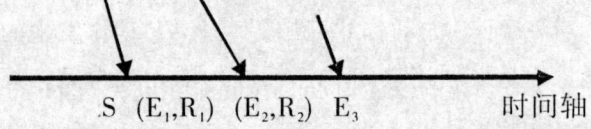

.S （E_1,R_1） （E_2,R_2） E_3　　　时间轴

（3）表示"先事——现在时"的时间意义

连动句中具有"先后"关系的几个较小事件在说话时正在发生，表现为"现在时"。即各个较小事件的时序意义为"先事"关系，它们的时制意义表现为"现在时"。如：

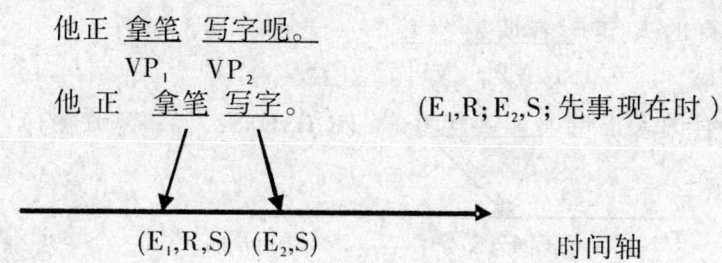

各个 VP 事件之间具有"同时"("当事")的时序关系

连动句中各个 VP 按照时间顺序或事理顺序排列，是指连动句式中 VP_1 表示的动作先发生，接着发生的动作是 VP_2，直至 VP_n。而各个 VP 事件的发生时间在时间轴上几乎重合，不存在发生时间的先后关系，这就是"当事"的时序关系。这里的重合是相对的重合，这又存在两种情况：一是前一个 VP 动作的发生时间包含后一个 VP 动作的发生时间，时间长短上有所不同，可以认为是一种相对的"同时"关系；二是前一个 VP 动作的发生时间与后一个 VP 动作的发生时间长短完全相同，两个 VP 事件的发生时间是真正意义上的"同时"。

表示"当事——现在时"的时间意义

（1）有的人 正叼着烟袋 坐着。（老舍《骆驼祥子》）

有的人 正<u>叼着烟袋</u> <u>坐着</u>。（老舍《骆驼祥子》）
          VP₁   VP₂

有的人正<u>叼着烟袋</u><u>坐着</u>。 **(R,E₁,E₂,S；当事现在时)**

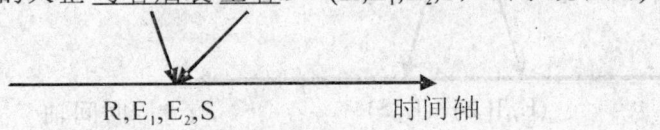

          R,E₁,E₂,S   时间轴

（2）表示"当事——将来时"的时间意义

连动句中的几个较小事件是在说话时将要发生，表现为"将来时"；即较小事件之间的关系是"当事"关系，整个句子的时制是"将来时"，如：

    他要 <u>带着孩子</u> <u>去北京</u>。
          VP₁   VP₂

他要<u>带着孩子</u><u>去北京</u>。 **(S；E₁,E₂,R；当事将来时)**

                              时间轴

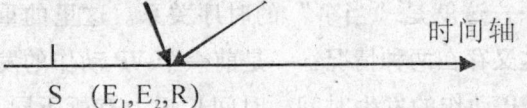

    S   (E₁,E₂,R)

（3）表示"当事——过去时"的时间意义

连动句中的几个较小事件在说话时都已经发生，表现为"过去时"；几个较小事件之间是"同时"关系，句子的内部结构是"当事"关系，如：

祥子已经 <u>搭讪着</u> <u>走了过来</u>。
　　　　　　VP₁　　VP₂

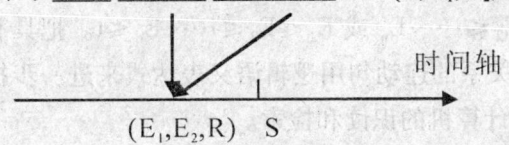

祥子已经 <u>搭讪着</u> <u>走了过来</u>。　　(S;E₁,E₂,R;当事过去时)

　在同步关系的连动句中，各个 VP 事件之间在发生时间上几乎是"同时"的，多数情况下前一个 VP 中动词后面一般都附有状态标记"着"，表示与后一个 VP "同时"进行。此句型可以转换为同义式"VP₂ 时 VP₁"。如果前后 VP 直接交换顺序，VP₂ 后不增加状态标记"时"，交换后的句子在意义上会发生改变，因为直接交换后，没有其他条件限制，只受连动句的句式意义影响，各个 VP 之间的时序关系也就相应改变了。所以"同步"关系的连动句中 VP₁ 的动词后面一般要带状态标记"着"，能出现在 VP₁ 中的动词也有一定的限制，常常是表示伴随、持续意义的动词；在概念上体现为"无界性"语义特征，"无界性"的动词常常有起始点，没有终止点。这种连动句中前一个 VP 的事件时间往往包含后一个 VP 的事件时间。如：虎妞弯着腰走过去。＝虎妞走过去时弯着腰。≠虎妞弯着腰时走过去。

具有互相参照时序意义的连动句的逻辑语义表达式

　　形式上描写句子的时序特征时为了能顾及整个句子的时制特征，必须添加一个与 S 对应的时间，用 t 表示，t 是时间常项。

这些相对独立而又连续出现的较小事件之间存在一定的时序关系，一般是前一个事件先于或同于后一个事件发生，即 $E_1 \leqslant E_2 \leqslant \cdots \leqslant E_n$。各个事件发生的时制特征是以时间常项为参照点，常常表现为 $t \leqslant E_1 \leqslant E_2 \leqslant \cdots E_n$ 或 $E_1 \leqslant E_2 \leqslant \cdots \leqslant E_n \leqslant t$。把具有"先后"或"同时"关系的连动句用逻辑语义表达式来进一步抽象、归纳，就会便于计算机的识读和检索。

按照事件语义学的原理，"V_1'（E_1, a）"和"V_2'（E_2, a）",…，"V_n'（E_n, a）"分别表示几个较小事件发生时间的命题，并且 t_1, t_2,…, t_n 分别代表几个较小事件 E_1, E_2,…, E_n 的发生时间，事件 E_i 的发生时间是用 t_i 表示，$t_i = E_i$，t 是对应说话时间的时间常项。据此，我们把具有时序意义的连动句所表示的时间意义描写如下：

（1）$\exists E_1 \exists t_1 \exists E_2 \exists t_2 \ldots \exists E_n \exists t_n$ [$t_1 = E_1 \& V_1'$（E_1, a）$\& t_2 = E_2 \& V_2'$（E_2, a）$\& \ldots \& t_n = E_n \& V_n'$（$E_n$, a）$\& \ldots$ [t, t_1, t_2, …, t_n]]

[t, t_1, t_2, …, t_n] 是一种抽象表述，是对各种关系式合取的概括，Φ [t, t_1, t_2, …, t_n] 是对时间点两两之间的若干关系的抽象，它既可以表示 $t \leqslant t_1 \leqslant t_2 \leqslant \cdots \leqslant t_n$，也可以表示 $t_1 \leqslant t_2 \leqslant \cdots \leqslant t_n \leqslant t$。

如果我们忽略事件时间和其发生时间的区别，用时间变项替换表达式中的事件时间，（1）便可简化成（2）：

（2）$\exists t_1 \exists t_2 \ldots \exists t_n$ [V_1'（t_1, a）] $\& V_2'$（t_2, a）$\& \ldots \& V_n'$（t_n, a）$\& \Phi$ [t, t_1, t_2, …, t_n]]

根据（2）这个一般模式，对汉语中表示"先事"或"当事"关系的连动句可以分别作如下的具体描写。"<"表示事件

在发生时间上的"先于"关系，"＝"表示事件在发生时间上的"同时"关系，"≤"表示事件在发生时间上的"先于"或"同时"关系。

对具有"先事"或"当事"关系的连动句语义解释为：

①小米刚刚推门走进来。　　　　（先事——过去时）

$\exists t_1 \exists t_2$［推门$'$（t_1，小米$'$）＆走进来$'$（t_2，小米$'$）＆$t_1 < t_2 < t$］

②我将抓住树枝爬上去钻进石洞。

（先事——将来时）

$\exists t_1 \exists t_2 \exists t_3$［抓住树枝$'$（$t_1$，我$'$）＆爬上去$'$（$T_2$，我$'$）＆钻进石洞$'$（$t_3$，我$'$）＆$t < t_1 < t_2 < t_3$］

③我正拿笔写字。　　　　　　　（先事——现在时）

$\exists t_1 \exists t_2$［拿笔$'$（t_1，我$'$）＆写字$'$（t_2，我$'$）＆$t = t_1 = t_2$］①

④他要带着孩子去北京。　　　　（当事——将来时）

$\exists t_1 \exists t_2$［带着孩子$'$（t_1，他$'$）＆去北京$'$（t_2，他$'$）＆$t < t_1 = t_2$］

⑤我们昨天上课讨论了这个问题。

（当事——过去时）

$\exists t_1 \exists t_2$［昨天上课$'$（t_1，我们$'$）＆讨论了这个问题$'$（t_2，我们$'$）＆$t_1 = t_2 < t$］

---

①　若从时态的角度看，例③的逻辑语义公式中的 Φ［t，t_1，t_2］可能是：$t = t_1 = t_2$，与例⑥的情况是类似的。但实际上 t_1 和 t_2 之间又存在先后关系，有一定的时序性，可能是 $t = t_1 < t_2$ 或 $t_1 < t_2 = t$。为了与句子的时制一致，只有忽略事件之间的先后关系，简单描写为 $t = t_1 = t_2$。

⑥他正叼着烟袋坐在窗前。　　（当事——现在时）

$\exists t_1 \exists t_2$ [叼着烟袋′（t_1，他′）& 坐在窗前′（t_2，他′）&t$= t_1 = t_2$]

以上就是从形式语义学角度对汉语连动句内部的时序意义进行精细的描写和表示。试图通过这样的尝试，探索汉语复合谓词句时间系统的形式化处理问题。本文与蒙太格语法的 PTQ 英语系统①及 Dowty 系统②相比，略去了许多方面的内容，没有内涵问题的处理，也没有个体概念以及命题态度词的讨论，没有涉及传统的时间逻辑算子，对于区间语义学、时刻语义学和事件语义学等相应的技术手段及其意义公设等内容一概略去，简化处理。句法生成的量化规则，名词、动词以及句子的合取与析取规则也暂且略去。对汉语的时态和时相方面的讨论留待进一步的研究，构建汉语连动句的形式语句系统的工作也是今后的期待，本文仅仅是从时制角度出发对连动句内部的时序特点进行了形式化描写和分析，这是对自然语言时间语义学问题的一次探索。

参考文献：

[1] 陈平. 论现代汉语时间系统的三元结构 [J]. 中国语文，1988 (6).

[2] 龚千炎. 汉语时相时制时态 [M]. 北京：商务印书馆，1995.

[3] 邹崇理. 自然语言逻辑研究 [M]. 北京：北京大学出版

---

① PTQ 系统是 The Proper Treatment of Quantification in Ordinary English 的简称[5]。

② Dowty 系统是 Studies in the Logic of Verb Aspect and Time Reference in English 的简称[6]。

社, 2000.

[4] 刘海燕. 现代汉语连动句的逻辑语义分析 [M]. 成都: 四川人民

出版社, 2008.

[5] Montague, Richard. The Proper Treatment of Quantification in Ordinary English [C]. In R. Thomason (ed.): *Formal philosophy*. New Haven: Yale Univ. Press. 1974, 247 – 270.

[6] Dowty, David.　Studies *in the Logic of Verb Aspect and Time Reference in English* [D]. Austin: University of Texas, 1972.

The Formal Semantic Analysis Regarding the Temporal Features
of Coverbial Sentences in Chinese

Liu Haiyan

(Chinese Department, Sichuan Normal University, Chengdu, Sichuan, 610068)

Abstract: The logical semantic information of sentence is determined by the predicate included in it. Too often, the predicate corresponds to the verb in sentences, while the verb, which however, has relatively apparent temporal feature. Despite the definition that the linked verbal sentence in Chinese is the simple sentence that consists of several verbal phrases, but the questions are: What sort of temporal feature exactly do the linked verbal sentences appear to have? From the angle of formal semantic, how would the appeared temporal feature be depicted and analyzed? Hence, after the study on the internal side of the temporal structure mechanism of linked verbal sentences, it is concluded that every verbal phrase in linked verbal sentences connects with each other on the relation base of time sequence. And practically, considering the centrality, temporarily, the researching of this paper is set within the range of exploring and discussing these linked verbal sentences whose noun phrases are specifically played by proper nouns rather than digging the syntactic structure of verbal phrase in depth. And the time sequence of these linked verbal sentences can be expressed as ' $\exists t_1 \exists t_2 \ldots \exists t_n [V_1'(t_1, a) \& V_2'(t_2, a) \& \cdots \& V_n'(t_n, a) \& \Phi [t, t_1, t_2, \cdots, t_n] '.

Key words：coverbial Sentence, formal semanteme, time sequence

强调句式"那叫一个 A"探析

何文彬①

内容提要:"那叫一个 A"指的是"天气那叫一个冷"这样口语性较强的句式。A 主要是单音节形容词,"叫"有时可以替换为"是",意为"可称作","一个"具有抽象归类作用,整个句式表达"那可称得上 A"的意思。这类句子是强调性判断句,是由普通的描写句经过强化断定、从而对话题予以属性归类而形成的。

关键词:那 叫 一个 判断句

引　言

现代汉语口语中,有些句式看起来比较特殊,"那叫一个

---

① 作者简介:何文彬,1971 年生,男,江西瑞昌人,四川师范大学文学院讲师。

A"句式就是，因为形容词一般能受程度副词修饰，不能受数量短语修饰，但句式中它能受"一个"修饰，例如"天气那叫一个冷"。这种句式还有不少变体，在口语中经常出现，表现力很强，但尚未引起学者的重视①，本文尝试在详细描写的基础上对其进行初步的解释。研究结果启示我们，现代汉语中同一句式的变化可能是非常丰富的，句式之间也存在交叉过渡现象，而量词在现代汉语中的语法功能也许还值得进一步探讨，"那叫一个 A"这种小句式里可能蕴含着丰富的矿藏。

一　结构的描写

如果把句式"那叫一个 A"看作是一个组合式，我们可以将其切分为四个部分："那"、"叫"、"一个"和"A"，每个部分都有不同的变体。下面从这四个方面描写这种特殊句式。

（一）"那"和其所指

众所周知，"那"和"这"都是指示代词，可以分别用来指代较远和较近的事物。二者具有互补性，因此也有"这叫一个A"这样的形式。

（1）27 号晚上 11 点抵达北京首都机场，天气那叫一个冷，风那叫一个大。②

（2）法国大师的风光作品，这叫一个美！

---

① 有些学者提到这种句式，并有简要的解释，如张伯江、方梅[1] 159、周一民[2]等。

② 本文例句基本来自互联网。互联网里有大量口语性材料，很多是最新的语言现象。

（3）德国想动用国防军保卫世界杯，这叫一个难。

值得注意的是，"那叫一个 A"远比"这叫一个 A"出现的频率高。根据互联网搜索统计，前者约是后者的七倍。这种不平衡可能与"这"、"那"在判断句上的使用不平衡有关。据统计，"那是"约是"这是"的三倍，而三倍之于七倍的不平衡则恐怕与"这"和"那"在句式中所指的具体特点有关。如上例所示，"这""那"所指代的一般都是抽象的事物或现象，它们不易于呈现在眼前，而用"那"作"遥指"似乎更妥当一些。所以根据我们的语感，例（3）用"那"更好一些。但因为认知具有可塑性，抽象的事物也可以用"这"指代，因此二者都是可以用的，但使用频率还是反映了句式所指代对象的特征。

"那"所指代的事物或现象其实可以看作是句子的话题性成分，它往往就在"那叫一个 A"之前，从形式上看它们似乎有很大的不同，但都具有一定的体词性，所以能被"那"指代。从形式上看，主要有以下几个类别：

1. 话题为名词性成分（统称为 NP），"那"一般紧随其后。如：

（4）个子那叫一个高，皮肤那叫一个白，睫毛那叫一个长，鼻子那叫一个挺。

（5）小伙子人长得帅，心气那叫一个高，总感觉万物全在自己的脚下。

有时"那"也出现在 NP 前面。如：

（6）具体怎么样我就不知道了，坐下来就有人来接待，都是西装笔挺的经理人人材，那西装叫一个挺，那衬衫叫一个白，那笑容叫一个假。

因为"那"是指代性的，故有时它是可以省去的，但此时"叫"前须有某些副词。如：

（7）今天真叫一个冷。——?? 今天叫一个冷。（比较：今天那叫一个冷）

绝大多数情况下，"那"是不能省略的。其原因我们推测，"那"可能并不简单地指代其前的 NP，而是指代 NP 所具有的神态或样子。如"那笑容叫一个假"，"笑容"本身是"真的"，但它后面的神态是"假的"。再如：

（8）昨儿我带一岁七个月的女儿瑶瑶去朝阳公园看马戏了，她那叫一兴奋！我们坐第一排，她冲着狮子老虎挥着手大叫：老虎出来，和瑶瑶玩！猛兽们愕然！

"那"正是指代"她"的抽象的神情的，我们可以一般地说"她（很）兴奋"，也可以说"她有一副兴奋的样子"或"她的样子就是兴奋"，句式取的正是后一种表达法。

2. 话题为 VP。这种 VP 一般不能带"了"等体貌标记，故也是 NP 性的，它是把 VP 所指的动作当作一个静态的对象，目的还是指该 VP 所具有的样子或神情，由"那"具体指代出来。如：

（9）荧幕上的"百变精灵"李冰冰，开车那叫一个"酷"。（"那"指开车的样子）

——＊开了车那叫一个"酷"。

（10）第一口椰子水经过喉咙，清冽、甘甜，那真叫一

个爽。("那"指代喝下椰子水并尝到美味的过程)

3. 指代小句。同 VP 一样，这个小句也是被描述的对象，故也有体词性，这类句子都不能省略"那"。如：

(11) 尤其是今年情人节跟老公吃冰激淋火锅，这叫一个腻！

(12) 说实话，你一开始上课，那真叫一个闷，不过很适合睡觉，特别的安静。

四，指代"得"字结构前半部分，或指代"V 起来"这样的结构。有的学者认为，此种结构的前半部分具有话题的特征，因此也具有某种体词性。如：

(13) 我大声爽朗地笑着，笑得那叫一个假。("那"指笑的样子)

(14) 这首歌唱得那叫一个美，第一次听你唱这类温柔的歌，多好听啊！

(15) 武汉好吃的可比厦门多多了，尤其是各色小吃，吃起来那是一个爽。

(二)"叫"和"一个"的变化

《现代汉语八百词》认为"叫做"在口语里也说成"叫"，也有学者认为这类"叫"属于判断动词，而判断动词的典型就是"是"，因此，"那叫一个 A"也有"那叫做(作)一个 A"和"那是一个 A"这样的变体，所以这种句式属于判断句的一个变体，具有独特的功能。如：

(16) 影片结局的时候，孙悟空总算不知从什么地方蹦

了出来，一阵刀光剑影电光火石的，看得我那叫做一个爽。（注意"我"及其位置）

（17）国外服务器都用正版，那叫做一个贵啊！

（18）楼下两户人家装修房子，气味那叫作一个浓，声音那叫一个响。

（19）终于在还有十分钟的时候，收齐了，然后跑到办公室去交表，那是一个热啊！

有时甚至出现"是叫"句。不知是否巧合，我们查到的这类句子句末多感叹词，也许这种形式更能表达强烈的判断。如：

（20）刘芳菲说话那是叫一个快啊！干脆主持人也改说相声得了！

（21）人家说，连云港城市那是叫一个新啊！

（22）记得小时候，我那是叫一个淘啊。

"一个"也是可以变化的，有时是"一"，有时是"个"，极少出现其他的量词。这与"个"在现代汉语中的极度泛化有关。如①：

（23）高压水龙头那叫一准，催泪弹那叫一呛，防暴警察那叫一猛。

（24）野钓那是一爽呀，风景好，鱼更好，没有污染！

（25）兰州牛肉面那叫个绝。浙菜——那叫个脆。五一

---

① 以下例句都是有"一"或"个"的，据张伯江、方梅[1]159，"一个"也是可以没有的，句子的功能几乎相同。如"他们这拨儿、比你们差远了，活得那叫在意"，甚至"叫"也是可以没有的，如"活得那在意"、"心里这高兴"。

登泰山那叫个累啊!

极少的情况下"一""个"都没有,我们感觉语气没有带"一个"的强烈。如:

(26) 房间那叫差,连挂衣服的地方全没有,当然更没有任何的洗漱用具。

(27) 那电梯那叫慢,一层一层的。

(28) 今天的天气在合肥那是爽啊,才 22 度。小风吹着,没有太阳,就是爽。

(29) 住楼上一女的生了一小孩,有一次碰到我妈就叫那小孩管我妈叫阿婆,我妈心里那叫一愣啊!结果那小孩扭捏了半天说:"不是阿婆是阿姨!"(好像有"一",其实不是)

许多学者指出,有的"一个"已经不是普通的数量结构了,这种说法在本文考察的句式里也是成立的,因为我们可以单说"一张纸",但无法单说"一个慢",更不能说"两个慢",其他的量词还没有虚化到这个程度,所以不见"那叫一张慢"这样的说法。"一个"的具体作用我们将在第二部分分析。

(三) A 的变化

"那叫一个 A"结构中,A 的变化是很复杂的,可以从两个维度分析:一是从音节长短上,一是从 A 的性质上。

1. 从音节上看,虽然 A 许多时候是单音节的,如上列各例,但实际的语料中,双音节乃至多音节的句子也不少见。如:

单音节、双音节:

(30) 国内的很多电视剧的妆化得那叫一个假和难看,

我都没什么说的了。

(31) 一开始，这叫一个好吃啊，到后来，这叫一个腻啊。

(32) "鲁中第一鼓"亮相潍坊房展会，那叫一气派！

有的句子看似双音节或多音节，其实是单音节，这就是特殊的带"字"句。如：

(33) 雪耻的快感叫一个爽字。

(34) 当时的感觉，那叫一个爽字了得！

(35) 反正我有次去老知青旁边的北方佬，那才叫一个差字，还在菜里吃到蟑螂。

有的双音节是修饰结构，即 A 前面加了一个副词。如：

(36) 后来发现金融的书那叫一个巨多，可惜我不搞这个。

(37) 周六的时候去了珍珠泉，烧烤和游玩的人那叫一个真多！

多音节的句子中，三音节的多是双音节加副词，四音节的多是成语，五音节以上的则不一而足。如：

(38) 夏天到了，生日也要到啦，嘿嘿，天气这叫一个巨炎热，日子这叫一个巨忙碌，心情这叫一个巨期待，哈哈生日要来啦！

(39) 目前社会上学历证书那是叫一个五花八门，什么 MBA，什么博，还有铺天盖地的洋学历，真真假假，不就是为了找一个好点的工作吗？

（40）咱爷爷那辈儿，那叫一人杰地灵，那叫一豪情万丈，那叫一繁荣昌盛，那叫一……。

（41）你没见下班的时候你坐车，上来一帮小兔崽子，那叫个群情激奋啊，那叫个目中无人啊，那叫个唯我独尊啊，还真把车厢当他们家客厅了。

（42）说说八卦，我们三人可都抵达了我们系里八卦的核心圈啊，说的那叫一广度加深度。……发现我们意见惊人的相似，那叫一一触即燃。

（43）听过他的课，那叫一个说的比唱的好听。

（44）我不紧不慢的，可后面的大婶那叫一个推一个挤的，以为我弱是不？

2. 从A的性质看，虽然在"那叫一个A"句式中，A主要就是形容词，尤其是单音节形容词，但实际上出现在该位置的成分也是五花八门的。不过有证据表明，几乎所有进入该位置的成分都有某种程度性，虽然它们不一定能受"很"和"太"的修饰。A是典型形容词的例子上面已经列举了不少，下面主要例举那些不是典型形容词和一般不具形容词性的A，分析它们得以进入A位置的动因。

第一，非典型的A。这类A一般不能受"很"修饰，但我们能体会得到其蕴含的程度差别。如：

（45）那叫一个晴，一丝云彩都没有。

（46）是的，深圳的房价走势，那叫一个"特"字（很特别）。

第二，习语性的A。四音节的短语可以出现在A位置，它们经常就是成语，我们知道，成语具有意义的整体性，但是只有那些具有程度性的成语才能进入 A 位置。具有程度性，看的不单是成语整体能受"很"或"太"修饰，如果其内部的某些成分能受它们修饰，那么该成语也就能够进入。所以，我们虽然不便于说"很群情激奋"，但能够说"很激奋"；虽然不便说"很繁荣昌盛"，但可以说"很繁荣"，故能说"那叫一群情激奋"、"那叫一繁荣昌盛"。

那些无论从哪个角度看都不具程度性的 VP 性成语，自然难以进入 A 位置。如不能说"那叫一个三顾茅庐"。因为抽象的事物或现象难以"实施"该动作。

某些不是成语的多音节短语，能出现在 A 位置，道理也是这样。如"看的那叫一个真真切切啊"这个句子，不能说"很真真切切"，但能说"很真切"。再如：

（47）在单位闲着没事干的时候看到的这个文章，看过后心里面的滋味那叫一个说不清楚，所以想发到这让大家都看看。（虽然不便说"很说不清楚"，但能说"很不清楚"）

第三，动词性的 A。除心理动词外，一般的动词是没有程度性的，但某些动词不排除曲线取得程度性的可能。如：

（48）四个山东爷们甩开膀子那叫一个喝啊。等两三瓶啤酒下肚，大家就有点晕了，但高潮刚刚开始。（"喝"是"猛喝"，"喝酒"也有量上的区别）

（49）总之哥们信我话你就别买！美国车那叫一个喝油啊。（"喝油"，就是"很耗油"）

（50）不知道你怎么看的，我觉得保险没有意义，你入了保险你真出事的时候，保险公司那叫一个推。到时候还不够惹气的。（不说"推脱"说"推"）

(51) 路上又遇见了一群下山的外国人，背着大包，那叫一个奔字。（飞快地跑）

(52) 以我这样铁打的身板，熬夜后直接上考场，瞪着卷子愣是眼皮都不眨一下，那叫一个威武，那叫一个庄严，那叫一个肃静，那叫一个迴避。（"回避"与"肃静"同）

(53) 他紧接着一句："还是不要找的好，现在男的都不是好东西！！"绝对不是逗闷子，是属于警世恒言的语气，我当时这叫一个倒。（这里的"倒"不是动作动词，是新兴的心理动词，如"我倒"）

(54) 场面没话说，那叫一个烧，那叫一个乱，那叫一个审美疲劳。（综合多种性质的 A）

第四，名词性的 A。名词（短语）进入 A 位置，取的也是其具有程度性的一面。如：

(55) 假期和同学去九寨沟，看藏族帅哥表演歌舞，那些藏族帅哥那叫个帅，那叫个阳光啊，我的口水那叫个流啊！（近来常有人说"很阳光"）

(56) 这禀性从名门出来，好听的叫叛逆，叫有性格，要是放平常人家，那就叫一个不良青年。（"青年"之"不良"有程度性，"有性格"就是很有性格）

(57) 我说周杰伦唱的啥，吐字不清。女儿说，你懂啥，那叫一个个性；我说周杰伦给人一种蔫巴巴的感觉，一点也不阳光。女儿说，你有没有欣赏水平，那叫一个潇洒一个帅！（"个性"其实就是"有个性"，可以说"很有个性"）

（四）进入句式的副词

句式中可以出现某些副词，如"那真叫一个冷"中的"真"。值得注意的是，"真"可以和A组合，如"那叫一个真冷"。像"巨"这样的副词不能在"叫"前，"天气这叫一个巨炎热"不能说"天气这巨叫一个炎热"。可见"真"比"巨"更虚化。只能在"叫"前的副词常见的还有"才"、"就"等。如：

（58）北京不是有暖气吗？武汉那才叫一个冷，屋里屋外温度一样。

（59）如果谁非要在电视剧里找历史，谈真实，那才叫一个扯淡。

（60）你看看那路，唉，真叫一个差，就连香港中路都不平活，先抛开质量不说，就山东路的规划，那就叫一个浪费。

（61）那小子一听，哇哇地就这叫一个哭啊。（"就"跑"这"前去了）

二 生成动因试析

"那叫一个A"是口语中习见的句式，但其组合特征颇为特殊。最特殊的地方就是"一个"与形容词的直接搭配。孤立地看，"一个冷"这样的短语是不成立的，之所以在我们讨论的句式里能说，而且还能够扩展到复杂的和不同性质的成分，使它们都能够有力地表达某种抽象现象的特征，这说明是句式的特殊功能促成了"一个"和A的联姻。

前文已经指出，"那叫一个A"与判断有关，因此我们推测，是某种判断的需要促成了句式的生成；不过，这种句式显然又不是典型的判断句，它实际上是一种"转换"而来的具有强调特征的判断句，它的"前身"其实是一种描写句。举例说，有"天气很冷"这个句子，它的转换形式之一就是"天气那（叫）（一个）冷"。前一个句子是个描写句，后一个句子是个判断句，王力就说过，汉语的每一个句子都可以转换为判断句的[3]。典型的判断句的功能"是用来断定主语所指和谓语所指同属一物，或断定主语所指的人物属于某一性质或种类的"[3]51，就对主语的"认识深度"而言，判断句比一般的句子（包括描写句）似乎更深刻，力度也似乎更强，描写句只是在"谈论"主语之属性，也许是一般的属性，而判断句则是要给主语归类，甚至直接指出主语是什么，从这个角度看，由描写句转换而来的判断句带有更强的强调性。

那么，强调什么呢？怎样强调呢？其实这两个问题是密切相关的，下面进行简单的分析。

先说"强调什么"的问题。从上面对判断句的分析来看，其实也就是给主语（话题）进行"强行"归类，这样归纳出来的类别不是形容词性的，而是名词性的，所以一般不便于用"很"修饰；相反，它有时还能用"字"来定位，如说"那叫一个冷字"，是以某个字来指代一个名词性范畴。进一步看，句式中的"叫"的意思不是"叫唤"，而是"可称作"或"可称得上"的意思，因此"天气那叫一个冷"的准确理解是"天气可以称得上冷"之类的意思。所以，从正面看，"叫"的运用也好，"字"的运用也好，都是为了实现一个归类判断的功能；从反面看，"很"等修饰词一般不使用，也是为了避免影响归类功能的实现。

前面进行描写时，我们说到，A 部分一般需要具有某种程度性，不能单纯是名词性或动词性的东西，这是因为句式要归的类不是一般的属种关系的类，而是一种抽象的"属性类"，所以不能说"那叫一个张三"，但能够说"那叫一个阳光"，因为"阳光"这个词已经可以当形容词用了。单纯的动词性结构也是难以归为某个属性类别的，所以也不能用在 A 位置上。

与抽象的类别相对应，句式中"那"的使用也是经常的，即使前面有明确的话题（如"天气那叫一个冷"中的"天气"），因为只有"那"这样的成分才能更好地指代一个抽象的范畴，是这个范畴，而不是其前的话题自身，属于 A 所指的那个类别。因此，"那"是从话题中抽象出来的东西，它有时可以解释为"……样子"，如"笑得那叫一个假"，可以理解为"笑的样子叫一个假"①。

"那叫一个 A"句式中，最难解释的是数量结构"一个"，特别是所谓的量词（measure word）"个"，因为一般情况下它是

① 根据张伯江、方梅（1996）的观点，这种"那"和"这"已经是虚化的代词，能够表达某种程度性，如"那肉麻"有"那么肉麻"的意思。这种看法有一定的道理，但是根据本文观点进一步推论，这种"那"甚至不妨也看作一个归类标记，即是"那个东西"的意思，"那肉麻"有"那种肉麻"之意；是"那个"了，自然就不是"别个"了。如果这种看法成立，那么整个"那叫一个"都有归类作用，"那"就不单纯是复指某种抽象话题的成分，它是在指代某个抽象的话题的同时也有某种归类作用。注意"那叫一个 A"中"那"不能扩展为"那么"，如不能说"天气那么叫一个冷"，相反可以说"那种天气叫一个冷"。

不能修饰形容词的①。对于现代汉语中量词的作用,《现代汉语八百词》说:"量词的作用本来应该是使不可计数的事物变成可计数,例如布是不可计数的,加上'尺、米、匹、段'就可以计数了。可以计数的事物不是一个一个计数的时候,也用得上量词,如一'群'人,一'屋子'人。这样的量词(或这样用的量词)是各种语言都有的。汉语的特点在于量词的应用的普遍化,可计数的事物也需要量词,并且这样的量词不是一个而是很多。"[4]15这种普遍应用的量词,主要指个体量词,英语文献称为类别词(classifier),与 measure word 有所不同;屈成熹(2005)说,这种类别词仅用来将名词分类,多半只有语法功能,没有实质语意,许多非洲语言都有[5]44。屈著说汉语中似乎只有"个、头"等量词接近类别词,一般的量词顾名思义是表示名词的数或量的。显然,汉语学界已经注意到了量词在语法上的必要性,有的还注意到了量词的分类功能,但对量词的作用还少有深入的探讨,本文限于篇幅也不能深入探究②。我们想说的是,从类型学角度看,印欧语少用量词,而东亚语言普遍使用量词,可能不是偶然的。一般来说,每一种语言都有一些手段对名词性成分进行分类,这种分类严格地说是认知上的,因为人们需要对世界上的万事万物进行分类,只有这样才能更好地区分它们;认知上的分类也可以反映在语法上,如印欧语的单复数分类、阴阳分类,都与名词的分类有关。东亚语言的语法,以汉语为例,一般没有

---

① 像"打个稀烂"这种结构不是本文探讨的范围,见张谊生(2003)[6],该文说,量词"个"是现代汉语中使用范围最广、使用频率最高的一个泛化量词。

② 其实,对于量词的语义表达功能,学者们还是有很多探讨的,如龙涛(2004)[7]、周芍(2006)[8]。

性、数方面的分别，但从认知上看，它总得有某种分类方法，我们认为，建立在外形抽象基础上的量词使用也许是一种分类方式，这种方式发展到极端并且反映在语法上就是量词使用的强制性，这与英语的"数"表达的强制性是一致的。现代汉语中具有分类功能的个体量词其实有很多，但是"个"是使用最普遍的，换个角度说，"个"是最抽象的分类量词，在其他抽象程度不够高的量词不能使用的地方，只有它能够使用，也就是说它甚至能够仅仅表达分类的语法功能，而不管被区分的对象是什么性质的。

"那叫一个A"句式的功能，如前所析，是对话题进行属性归类的，这种归类可以使用多种手段，"个"也是辅助手段之一，只有从语法上的极为抽象的"分类"功能这个角度才能解释它，不能从抽象程度较低的意义上去理解它①。具有这种分类功能的量词，一般不能用其他数词修饰，所以不能说"天气那就两个冷"，因为数词中"一"也是抽象的，不表具体的数目。

"一个"在现代汉语中使用很广泛，在不同的结构中有不同的功能，包括数量标记功能，名词化功能，不定冠词的功能，在篇章中引入一个新对象的功能[10]。但这些功能恐怕不能简单地类推到判断句中，有学者认为"是一个N"中"一个"的功能

①　有的学者将这种"一个"看作名词化标记，我们认为有一定的道理，因为在我们讨论的句式中"个"其实也可以看作是起到了将A变为一个名词的作用。不过，如果扩大考察范围，"个"就只能说有某种分类功能，而没有名词化功能，例如"看个究竟"；分类的结果既是一种聚合，也可以看作一种"离散"，一种"有界化"[9]，分别出来了，意思就清楚了，表达的任务也就完成了，这是句子趋向有界化的根本动因吧。这样倒过来看，"那叫一个A"中的"一个"也不妨看作是仅有分类作用，即指出"那"属于某种类别（如"冷"），这种作用与我们平常说"一个人"一样，我们无意中也给"人"分了类。

也是引出一个新的叙述对象，张伯江、李珍明（2002）批评了这种看法，他们进一步发现，"是 NP"和"是一个 NP"比较，后者的主观性更强[11]。按我们的分析看，"是一个 NP"是说话人加强分类特征、也就是加强断定性的句式，有某种强调性，自然其主观性比一般的句子要强。相对于"是一个 NP"而言，"那叫一个 A"的主观性则更强，因为说话人为了强调 A，付出的认知努力、添加的语法标记更多，表达的是说话人独特的观察和感受，而非一般的描述；这种句式多出现于口语，语气词用得特别多，这可以看作主观性强的两个体现。

这种语法上多管齐下所进行的"硬性"分类，能获得一般的表达所没有的效果。试比较下列几对例句：

（62）国内的很多电视剧的妆化得那叫一个假和难看，我都没什么说的了。

——国内的很多电视剧的妆化得很假很难看，我都没什么说的了。

（63）一开始，这叫一个好吃啊，到后来，这叫一个腻啊。

——一开始，挺好吃的，到后来，就吃腻了。

（64）"鲁中第一鼓"亮相潍坊房展会，那叫一气派！

——"鲁中第一鼓"亮相潍坊房展会，很气派！

三　结　论

"那叫一个 A"是一种特殊的强调性归类性判断句。从形式上看，"那"指代抽象的事物或现象，有时可用"这"替换；"叫"是判断词，可用"叫做"、"可称为"或"是"替换，A一般是单音节形容词，但也可以是双音节或多音节的成分，不一定都是形容词，但都具有某种形容词性，是"那"所属的范畴；"一个"的功能是分类，它赋予A某种类别性。整个句式的意思是"那可称得上是 A 一类……"，它避开普通的描写，特别地指出和强调事物或现象的某一属性，是普通描写句的强化断定式，反映了说话人独特的视角和感受，主观性更强，因而在口语中使用较多，由此可见，口语句式往往在语法表现上更为细腻、更为丰富[12]。

参考文献：

[1] 张伯江、方梅. 汉语功能语法研究 [M]. 南昌：江西教育出版社，1996.

[2] 周一民. 名词化标记"一个"构句考察 [J]. 汉语学习，2006 (2).

[3] 王力. 中国现代语法 [M]. 北京：商务印书馆，1985.

[4] 吕叔湘. 现代汉语八百词 [M]. 北京：商务印书馆，1999.

[5] 屈成熹. 汉语认知功能语法 [M]. 哈尔滨：黑龙江人民出版社，2005.

[6] 张谊生. 从量词到助词——量词"个"语法化过程的个案分析 [J]. 当代语言学，2003 (3).

[7] 龙涛. 量词对名词空间义的表达 [J]. 湖南科技大学学报（社会科学版），2004.

[8] 周芍. 名词量词组合的双向选择研究及其认知解释 [D]. 暨南大学博士学位论文，2006.

［9］沈家煊. "有界" 和 "无界" ［J］. 中国语文, 1995 (5).

［10］刘安春. "一个" 的用法研究 ［D］. 中国社会科学院研究生院博士学位论文, 2003.

［11］张伯江, 李珍明. "是 NP" 和 "是 (一) 个 NP" ［J］. 世界汉语教学, 2002 (2).

［12］何文彬. "呢吗" 是非问句 ［J］. 汉语学习, 2007 (4).

On An Emphatic Construction "Najiao Yige A" in Mandarin

He Wenbin

(Chinese Institute, Sichuan Normal University; Chengdu Sichuan, China; 610068)

Abstract： "Najiao yige A" refers to the colloquial structures such as "Tianqi NajiaoYige Leng". "A" normally is monosyllable adjective, "Jiao" sometimes can be replaced by "shi", which means "can be named", "yige" can classify the topic abstractly, and the whole structure means that "Na ke chengdeshang A". This kind of sentence belongs to the stressed judgmental one, which is formed by way of intensive judging and classification of the topic into an attribute.

Key words： Na; Jiao; Yige; Judgment Sentence, mandarin

《新编古代汉语》 评述

彭金祥①

内容提要：结合作者在教学中的使用情况和学生的
反馈，讨论《新编古代汉语》的体例和特点[1]，作者
在教学实践中的体会和建议。

关键词：古代汉语　高校教材　汉语言文字学

根据我们多年的《古代汉语》教学实践，深感编、选一部
内容恰当、难易适中、讲练结合的教材不是一件容易的事。四川
师范大学文学院周及徐、李恕豪教授主编、集西南数省院校十多
位老师之力编撰而成的《新编古代汉语》于 2009 年 7 月由中华
书局出版[1]，全书分上、下两册，凡 150 万字，16 开本，采用
了文选、通论和练习三结合的新体例，因为质量至上、新颖全面

① 作者简介：彭金祥（1964 年— ），男，汉族，四川成都人。中国世界民族
研究学会会员，中国认知语言学会会员。副教授，主要从事汉语教学与研究。

而深受教师和学生的欢迎。

在上个世纪，古代汉语课程有各种不同的教学方法和教学内容，有的讲成历代古文选，有的讲成文言语法，也有的讲成文字学、音韵学、训诂学或者汉语发展史。李恕豪、周及徐等先生经多年的思考与教学实践，他们认识到古代汉语是一门工具课，其教学目的是培养学生阅读古书和语文教学的能力，因此在编写教材时既注重感性认识，又注意理论培养，他们认为只有把两者结合起来才能更好地提高学生的古代汉语水平。全书以文选为纲，通论、练习与其有机结合，形成一个和谐的整体，便于高校学生和有兴趣的社会青年学习。文选是感性认识，通论是理性认识，练习则是感性认识和理性认识结合起来。这种崭新的体例、科学的编排，体现了两位先生的不断创新精神，对提高古代汉语的教学质量发挥了重大作用，也会对以后问世的同类教材产生重要影响。不仅受到好些专家学者的好评，而且还受到使用该教材的师生及一些自学者的欢迎。我们采用《新编古代汉语》作为本科教材以后，先后收到一些学生的意见和建议，有些已经毕业的学生也向我们索取此书进行学习。下面主要结合我们的教学实践谈一下自己的读后体会、心得以及意见，大致有以下几个方面。

一 体例完备，科学合理

《新编古代汉语》在编排时非常注重体例的科学性，尽量做到合理而完备，先是文选部分，然后是通论部分，最后是练习部分。这几个部分相互联系、相互补充，构成一个完整的体例，显得非常合理。

　　《新编古代汉语》在文选方面，最大的特点是在上册里编选了非常有影响的宗教典籍，如《无量寿经》、《六祖坛经》和《祖堂集》等经典中的部分章节，供研究佛教文献语言之用，在下册编选了《元典章》、《老乞大》、《朴事通》、《三遂平妖传》等近代汉语文献，供学生研究近代汉语书面语和口语之用，可以说是用心细腻，煞费苦心，弥补了以前同类书籍的不足。

　　文选的选择目前有两种误导：一是把纯文学性作为文选的取舍标准；二是在各朝代平均选取文选，想反映历史全貌却忘记自己的课程性质，从而使两个目标都达不到。每一个版本都想做百科全书，这是编（作）者的通病。因此，正确认识古汉语课程的性质和所处位置，对文选的内容选择显得至关重要。文选是全书的主干，所选的文章一般是历代的名篇，都是语言有典范性的优秀作品，而绝大多数又都是思想性和语言的典范性相结合的，我们不能离开文章的思想内容专从语言的角度去培养阅读古书的能力，也不能只顾思想性而忽视作品的语言完美。《新编古代汉语》在这方面做得很好，所选的文章全面而新奇，既有文学性，又具典范性，还适当收录了古白话作品。两位先生认为，唐宋以来以北方话为基础形成的古白话，其阅读理解的难度并不亚于文言文。当然，在文选取材上若能增收一些甲骨文、金文拓片的话，应该会更理想些，因为甲骨文、金文是古汉字的源头，适当选收一些甲金文拓片，对学生熟悉古文字字形以及汉字的源流将有一定的帮助。

　　古文选的编排不同于现代文选，反映原始面貌的古注文选一般都有繁体、竖行、无标点等特点。古汉语的课程性质决定了学生要接触这种古注文选，因此，进行这样的训练是必需的，这样才是对古汉语工具性功能的深刻理解和准确定位。《新编古代汉语》非常重视这种训练，在其下册的十一单元和十二单元选了22篇古文献原文，以此促进学生对古代原文的阅读与练习，并且在书后附有22篇原文的标点，正是表现其对课程工具性质的准确把握。古代汉语的众多版本，大多都缺乏这种亮色。

通论部分，主要包括工具书的使用、文体、词汇、语法、音韵等方面的知识，以及古书的注解、句读和修辞方式，内容非常丰富，对学生学习古代汉语有着较大的指导价值，尤其侧重于古代汉语语法方面的讲解，有利于提高学生阅读古书的能力。另外，该书在通论方面最大的一个特点是分上古、中古、近代三个阶段介绍了上古汉语的语音系统和上古语音知识的运用、中古汉语和近代汉语的语音系统、词汇特点和语法特点，使学生了解古代汉语的发展历程，掌握汉语史的基本知识及其发展脉络。

常用词在王力和郭锡良等人的《古代汉语》教材中是很重要的一个板块[2][3][4]，《新编古代汉语》却删除了它，取而代之的是练习和原文，增加通论的篇幅，由此可看出周、李等教授对通论的重视程度。当然，在古代汉语教材中是否需要介绍有关古代名物典章制度、古代天文历法等文化方面的基本知识，还是个值得探讨的问题。以我们的经验，是把这类知识放在"中国文化概论"或者"汉字文化"等课程中来讲解的，周、李二位先生的想法与我们是一致的。

通论部分不仅吸收了不少学术界最新研究成果，而且其中还不乏编者的研究心得在内，诸如音韵部分不仅介绍诗骚用韵问题和诗、词、曲的声律问题，还介绍了中古声韵调系统与反切，有关上古声母的几个重要论断和阴阳对转等知识。这些知识都是进一步学习所必须的。训诂学作为古代所谓"小学"（即古代语言文字学）的内容之一，训诂不但对于古代汉语研究很重要，而且对于古代文学、神话学、考古学等研究都很重要。忽视训诂，就是把古汉语的工具性理解得过于狭窄。王力先生是把训诂归于词汇门下，简单介绍了读懂古书注解所必须掌握的训诂术语，而周、李所编教材把训诂单独编成一章，详细介绍了有关训诂的内容、方法、术语和不同的训诂方式等内容，它对训诂等内容的空前重视，无疑对国学研究起着巨大的促进作用，有利于大学生古汉语学习和提高。

二 内容丰富，颇具西南特色

《新编古代汉语》内容丰富，共有 12 个单元，6 个附录，每个单元都有文选和通论。文选部分，从书面语到口语文献，均有辑录，不仅文体齐备，而且选面广大，涵盖宽泛。就内容来说，涉及经史子集；就时间来说，始于先秦，跨越汉魏南北朝隋唐宋，结束于明代，历代的优秀作品均有所选录；就体裁而言，散文、诗、赋、词、曲，皆囊括其中。书中为了方便学生自学，在每个单元之后都有参考书目；同时，为了方便学生学习音韵学，附录部分有三个表可以供学生参考：附录二"上古音韵谐声表"、附录三"《广韵》常用字表"和附录四"《中原音韵》字音表"[1]743-774，分别代表上古、中古和近代汉语语音系统。为了方便学生自学，每个单元都有单元练习参考答案和古文献原文标点，作为附录五和附录六放在最后[1]790-838。

由于本书是西南数省多所高校参编教材，在文选中力求反映西南特色，如增加西南地区的古代汉语文章，具体有《司马相如列传》、《西南夷列传》（《史记》）、《扬雄传》（《汉书》）、《诸葛亮传》（《三国志》）、《巴志》（《华阳国志》）等，让学生更好地了解西南地区悠久的历史和灿烂的文化，以适应西部大开发的需要。上册 230 页的《西南夷列传》主要反映了西南夷各民族历史[1]230，叙述其共同的地域、经济生活和文化习俗。《司马相如列传》中[1]235，编者有选择地取其记叙部分，略去原著中关于司马相如辞赋和文章部分，肯定其出使和开发西南夷的功绩。《汉书》中的《扬雄传》充分肯定了扬雄的文章才气和哲学思想[1]257。《三国志》中的《诸葛亮传》全面介绍了诸葛亮帮助刘备建立蜀汉政权、辅佐后主治理蜀国、北伐中原的事迹[1]352，体现其致力于蜀汉政权的巩固和发展，为了统一大业而努力奋斗的一生。《华阳国志》本是蜀郡江原人常璩所作，其中的《巴志》叙述了巴地的地理面貌、历史沿革、物产状况、风土人情以及与中原和周边地区的密切关系等[1]370，表现了作者对自己的故乡以及故乡人民的深切热爱和由衷的赞扬。这些文章对于西南各高校学生来说，非常有教育意义，可以使他们了解家乡更多的历史信息，了解西南风土人情及其来历，增加对自己家乡的热爱之情。

三 注释精到，言简意赅

《新编古代汉语》的文选注释水平，是决定全书质量的关键。李恕豪、周及徐等先生认为，为了帮助学生真正读懂课文，注释要详细而不繁琐；要从学生的实际水平出发，尽可能用现代汉语作注释，使每个词都能和现代汉语对得上号，如果用文言注文言，学生往往似懂非懂，难以达到真正读懂古书的教学目的；另外，古汉语教材的注解要与《中国古代文学作品选》等课程区别开来，注释要讲究语法，与通论部分相互照应，相互补充。《新编古代汉语》注释详细准确，通俗易懂，重视语言现象的解释。语法方面，对宾语前置、词类活用、句子成分的省略、主谓倒置以及文言虚词的词性与用法，均有说明。文字方面，对通假字、异体字和古今字，分别用"通"、"同"和"后来写作某"区别开来，避免了将三者混同的弊病。音韵方面，凡是韵文，均注明韵脚及所属的韵部，便于学生自学和掌握古代特定时期的韵部系统。所有这些，都体现了该书作为语言教材的特色。

《司马相如列传》"巨万"注"万万"[1]238，言简意赅，非常准确，因为古代在称数方面总是把今天的一亿称为巨万；《扬雄传》"雄见诸子各以其知舛驰"注"舛（chuǎn），相违背"[1]261，注音准确，意义简单准确。《齐晋鞌之战》第四自然段对原文"不介马而驰之"注："介，把马尾编结起来。这是古代车马战斗前的必要准备"[1]14。这种解释就比以前很多教材上把"介"解释为"披上甲"要科学合理得多，才能与后面的"骖挂于木而止"相照应。

当然，注释上的言简意赅并不是该说的不说，书中对于一些应该解释清楚的词语却不惜笔墨，详加介绍，如上册对于"涂山"一词列举了四种不同的说法[1]373：一是会稽山；二是安徽当涂；三是安徽怀远；四是重庆市，便于学生了解不同的说法。又如《诗经·采薇》"猃狁之故"注"猃狁（xiǎn yǔn），北方少数民族，又称荤粥（yù），也写作獯鬻、薰育，就是秦汉时的匈奴"[1]307，这样就能够让学生更好地了解这种先秦少数民族的称谓发展，便于他们识别不同古书上的名称。

四 教学与研究并重，多有建树

一本成熟的教材，既要达到教学的目的，也要反映自己的研究成果。《新编古代汉语》在通论中的各个单元融入自己的研究心得，主要集中在词汇学、语法学和音韵学知识部分，在训诂学和古汉语修辞部分相对要少一些。书中有周及徐先生在相关论文中发表的独特观点，如上册192页讲"微"时说：作否定副词，有时同"非"相当，例如《诗经·柏舟》"微我无酒，以遨以游"；有时"微"又用来表示假设性的否定，相当于"如果不是"，如《论语·宪问》里的"微管仲，吾其被发左衽矣"等等。上册191页讲解"勿"和"毋"时专门提到"勿"在先秦时期，其后的动词不带宾语的规则不很严格；另外，"毋"在古书中常常写作"无"，如"王无怒，请为王说之"（《战国策·赵策三》）等。

该书在上古音系方面所使用的拟音是郑张尚芳的语音体系，这是目前较为科学合理的拟音体系。比如在清鼻流声母方面，高本汉把明母（如每、勿 m－）和晓母（悔、忽 h－）的谐声拟为＊xm－，李方桂构拟为清鼻音＊hm－：＊hm－＞h－（悔、忽、黑、昏、荒）与之类似，舌尖音泥母、娘母与送气塞音透母、彻母也有谐声关系，如能（n）与态（t）、纽（n）与丑（ch）、馁（n）与妥（t）等，李方桂先生把这种谐声关系的声母拟作＊hn－。其演变规律为＊hn－＞th（透），＊hnr－＞ch

－（彻）。舌根音疑母字也有与晓母字互谐的现象，如讹（ng－）与货化（h－）、午（ng－）与许（h－）、虐（ng－）与谑（h－）等，李先生把它拟为 hng－、hngw－，其演变规律是 * hng－> h－（晓），* hngw－> －hw－（晓）。郑张尚芳的语音体系将这些语音现象归纳为送气的鼻流音声母和带前冠音的复辅音声母两套辅音：送气的变为送气塞音：mh 怃 nh 努 ngh 哭 lh 胎 rh 宠，带有 h 冠音的变为晓母：hm 悔 hn 汉 hng 谑 hl 哈[1]336－337。这样就显得非常有规律性，而且较为科学，完全可以采纳。

五　注重实践，强化训练

古代汉语是一门实践性很强的学科，如果不通过一定量的练习是不可能真正学好的。只有通过大量的、各种类型的实践训练，学生才能加深对理论问题的理解，才能更深刻地理解教材。但是现行各类古汉语教材大都只注意了通论和文选两部分，对思考与练习却重视不够。因为通论阐述的是有关这种语言的若干规律和相关理论，通过思考与练习，可训练学生运用理论解决问题的实际操作能力，加深其对语言现象所以然的理解，并能形成某些技能技巧，为今后的继续深造奠定一个较好的基础。《新编古代汉语》就比较重视课堂教学与课后练习的结合，它每个单元之后都有练习，其中包括必要的基本实践和一些理论问题的提示。

在该书通论中，作者专门编写了"上古音知识的运用"和"中古汉语的词汇特点"、"中古汉语的语法特点"等部分，使学生在掌握古汉语理论知识的同时，了解如何运用这些相关知识，具有很强的实践性。

该书的练习编排得当，内容丰富，题型多样，有填空、名词解释、简答、分析、标点翻译等各种不同类型。填空题主要考察学生对一般知识的记忆和理解，侧重于古代汉语基本常识；名词解释主要考察学生对重要术语的掌握情况，侧重于概念的理解；简答和分析题主要了解学生的综合判断，侧重于分析能力的考察；解释加点的字、标点翻译、断句题主要考察学生的综合分析能力，侧重于应用。

《新编古代汉语》中的练习不仅注意知识的积累和深化，更注重知识的衔接，如上册450页练习四：《庄子·养生主》"虽然，每至于族，吾见其难为，怵然为戒，视为止，行为迟"。《敦煌变文·降魔变文》"罗汉虽然是小圣，力敌天魔万万重"。这两处中的两个"虽然"有什么不同？这种练习有助于学生对汉语知识的理解，也有利于他们对汉语发展史的把握。书中339页练习"高本汉构拟上古音值的方法和步骤主要是什么"，像这样的练习有利于学生思维能力的提高和进一步掌握古音研究方法，使学生收到触类旁通、事半功倍之效。

不过，书中有个别地方也值得商榷，如《诗经·豳风·七月》对"一之日、二之日"等的解释就有待研究：在上古早期我国曾经有过把一年分为10个月、每个月分为三旬、每旬12天的太阳历，一年360天，其余五天是岁末休假，因此"一之日、二之日"不能解释为周历一月、二月，而是休假的第一天、第二天，"三之日、四之日"是休假的第三天、第四天，如此类推。不然我们就无法解释"三之日于耜、四之日举趾"这样的诗句。不管是古代还是今天的农业生产，不会有三月准备农具，四月才下田劳动的情况。当然，这属于学术问题，不同的人有不同的观点，早在王力先生的《古代汉语》教材和其他几种古汉语教材上就是像《新编古代汉语》一样进行解释的。

　　总之，《新编古代汉语》集教学与科研并重、理论与实际结合之大成，内容博大，体例完善，实属古代汉语教材中之佼佼者，深受广大学生和教师的欢迎。

参考文献：

［1］周及徐. 新编古代汉语［M］. 北京：中华书局，2009.

［2］王力. 古代汉语［M］. 北京：中华书局，1980.

［3］王力. 汉语史稿［M］. 北京：中华书局，1986.

［4］郭锡良. 古代汉语（修订本）［M］. 北京：商务印书馆，2008.

Book Review：New ancient Chinese Language

Peng Jinxiang

（Chinese Department，Sichuan College of Arts and Science，Dazhou，Sichuan，635000）

Abstract： In this paper, the author reviews the teaching book of *New Ancient Chinese* edited by Pro. Zhou Jixu. He discusses some merits and weak points of the book with his teaching practice.

Key words： Ancient Chinese, Teaching book, Chinese language

南路话和湖广话的语音特点①

——兼论四川两大方言的历史关系

周及徐

内容提要：南路话与湖广话的 21 条语音特点比较说明，南路话与湖广话的语音差别，是以中古音类为条件的，两种方言音系内部结构不互相包容。比较南路话与湖广话的语音相似度，二者存在明显的差异。分析南路话的 9 条语音特征与湖广话对应关系，更证明南路话不是湖广话在川西南地区演变的结果。南路话应是元末以前四川本地汉语方言在当地的后裔。

关键词：四川方言　南路话　湖广话　语音比较　历史关系

---

①　基金项目：国家社会科学基金项目（2008），四川西南地区方言研究，项目批准号 08BYY015。

本文分四个方面讨论：一、湖广话和南路话；二、南路话与湖广话的语音特点比较；三、南路话与湖广话的相似度；四、从语音特征看南路话与湖广话的历史关系。

一 南路话和湖广话

"湖广话"是四川人对成都和重庆等地方言的俗称，一般指以成都和重庆两地的方言为代表的通行于成渝地区的方言。它具有西南官话的共同特征，例如有四个声调、古入声字归阳平；也有自己的一些特征，例如不分平翘舌声母、不分鼻边音声母、高元音后的后鼻音韵尾变为前鼻尾、调值相似等等。成渝两地方言之间差别很小，"湖广话"覆盖了东起万州西至成都岷江以东的地区①。从地理位置上看，整个四川盆地，除去岷江西南以及沱江和岷江之间的部分，都是"湖广话"地区。从当地人对方言的感觉上说，通常说的"四川话"就是成渝两地话为代表的"湖广话"，操这种方言的人被称为"湖广人"②。湖广话即成渝地区方言，是明洪武及清前期移民的结果，前贤崔荣昌教授（1985）根据移民史资料已有论证[2]6-14，笔者（周及徐 2011）对此也有新的论证[3]。

"南路话"也是四川人对当地的另一种方言的俗称。"南路话"指岷江以西及以南，特别是成都西南的都江堰、温江、崇

---

① 约相当于《中国方言地图集》（1987）中的"西南官话成渝片"[1]。

② 随着近年来重庆升为直辖市，行政上与四川省分割开来，一些人开始强调重庆话与"四川话"的区别。从汉语方言分区上说，重庆话属西南官话成渝片，与成都话同是"四川话"的一部分。

州、大邑、邛崃、蒲江和新津一带的方言。它在语音、词汇上都有自己的特征，最明显的不同于"湖广话"的语音特征是入声独立。在更大的范围上，有这种语音特征的话沿岷江以西一直向南分布，经乐山、宜宾直至泸州地区，再折向东北进入今重庆市境内①。由于水路便利，东南而去的岷江是古代成都、乐山、宜宾等城市经长江进出四川盆地的主要通道，商旅必经，这条通路称为"南路"。成都的"湖广人"称讲这种当地话的人为"南路人"。在当地人对方言的认识中，"南路话"与以成都市区话为代表的"湖广话"是两种完全不同的方言。

在过去的四川方言研究中，没有注意到南路话在四川方言中的重要地位。四川大学崔荣昌教授②，曾有多篇文章和专著研究四川方言及其历史形成。他的观点被许多行内外的学者所接受。崔荣昌（1985）认为："元末明初的大移民把以湖北话为代表的官话方言传播到四川，从而形成了以湖北话为基础的四川话，清朝前期的大移民则进一步加强了四川话在全省的主导地位，布下了四川话的汪洋大海。"[2]6-14。在他的后期专著《四川境内的湘方言》（崔荣昌1996）"四川方言的形成"一节中说："我们认为，四川方言，包括四川官话都是外省移民带来的。"[4]7在崔教授的四川方言的划分中，四川话即湖广话，把大片的属于南路话的方言点归于"湖广话"之下，忽略了南路话与湖广话的区别。他的看法是，四川原有的汉语方言在元明清以后被外来移入的方

---

① 整个区域约相当于《中国方言地图集》（1987）中的"西南官话灌赤片"中的"岷江小片"[1]。

② 崔荣昌教授于2011年1月6日去世，时年72岁。谨对这位研究四川方言卓有贡献的前辈学者深表哀悼。

言替代了，四川当代方言的历史只能上溯到明初。

我们不同意这种观点。根据四川方言调查的资料，我们认为四川和重庆地区仍然成片地存在元明清大移民以前延续下来的方言，这就是以前忽略了的南路话。我们已经从移民史和方言地理分布的角度讨论了这一问题（周及徐 2011）。如果我们还能从南路话与湖广话的语音系统来说明它们内部的不同特点和互不包容的音系结构，就能更有力的支持它们不是从 14 世纪下半叶的同一个原方言延续而来的看法了。下面就是我们对这个问题的分析和讨论。

湖广话和南路话沿岷江、长江地区分布图

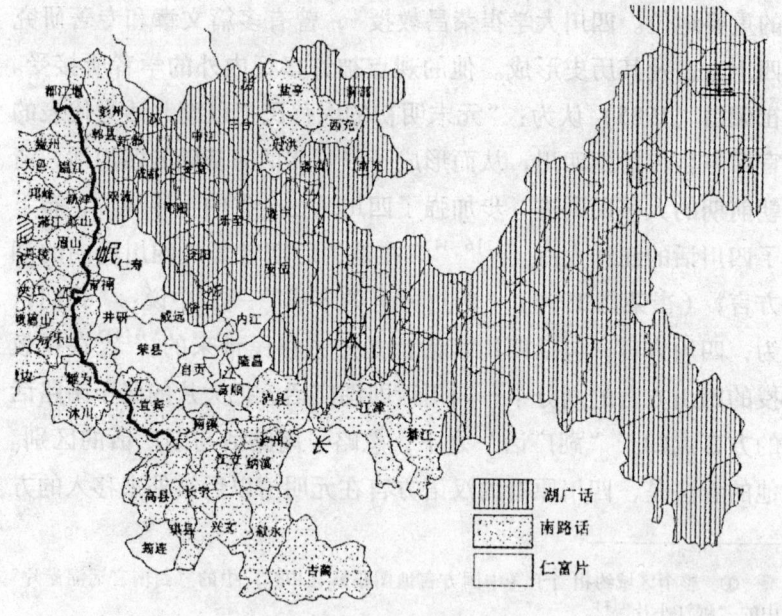

注：图中标市县名的地区属四川（只有江津、綦江属重

庆），不标市县名的属重庆。空白的是仁富小片。为了突出标示
其地理位置，岷江作了加粗①。

二 南路话和湖广话语音特点比较

都江堰、崇州、蒲江、温江、大邑、邛崃、新津等市县，今
属成都市，从西北到西南三面包围着成都，大部在岷江以西地
区，这是南路话最典型的区域，我们称它们为川西南路话。乐山
地区在岷江中游，泸州宜宾地区在岷江下游。这些地区联起来，
加上今在川、渝结合处长江以南的江津和綦江②，相邻的黔北沿
赤水河的赤水市、习水县和桐梓，即是大约沿岷江以西以南的
"L"型南路话地区③。

我们从南路话与成渝话音系的比较中，选择能反映两者音系
特点的 21 个语音特征，这些也是四川方言中常见的声、韵、调
特点，列举每个语音特点代表性的例字，比较这些特征在川西南
路话、乐山话、泸州话、成都话和重庆话中的异同，同时列出北
京话语音作为参照。这些语音特点选择的依据除少数共同点外，
主要是南路话与湖广话音系分歧的地方。

方言语音，川西南路话取都江堰河西话、崇州话、蒲江话、

---

① 仁富小片话的特点与湖广话和南路话皆不同，初步认为是另有来源，留待以
后讨论。又据我们的调查，并研也是南路话区。本图由四川师范大学文学院 2009 级
语言学研究生张驰绘制。

② 重庆地区除了与川南相连的江津区和綦江县这一小块地方外，都是广大的湖
广话地区。

③ 大概地说，岷江以下还有相连的川渝黔长江南岸一部分，和黔北沿乌江的一
小块地区。

邛崃话、大邑话等 5 点，乐山地区取乐山沙湾话，泸州宜宾地区取泸州话，成都市取成都市区（老派）话，重庆市取重庆市区（老派）话，北京取标准普通话。前 7 个地区资料来源于本课题的田野调查[5]①，重庆市区（老派）话以巴县音系（杨时逢：1945）[6]②，北京话以《汉语方音字汇》（北大中文系 1989）为代表。[7]

各点调类及调值如下（为避免字迹过小难于辨认，本文声调数值一律不上标）：

	都江堰河西	崇州	蒲江	邛崃	大邑	乐山	泸州	成都	重庆	北京
阴平 1	55	55	45	55	45	45	55	45	55	55
阳平 2	21	31	31	21	31	31	41	21	31	35
上声 3	51	52	42	42	42	42	551/51	42	42	214
去声 5	213	11	34	214	34	13	424	213	35	51
入声 7	44	33	33	24	33	33	44	(21)	(31)	

南路话与成渝话音系特点比较（为便于了解方言间调类的对应，在以下的列表中用"−1、−2、−3、−5、−7"等表示阴平、阳平、上声、去声、入声五个调类）：

---

① 由于篇幅所限，没有列出我们根据田野调查资料建立的方言点字音表，进一步资料可查看国家社科基金课题《四川西南地区方言调查研究》（周及徐 2011）[5]。
② 中央研究院史语所杨时逢等人 1945 年调查，以巴县为重庆语音点，相当于今重庆市中区。见《四川方言调查报告》（上）（1984）卷首地图[6]。

1. 古晓组字 -u 韵前读为 f-，其余的韵母前，晓组字读 x-，如：

	户	欢	昏	灰
都江堰河西	户 fu－5	xuæn－1	xuən－1	xuei－1
崇州	fu－5	xuæn－1	xuən－1	xuei－1
乐山	fu－5	xuan－1	xuən－1	xuei－1
泸州	fu－5	xuan－1	xuən－1	xuei－1
成都	fu－5	xuan－1	xuən－1	xuei－1
重庆	fu－5	xuan－1	xuən－1	xuei－1
北京	xu－5	xuan－1	xuən－1	xuei－1

这一特征是南路话与成渝片方言共同的。

2. 知系声母读 ts-；如（成渝话中的 Ts- 舌尖部位比北京话略后）：

	住	尺	十
都江堰河西	tsu－5	tshə－7	sə－7
崇州	tsu－5	tshə－7	sə－7
蒲江	tso－5	tshə－7	sə－7
乐山	tsu－5	tshə－7	sə－7
泸州	tsu－5	tshʅ－7	ʂʅ－7
成都	tsu－5/tso－5	tshʅ－2	sʅ－2
重庆	tsu－5	tshʅ－2	sʅ－2
北京	tʂu－5	tʂhʅ－3	ʂʅ－2

这一特征是南路话与成渝片方言共同的。南路话中，也有一

些点深臻曾梗摄三等知系开口入声字读翘舌，如：十 ʂʅ－7（都江堰河东话）、直 tʂʅ－7（郫县）、尺 tʂhʅ－7（新都），十适石 ʂʅ－7（泸州）；只出现在这些特定的韵母中，与舌尖前音声母分布互补。

3. 泥来母一二等字相混，三四等字区分，形成 l－/n－与 ȵ－对立。如下表：

	南	兰	泥	离
都江堰河西	næn－2	næn－2	ȵi－2	ni－2
崇州	næn－2	næn－2	ȵi－2	ni－2
乐山	lan－2	lan－2	li－2	li－2
泸州	lan－2	lan－2	ȵi－2	li－2
成都	næn－2	næn－2	ȵi－2	ni－2
重庆	nan－2	nan－2	ni－2	ni－2
北京	nan－2	lan－2	ni－2	li－2

南路话（乐山除外）分为两组，重庆话全混（参见本文第四节第 1 条的讨论）。

4. 臻摄一三等合口端泥精组字失去－u－介音。如下表：

	盾	论	遵	笋
崇州	tən－5	nən－5	tsən－1	sən－3
邛崃	tən－5	lən－5	tsən－1	sən－3
乐山	tən－5	lən－5	tsən－1	sən－3
泸州	tən－5	lən－5	tsən－1	sən－3
成都	tən－5	lən－5	tsən－1	sən－3
重庆	tən－5	nən－5	tsən－1	sən－3
北京	tuən－5	luən－5	tsuən－1	suən－3

南路话和成渝话同读开口，北京话读合口（参见本文第四节第2条的讨论，下条同）。

5. 蟹摄舒声合口一等端组字、山摄舒声合口一等端泥组字失去－u－介音：如：

	堆	腿	端	乱
崇州	tei－1	thei－3	tan－1	nan－5
大邑	tei－1	thei－3	tæn－1	næn－5
乐山	tuei－1	thuei－3	tuan－1	luan－5
泸州	tuei－1	thuei－3	tuan－1	luan－5
成都	tuei－1	thuei－3	tuan－1	luan－5
重庆	tuei－1	thuei－3	tuan－1	luan－5
北京	tuei－1	thuei－3	tuan－1	luan－5

总起来是：川西南路话读开口，成渝话读合口。乐山、泸州话同成渝话。

6. 果摄一等帮端系韵母为－u，见系字为－u/－ɯ/－ɤ；如：

	哥	我	糯	锅
都江堰河西	kɤ－1	ŋu－3	nu－5	ku－1
崇州	kɯ－1	ŋu－3	nu－5	ku－1
大邑	kɤ－1	ŋu－3	nu－5	ku－1
乐山	ko－1	ŋo－3	lo－5	ko－1
泸州	ko－1	ŋo－3	lo－5	ko－1
成都	ko－1	ŋo－3	no－5	ko－1
重庆	ko－1	ŋo－3	no－5	ko－1
北京	kɤ－1	wo－3	nuo－5	kuo－1

老派南路话果摄一等的主元音是 - u，在舌根音后变为展唇的央后高元音 - ɯ／- ɤ 等。成渝话则全读 - o，乐山、泸州话同成渝话（参见本文第四节第 6 条的讨论）。

7. 麻三精组见系字韵母读 - i，如：

	姐	写	谢	爷
都江堰河西	tɕi - 3	ɕi - 3	ɕi - 5	i - 2
崇州	tɕi - 3	ɕi - 3	ɕi - 5	i - 2
蒲江	tɕi - 3	ɕi - 3	ɕi - 5	i - 2
乐山	tɕi - 3	ɕi - 3	ɕi - 5	i - 2
泸州	tɕi - 3	ɕi - 3	ɕi - 5	i - 2
成都	tɕie - 3	ɕie - 3	ɕie - 5	ie - 2
重庆	tɕie - 3	ɕie - 3	ɕie - 5	ie - 2
北京	tɕie - 3	ɕie - 3	ɕie - 5	ie - 2

南路话读 - i，成渝话韵母读 - ie（参见本文第四节第 4、7 条的讨论）。

8. "者蔗（也）"读 - ai，同蟹摄二等字，如：

	者	蔗	也
都江堰河西	tsai - 3	tsai - 5	iai - 3
崇州	tsai - 3	tsai - 5	iai - 3
蒲江	tsai - 3	tsai - 5	iai - 3
邛崃	tsai - 3	tsei - 5	ie - 3
大邑	tsai - 3	tsai - 5	iai - 3
乐山	tse - 3	tsən - 5	I - 3
泸州	tsɛ - 3	tsɛ - 7	i - 3
成都	tse - 3	tse - 2	ie - 3
重庆	tse - 3	tse - 2	ie - 3
北京	tʂɤ - 3	tʂɤ - 5	ie - 3

这是南路话老派特征。今正在消失，乐山、泸州已同成渝话。

9. 模韵帮系端组字（老派）读–o，如：

	普	肚	炉	股	图徒
蒲江	pho–3	to–5	lo–2	ko–3	tho–2
崇州老派①	pu–3	to–5	no–2	ko–3	tho–2
乐山	pho–3	tu–5	lu–2	ku–3	tho–2
泸州	phu–3	tu–3	lo–2	ku–3	tu–2
成都	phu–3	tu–5	lu–2	ku–3	thu–2
重庆	phu–3	tu–5	nu–2	ku–3	thu–2
北京	phu–3	thu–5	lu–2	ku–3	thu–2

南路话这一特点见于老派发音中，蒲江话保存完整。南路话新派模韵读–u，与果摄合流（参见本文第四节第6条的讨论）。

10. 咸山宕摄入声一等开口见系（合盍曷铎）读–ə／–e。如：

---

① 《四川方言调查报告》（下）（杨时逢1984）[6]929 "73崇庆"（今崇州）音系，1942年在成都调查，发音人24岁学生，成都、峨眉读高中及四川大学共五年。记音地点未列，可能是成都四川大学校园。遇摄端系读–u（肚杜度 tu31），果摄见系字读–o（我 ŋo42、哥 ko55），咸山宕摄见系一等读–o（鸽割各 ko33）。最后一条也见于本报告72灌县、74温江、78大邑、79蒲江（同大邑）、80邛崃（同温江）。这些发音与现在当地话不同，不同于南路话语音，而同于成都话音，只是用了当地音系的声调。

	鸽	割	各
都江堰河西	kɘ－7	kɘ－7	kɘ－7
崇州	kɘ－7	kɘ－7	kɘ－7
蒲江	kɘ－7	kɘ－7	kɘ－7
乐山	ke－7	ke－7	ke－7
泸州	ko－7	kɘ－7	kɘ－7
成都	ko－2	ko－2	ko－2
重庆	ko－2	ko－2	ko－2
北京	kɤ－1	kɤ－1	kɤ－5

在宕摄入声，南路话帮端系与见系不同韵，如：作 tso－7、各 kɘ－7（泸州）；成渝同韵读－o，如：作 tso－2、各 ko－2（成都）。

11. 咸山开口入声一二等帮端系庄组、三等知章组字读－æ。如：

	答达	腊辣	涉舌	袜
都江堰河西	tæ－7	læ－7	sæ－7	uæ－7
崇州	tæ－7	læ－7	sæ－7	uæ－7
蒲江	tæ－7	læ－7	sæ－7	uæ－7
乐山	tæ－7	læ－7	sæ－7	uæ－7
泸州	tæ－7	læ－7	sE－7	uæ－7
成都	tʌ－2	lʌ－2	se－2	uʌ－2
重庆	ta－2	la－2	se－2	uʌ－2
北京	ta－2	la－5	ʂɤ－2/－5	uʌ－5

12. 曾一梗二开口入声帮端知见系字读 –æ（ –ɛ）。如：

	北	百	德	黑	泽
都江堰河西	pæ – 7	pæ – 7	tæ – 7	xæ – 7	tshæ – 7
崇州	pæ – 7	pæ – 7	tæ – 7	xæ – 7	tshæ – 7
蒲江	pæ – 7	pæ – 7	tæ – 7	xæ – 7	tshæ – 7
乐山	pæ – 7	pæ – 7	tæ – 7	xæ – 7	tshæ – 7
泸州	p ɛ – 7	p ɛ – 7	t ɛ – 7	x ɛ – 7	tsh ɛ – 7
成都	pe – 2	pe – 2	te – 2	xe – 2	tshe – 2
重庆	pe – 2	pe – 2	te – 2	xe – 2	tshe – 2
北京	pei – 3	pai – 2	tɤ – 2	xei – 1	tsɤ – 2

　　上两组字南路话韵同 –æ，成渝分别读 –ʌ 和 –e。泸州话也分两组，与成渝话相似。

　　13. 深臻曾梗入声二三等开口庄组（缉栉职麦）读 –æ。如：

	涩	虱	色	测/策
都江堰河西	sæ – 7	sæ – 7	sæ – 7	tshæ – 7
崇州	sæ – 7	sæ – 7	sæ – 7	tshæ – 7
蒲江	sæ – 7	sæ – 7	sæ – 7	tshæ – 7
乐山	sæ – 7	sæ – 7	sæ – 7	tshæ – 7
泸州	s ɛ – 7	s ɛ – 7	s ɛ – 7	tsh ɛ – 7
成都	se – 2	se – 2	se – 2	tshe – 2
重庆	se – 2	se – 2	se – 2	tshe – 2
北京	sɤ – 5	ʂʅ – 1	sɤ – 5/ai – 3	tshɤ – 5

这组字南路话同上二条，咸山曾梗入声一二三开口帮端知见系字同韵 – æ（11、12、13）。成渝话是 – e，与曾梗入声一二等字同韵（12、13 条），不与咸山入声一二三等字同韵（11 条）。泸州话与成渝话相似而保持入声调（参见本文第四节第 5 条）。

14. 山摄合口三四等、宕江开口二三等入声精组见系字读 – io（– iɵ）。如：

	绝	月	脚	学
都江堰河西	tɕio – 7	io – 7	tɕio – 7	ɕio – 7
崇州	tɕio – 7	io – 7	tɕio – 7	ɕio – 7
大邑	tɕio – 7	io – 7	tɕio – 7	ɕio – 7
蒲江	tɕio – 7	io – 7	tɕio – 7	ɕio – 7
乐山	tɕyu – 7	yɵ – 7	tɕyu – 7	ɕio – 7
泸州	tɕye – 7	ye – 7	tɕio – 7	ɕio – 7
成都	tɕye – 2	ye – 2	tɕio – 2	ɕio – 2
重庆	tɕye – 2	ye – 2	tɕio – 2	ɕio – 2
北京	tɕye – 2	ye – 5	tɕiau – 3	ɕye – 2

南路话只一组 – io，成渝话分两组，山 – ye 与宕江 – io。成渝话的分组与北京话同，泸州话分组与成渝话相似。

15. 臻入声合口一三等帮知系端泥组读 – o。如：

	不	突	物	出
都江堰河西	po－7	tho－7	o－7	tsho－7
崇州	po－7.	tho－7	o－7	tsho－7
蒲江	pho－7	tho－7	o－7	tsho－7
乐山	pɵ－7	thɵ－7	ɵ－7	tshɵ－7
泸州	pʉ－7	thʉ－7	ʉ－7	tshʉ－7
成都	pu－2	thu－2	vu－2	tshu－2
重庆	pu－2	thu－2	vu－2	tshu－2
北京	pu－5	thu－1	u－5	tʂu－1

　　这组字南路话与山通摄合一入声字韵母同为－o／－ɵ；成渝话同遇摄通摄一等入声读－u。分组不同（参见本文第四节第6条的讨论）。泸州话保持入声，韵母有变化。

　　16. 臻入声合口三等精见组读－io。

	戌	橘	屈
都江堰河西	çio－7	tçio－7	tçhio－7
崇州	çio－7	tçio－7	tçhio－7
大邑	çio－7	tçio－7	tçhio－7
乐山	sɵ－7	tçhyu－7	tçyu－7
泸州	çy－7	tçyʉ－7	tçhyʉ－7
成都	çio－2	tçy－2	tçhio－2
重庆	çiu－2	tçiu－2	tçhiu－2
北京	çy－5	tçy－2	tçhy－1

南路话与成都话老派同读 - io（ - yo），乐山、泸州多读
- yu（ - iu），近重庆。

17. 深臻曾梗入声三四等开口帮端见系（缉质迄职昔陌三
锡）读 - ie。如：

	集	笔	七	力	席
崇州	tɕhie - 7	pie - 7	tɕhie - 7	lie - 7	ɕie - 7
蒲江	tɕie - 7	pie - 7	tɕhie - 7	lie - 7	ɕie - 7
大邑	tɕie - 7	pie - 7	tɕhie - 7	lie - 7	ɕie - 7
乐山	tɕiɛ - 7	piɛ - 7	tɕhie - 7	liɛ - 7	ɕiɛ - 7
泸州	tɕi - 7	pi - 7	tɕhie - 7	lie - 7	ɕie - 7
成都	tɕhie - 2	pi - 2	tɕhi - 2	li - 2	ɕi - 2
重庆	tɕi - 2	pi - 2	tɕhi - 2	li - 2	ɕi - 2
北京	tɕi - 2	pi - 3	tɕhi - 1	li - 5	ɕi - 2

南路话读 - ie，重庆读 - i，两者音类分组不同。乐山同南
路话读法，泸州和成都话老派在两者之间（参见本文第四节第7
条）。

18. 深臻曾梗入声开口三等知章组（缉质职昔）字读央元音
- ᵊ/ - ə 或 - ʅ。如：

	侄直织	尺	十失食石
都江堰河西	tsə－7	tshə－7	sə－7
崇州	tsə－7	tshə－7	sə－7
大邑	tsə－7	tshə－7	sə－7
乐山	tsə－7	tshə－7	sə－7
泸州	tsʅ－7/侄－5	tshʅ－7	ʅ－7
成都	tsʅ－2	tshʅ－2	sʅ－2
重庆	tsʅ－2	tshʅ－2	sʅ－2
北京	tʂʅ－2	tʂʅ－3	ʂʅ－2/失－1

全部南路话都保持了央、后元音韵，与成渝话读 －ʅ 不同。南路话自成一类，而成渝话则与止摄字相混（参见本文第四节第8条）。

19. 曾梗入声三等合口见系、通入三精组见系（职昔屋_三烛）读 －io。如：

	域	疫	肃	局
都江堰河西	io－7	io－7	ɕio－7	tɕio－7
崇州	io－7	io－7	ɕio－7	tɕhio－7
乐山	yө－7	iɛ－7	sө－7	tɕyu－7
泸州	io－7	io－7	ɕy－7	tɕhyʉ－7
成都	io－2	io－2	ɕio－2/ɕiu－2	tɕy－2
重庆	iu－2	iu－2	ɕiu－2	tɕiu－2
北京	y－5	i－5	su－5	tɕy－2

南路话与成都话老派同 – io。重庆话读 – iu；泸州在两派之间。

20. 通摄入声帮知系、端泥组读 – o／– ɵ。如：

	木	毒	竹	绿
都江堰河西	mo – 7	to – 7	tso – 7	no – 7
崇州	mo – 7	to – 7	tso – 7	lo – 7
大邑	mo – 7	to – 7	tso – 7	lo – 7
乐山	mɵ – 7	tɵ – 7	tsɵ – 7	lɵ – 7
泸州	mʉ – 7	tʉ – 7	tsʉ – 7	lʉ – 7
成都	mu – 2	tu – 2	tsu – 2	lu – 2
重庆	mu – 2	tu – 2	tsu – 2	nu – 2
北京	mu – 5	tu – 2	tʂu – 2	ly – 5

南路话山臻通摄合口入声字同韵读 – o，如"末夺不突木毒"；成渝话遇臻通摄同韵读 – u，如"布兔不突木毒"。成渝话与北京话的分组同。泸州读音的分组同成渝话（参见本文第四节第6条）。

21. 南路话有五个声调（阴平、阳平、上声、去声、入声），古入声字今读入声调，如：

古入声	都江堰河　西	崇州	蒲江	大邑	邛崃	乐山	泸州	成都	重庆
调值	44	33	33	33	24	33；	44	(21)	(31)

调值多为中平调。重庆话、成都话入归阳平，是西南官话共

同的特点。

为了方便直接地观察，我们把以上 21 条语音特点做成"南路话、成都话和重庆话语音特点比较表"，先对列表的方法作以下说明：

1. 以 21 语音特点为比较，川西南路话的特点以上节中的崇州、蒲江、都江堰河西话、邛崃的语音为材料归纳，视作一个方言。乐山、泸州作为南路话在川南地区的代表点。川西南路话与其它方言点与之相似为"＋"，不同为"－"。

2. 川西南路话之外，其它方言点之间，如果符号相同，其语音特征不一定相同，可能只是相似或同类。如：16. 臻入声合口三等精见组，川西南路话－io，成都话－io/－y，乐山、重庆－iu，泸州－iʉ/－y，北京－y。前二者为"＋"，后四者为"－"。又如：13. 深臻曾梗入声二三等开口庄组（涩虱测策），川西南路读－æ，成都重庆－e，北京－ɤ。成都重庆和北京皆为"－"，有不同，但相似之处是它们与咸山入声一二三等帮端知系字分为不同韵，而南路话是同一个韵－æ。

3. 同一语音条件中有的方言点有两种以上读法，选择白读音与川西南路话相比来决定正负。如上面的 16 条。又如：19. 曾梗入声三等合口见系、通入三精组见系（域疫肃局），川西南路读－io，成都－io，乐山－yo（－io）/yu，泸州－io/－yʉ；重庆－iu，北京－y/－i/－u。前四者为"＋"，重庆为"－"，北京与所有点不同，为"±"。

4. 北京语音特点与其它点都不同，属于第三种情况的，标为"±"。如上条。又如：3. 古泥母三四等字读 ȵ－，其余泥来母读 n－/l－，川西南路、泸州、成都为"＋"，北京为"±"，北京与其它三点不同。又如：6. 果摄一等主要元音为 – u，见系字为 –u/ –ɯ/ –ɤ。川西南路话 –u/ –ɯ/ –ɤ，成都重庆 – o，北京 –uo/ –ɤ。北京音标为"±"。

表1　南路话、成都话和重庆话语音特点比较表

方言语音特点	川西南路	乐山	泸州	成都	重庆	北京
1. 古晓组字 –u 韵前读为 f–。	+	+	+	+	+	–
2. ts– 与 tʂ– 相混。	+	+	+	+	+	–
3. 古泥母三四等字读 ȵ–，其余泥来母读 n–/l–。	+	–	+	+	–	±
4. 臻摄一三等端泥精组合口字失去 –u– 介音。	+	+	+	+	+	–
5. 蟹摄舒声合口一等端组、山摄端泥组字读开口。	+	–	–	–	–	–
6. 果摄一等元音为 – u，见系为 –u/ –ɯ/ –ɤ。（乐泸成渝读 – o）。	+	–	–	–	–	±
7. 麻三精组见系字韵母读 –i（成渝读 –ie）。	+	+	+	–	–	–
8. "者蔗"读 –ai（成渝读 –e）。	+	–	–	–	–	–
9. 模韵帮系端组字（老派）读 – o（成渝读 –u）。	+	+	–	–	–	–
10. 咸山宕摄入声一等开口见系读 –ə/ – e（成渝读 – o）。	+	+	+	–	–	+
11. 咸山开口入声一二三等帮端知系字读 –æ。	+	–	–	–	–	–
12. 曾一、梗二开入声帮端知见系字读 –æ（成渝读 – e）。	+	+	–	–	–	–

方言语音特点	川西南路	乐山	泸州	成都	重庆	北京
13. 深臻曾梗入声二三等开口庄组读 -æ（成渝读 -e）。	+	+	-	-	-	-
14. 山摄合三四等、宕江开二三等入声精组见系字读 -io。	+	+	-	-	-	-
15. 臻入声合口一三等帮知系端泥组读 -o（成渝读 -u）。	+	+	-	-	-	-
16. 臻入声合口三等精见组读 -io（成 -io；乐泸渝 -iu）。	+	-	-	+		
17. 深臻曾梗入声三四等开口帮端见系（缉质迄职昔陌₌锡）读 -ie。与咸山三四等开口帮端见系（叶业帖薛月屑）同（成泸 -ie/ -i；渝读 -I）。	+	+	+	+		-
18. 深臻曾梗入声三等开口知章组（缉质职昔）字读央元音 -ə/ -ɚ/ -ʅ。	+	+	+	-	-	-
19. 曾梗入声三等合口见系、通入三精组见系读 -io（"域疫肃局"，成 -io；乐泸 -yo/ -yu；渝 -iu）。	+	+	+	+	-	±
20. 通摄入声帮知系、端泥组读 -o（成渝 -u；泸 -yu/ -u）。	+	+	-	-	-	-
21. 入声独立，不归阳平。	+	+	+	-	-	±

三　南路话和湖广话的相似度

为了客观地比较南路话与湖广话的语音系统在多大程度上相似，以及这 6 个方言之间在语音系统上的相对距离，我们把表 1

中各点的相似条数进行统计后，转化成相应的数值，可以更直观地看到它们的相似程度。下面将转化的方法进行说明。

"南路话与湖广话语音特征及权重数值表"说明：

1. 语音特点数值：上表 1 中，每两点之间，同行同号为 1 个语音相似点，"相似特征数"数值积分为 1。

2. 语音特点权重数值：在汉语中，所有声母、韵母和声调出现的频率是不一样的，某个音位（包括调位）出现频率越高，它在音系特点中所占的比重就越大，方言特征的表现也越明显。如果一个汉语方言音系中，调类数为 5，声母数为 20，韵母数为 40，那么在一段 40 音节的话语中，每一个声调、声母、韵母出现的概率之比就为 8：2：1。我们在方言的语音特点的数值比较中，引入某个语音特点出现的概率因素，目的是使统计数更接近语音特点在方言使用中的实际地位，例如提高声调在方言语音特点比较中的权重，这与汉语声调特点在方言分区中的重要地位是一致的，也与人们对方言声调的明显的感知是一致的。

在南路话与成渝等地方言语音特征比较中，引进语音特点出现概率的权重数值，以每个方言平均声、韵、调数为 20 个、40 个、5 个①，则声母、韵母和调类出现概率之比应为 2：1：8。表 1 中的每两方言点，声母特点相似权重数值记为 2（第 1、2、3 条），调类特点相似则为 8（第 21 条），韵母特点相似则为 1（其余各条）。如果两方言点的 21 个语音特点都相似，最高数值积分是 31；都不相似则是 0。

---

① 这里讨论的每个方言的声母、韵母和调类数比较接近，而略有不同。如成渝话和北京话的声调数都是 4 个，在说话中出现的概率会更高一些。这里取近似的平均数。

按以上方法，每两方言点之间，相似语音特征数值及其权重数值累计如下表（表2）。

表2 南路话与湖广话语音特征数及权重数值表

方言点	相似特征数	加权的相似特点条和加权值①	相似特征权重数
南路－乐山	16	1/2/21；1＋1＋7＝9；	16＋9＝25
南路－泸州	11	1/2/3/21；1＋1＋1＋7＝10；	11＋10＝21
南路－成都	7	1/2/3；1＋1＋1＝3；	7＋3＝10
南路－重庆	3	1/2；1＋1＝2；	3＋2＝5
南路－北京	1	0	1＋0＝1
成都－重庆	17	1/2/21；1＋1＋7＝9；	17＋9＝26
成都－北京	11	0	11＋0＝11
成都－乐山	8	1/2；1＋1＝2；	8＋2＝10
成都－泸州	15	1/2/3；1＋1＋1＝3；	15＋3＝18
重庆－北京	13	0	13＋0＝13
重庆－乐山	8	1/2/3；1＋1＋1＝3；	8＋3＝11
重庆－泸州	13	1/2；1＋1＝2；	13＋2＝15
北京－乐山	5	0	5＋0＝5
北京－泸州	11	0	11＋0＝11
泸州－乐山	14	1/2/21；1＋1＋7＝9；	14＋9＝23

———————————

① 例如：第一行"南路—乐山"栏，"1/2/21；1＋1＋7＝9"，表示加分的是第1、2、21条相似（分别是声母和声调），应在原来的每相似条（已计1分）之上再加1分、1分和7分，共9分。以此类推。加分的只有"1、2、3、21"条，前三项是声母条件应记2分，21条是调类应记8分，所以应分别再加1分和7分。

　　我们将"表2"中的相似语音特征权重数做成"南路话与湖广话相似语音特征（权重数值）比较表"，如下：

表3　南路话与湖广话相似语音特征（权重数值）比较表

	川西南路	乐山	泸州	成都	重庆	北京
川西南路	——	25	21	10	5	1
乐山	25	——	23	10	11	5
泸州	21	23		18	15	11
成都	10	10	18	——	26	11
重庆	5	11	15	26	——	13
北京	1	5	11	11	13	——

　　上表中每两两方言间相似语音特征权重数值与最大值（31）的百分比，即是方言间"语音特征相似度"，以此做出"南路话与湖广话语音相似度表"，如下：

表4　南路话与湖广话语音相似度表

	川西南路	乐山	泸州	成都	重庆	北京
川西南路	——	81%	68%	32%	16%	3%
乐山	81%	——	74%	32%	35%	16%
泸州	68%	74%		58%	48%	35%
成都	32%	32%	58%	——	84%	35%
重庆	16%	35%	48%	84%	——	42%
北京	3%	16%	35%	35%	42%	——

以川西南路话与其他 5 个点的 21 个语音特征相比较，能反映出这些方言之间相对的语音差别。相似度越大，两方言语音特点差别越小，方言间关系应越近；相似度越小，两方言语音特点相差越大，方言间关系应越远。表中可以看出：

川西南路话、乐山话、泸州话的距离近（相似度≥68%），成都话和重庆话的关系最近（相似度＝84%），形成南路话和湖广话的两大方言的分组。

成都话、重庆话与川西南路话、乐山话的距离远（相似度≤35%）。重庆话和川西南路话的关系最远（相似度＝16%）。在一连串相邻的方言中，语音差别越大的方言历史距离越远，所以重庆话和川西南路话应是两大方言分区中各自的典型方言。

方言间相似度值都没有到达最大（100%），说明川西南路话周围的方言（乐山话、泸州话）都有了不同程度的变化；重庆话周围的方言（成都话）也有了不同程度的变化。

泸州话既与川西南路话同在一块（相似度＝68%），与成渝话的相似度也在 58%～48%，说明它是南路话中受成渝话影响较多的过渡型的方言。

北京话与四川重庆各方言距离都比较远，距重庆话（相似度42%）近一些，距乐山话（相似度16%）、南路话（相似度3%）尤其远，既符合于现在通行的方言分区的大的界线，又提示我们，在北方方言内，南路话在方言分区上的距离是大大远于成渝话的。

四 从南路话与湖广话的音系差异看它们的历史关系

比较南路话与湖广话（成渝话）对立的语音特点，川西南路话和重庆话应成为代表。因为，从明清时期由湖北经川东向川西的移民历史来看，这两个地区大致位于最远点即影响最弱点，和最近点即影响最强点；从我们所分析的方言的地理位置看，这两个地区处在一连串相邻方言的两端；从前文得出的四川重庆地区方言语音特征的相似度来看，这两个地区的语音特征相似度最小。所以，我们将川西南路话作为岷江沿岸地区方言语音的代表，将重庆话作为成渝地区方言语音的代表①。从本文第二节的21条语音特点中，我们归纳出南路话与湖广话相区别的下述9条语音特征，并试分析这些特征之间的关系。

从南路话与湖广话（即成渝话）对立的语音特点看，南路话不是湖广话的进一步演化和延续。从南路话的9个语音特征可以看到它们的对立（以重庆话代表湖广话）：

1. 南路话泥来母洪混细分，区分"泥离"（参见本文第二节第3条），是与《切韵》音系相应的，重庆话则洪细全混，和三峡东面的武汉话一样。如果根据明清移民语言从东向西覆盖的假设，我们不能解释为何在较早移民的东部地区已经不分了，而向西延伸后又反而能分了，更西面的方言点，特别是岷江西南岸区域，无论是崇州话还是泸州话，都是区分的，这提示这个特征

①　如前文所述，岷江沿岸地区方言中，暂不涉及自贡为代表的仁富小片方言和雅安为代表的棉雅小片方言。

是南路话固有的，不是明清移民音系带来的。乐山话位于东西的中间地带，不分了，应是受东面重庆等地方言的影响。成都话位于湖广话的西端，区分"泥离"，这是南路话留下的底层。

2. 南路话蟹山摄舒声合口一等端组（山摄又泥组）字读开口，"对端暖乱"等字读 – ei／– an（参见本文第二节第 5 条）。初一看，这有点像武汉话语音特点。可是进一步比较，武汉话失去 – u – 介音的范围要宽得多，特别是武汉话蟹止摄泥组一三等字也读开口，如"内雷累垒泪类"。而这些字南路话是读合口的，并不与武汉话一致。所以"对端暖乱"等字读开口的现象，应该是南路话独立的演变，不与成都话重庆话同，也不与武汉话相牵连。

3. 南路话果摄一等字多数读 – u，遇摄一等字老派读 – o、新派读 – u（参见本文第二节第.6、9 条）。南路话的果摄一等字的主元音后高化了，抢先占住了 8 号元音的位置，使模韵的主元音滞留在中古的 – o 韵原位置（老派），臻、通摄入声字也同样滞留在 – o 位置。新派南路话模韵高化为 – u，与果摄一等合流，这可能是强势方言模韵字的影响（参见本文第二节第 15、20 条，又参见本节第 6 条的讨论）。这是一个音系内部元音之间的变动形成的格局。而重庆话的果摄遇摄一等字读 – o、遇摄一等字 – u 则是与北京话同样的演变。所以，南路话与重庆话在这一点上的不同，也不是偶然的，是各自的音系内部不同的演变历史形成的。泸州话和乐山话在果摄一等字读法上，已向湖广话演变了，在遇摄一等字读法上，还留有川西南路话旧读的痕迹（参见本文第二节第 6、9 条）。

4. 南路话麻三精组见系字韵母读 – i，如"姐泻谢爷"，包括泸州话、乐山话在内，南路话至今保持这个读法（参见本文第二节第7条）。南路话音系中另有韵母 – ie，例如咸山深臻曾梗三四等入声字，如"蝶接立集"。重庆话中的麻三精见组字读 – ie，是西南官话的普遍的读音，与咸山三四等字同，"斜协"同音，与北京话韵类分组相一致（参见本节第7条）。南路话与湖广话中麻三精见组字的韵母演变是各不相同的。

5. 南路话的一大特点是有一大群韵母读 – æ 的入声字，咸深山臻曾梗开口入声一二三等字韵母都读 – æ，如"答腊白色"。（南路话另有舒声韵母 – ɑ，如"他麻佳"。）（参见本文第二节第11、12、13条）这些字的韵母，重庆话要分别读成低元音 – a（咸山一二等）和半高元音 – e（其余），这是沿袭中古音的区别，也是西南官话中的普遍情况。这些在《切韵》中主元音分别为低、中、高的韵在南路话中合并成一个次低元音，我们尚不清楚其演变的过程。但是，显然南路话的这种演变与东面大片的成渝话（如重庆话）没有沿袭的关系。湖广话保持了西南官话普遍的 – a 和 – e 的两分，而且南路话合并成了一个特有的入声韵的 – æ，与成渝话形成明显的不同。

6. 南路话的又一大特点是有一大群韵母读 – o/ – iǫ 的入声字（变体 – ɵ/ – iɵ），山臻曾梗通合口和宕江开口入声字大部分韵母读 – o/ – iǫ。值得注意的是，南路话遇摄一等和山臻通摄一等合口入声字的韵母同是 – o；成渝话却是臻通摄一等合口入声字读 – u，而山摄读 – o。"拨/不"、"夺/毒"，在南路话同音，而在成渝话不同音。成渝话分组与北方官话相同，而南路话的分组却不一样。南路话与重庆话的这个差别不能用相互延续的演变来解释。我们认为，山、果、遇、臻、通摄入声的这几个韵的演变可以这样解释：

湖广话的变化：

$$中古 \longrightarrow 近代 \longrightarrow 现代①$$

山一入：uɑ ⟶ o ⟶ o

果一 ：ɑ/uɑ ⟶ o ⟶ o

遇一 ：o ⟶ u ⟶ u

通一入：ok/uk ⟶ u ⟶ u

臻一入：uət > ot ⟶ u ⟶ u

湖广话的演变中，入声尾失去较快，通臻摄的入声韵与模韵较早地相混了；而果摄高化相对慢一些，第一步到了 o 的位置，为模韵的高化为 u 留出了空间。

南路话的变化：

$$中古 \longrightarrow 近代 \longrightarrow 现代$$

山一入：uɑ ⟶ ɔʔ ⟶ ɵ > o 入声

果一 ：ɑ/uɑ ⟶ u ⟶ u / ɯ

遇一 ：o ⟶ o ⟶ o

通一入：ok/uk ⟶ ɔʔ ⟶ ɵ > o 入声

臻一入：uət > ot ⟶ ɔʔ ⟶ ɵ > o 入声

南路话的变化中，入声尾失去较慢，只是山通臻入声相混，保留了入声韵与非入声韵的区别，至今保留了入声调（和一部

---

① 语音演变的时代，除现代以外，其余的两个时期与语音变化的对应不是绝对的，下面的构拟只是表示出现过这些变化过程。

分韵）；而果摄的高化则很快，占住了 – u 的位置，使模韵的 – o
停滞在原位。以上演变构拟大致能说明湖广话和南路话这几个韵
摄分组不同的原因。

7. 南路话深臻曾梗入声三四等开口帮端见系读 – ie，如
"集笔力激"等字。重庆话和北京话在音系分组上有个相同处，
就是：咸山摄三四等开口帮端见系入声字读 – ie，深臻曾梗摄相
应字读 – i 。这是从中古音系继承下来的区别，而南路话不同于
这个区别，咸山深臻曾梗入声三四等帮端见系字同音，如"接
结集节极积"音 tɕie。（参见本文二节 17 条）湖广话和南路话
中，麻三精见组字和咸山深臻曾梗入声三四等开口入声的演变可
以这样构拟：

湖广话的变化：

	中古晚	→ 近代	→ 现代
麻三	：ia	→ iɛ	→ ie
咸山	：*iɛp/t/k	→ iɛ	→ ie
深臻曾梗	：*iəp/t/k	→ i	→ i
支	：ɜi	→ ɨ	→ i
脂之	：i/ɨ	→ ɨ	→ i

成渝话中，入声尾失去较快，咸山的入声韵与麻三的阴声韵
较早地相混，深臻曾梗摄的入声韵和止摄的阴声韵较早地相混，
保留了两类元音的区别，继而连入声调也归入阳平；而麻三与咸
山摄入声三四等字合流为 – iɛ 后，高化停止，成为现代的 – ie。

南路话的变化：

	中古晚	→ 近代	→ 现代
麻三	： ia	→ ie	→ i

咸山　　：＊iɛp/t/k ⟶ iɛʔ ⟶ ie 入声

深臻曾梗：＊iəp/t/k ⟶ iɛʔ ⟶ ie 入声

支　　　：ɜi ⟶ ɨ ⟶ i

脂之　：i/ɨ ⟶ ɨ ⟶ i

南路话中，入声尾失去较慢，入声调很明显，以致咸山深臻曾梗元音同化为一，保留了与阴声韵的区别，至今保留了入声调；而麻三的高化为 ie 后，没有同类合流的限制（因为咸山还是入声－iɛʔ），畅通无阻地继续高化，与止摄合流成为现代的 －i。

8. 南路话深臻曾梗入声开口三等知章组字读央元音－ɘ/ᶕ或－ʅ，如"十伐直石"（参见本文第二节第 18 条）。在湖广话中，这些字韵母读－ʅ，与止摄的非入声字相混了，如"时十石"、"雌池迟词持赤尺"同音。而南路话却分得很清楚，声调和韵母都不相同。如果用明清移入的湖广话覆盖四川方言的观点，何以解释为何这些原在湖广话同音的字在南路话又分开了，而且分得合于古入声系统？

9. 南路话中古入声字今独立成调，所有的南路话都是这样（参见本文第二节第 21 条）。重庆话和成都话等则表现了西南官话的特点：古入声字读阳平调。同时还要注意，不仅仅是把南路话的入声调值改过来就成了湖广话，如上所述，南路话中的这些入声字韵母读音也成系统地不同于成渝话。南路话和成渝话在声调系统上的差别，至少要追溯到中古音系。

南路话与湖广话的区别弄清后，可以更清楚地看到它们的互相影响。

南路话的语音对湖广话的影响，可以从它邻近的成都话观察

到。例如，成都话中泥来母洪混细区，这本是南路话的特点
（参见本文第二节第 3 条）；又如，成都话（老派）深臻曾梗入
声三四等开口帮端见系读 - ie，这也是南路话的特点（参见本文
第二节第 17 条）；这些都是南路话在成都话中留下的底层。所
以，没有这些语音特点的重庆话才应该是湖广话的典型。

湖广话对南路话的影响则比较晚近。例如，乐山话的泥来母
字不分（参见本文第二节第 3 条），应该是重庆话的影响；泸州
话区分"绝月/脚学"（参见本文第二节第 14 条）、"橘屈"读
tɕyu44（南路话这 6 字同音 - io，参见本文第二节第 16 条），也
应是重庆话的影响。由于成都市的地区经济中心的地位，南路话
受其同化，例如：南路话的旧音"蔗者"读 tsai，模韵字读 - o，
麻三精见组字读 - i，在当地青年口中这些字的读音正变得与成
都话相同。这是南路话正在丢失原有的一些语音特点。

总之，南路话与湖广话（重庆话为代表）的语音差别，音
系中声、韵、调无论是分还是合，都是各自相承于（比《切韵》
略晚的）中古音系的，是以中古音类为条件的。南路话并不表
现出它是湖广话的分支，或者相反。南路话和湖广话两片方言音
系内部结构的不相包容，这个现象很有力地说明，南路话不是明
清之际"湖广填四川"带来的湖广话在川西南地区演变的结果，
南路话应是元末以前的四川本地汉语方言的后裔。

根据南路话的特点，我们建议将它从现代汉语方言分区中的
西南官话中划出。南路话应与江淮官话一样，成为汉语北方方言
的又一个次方言，可以称之为"岷江方言"。

参考文献：

[1] 中国社会科学院，澳大利亚人文科学院. 中国语言地图集 ［M］. 香港：香港朗文出版公司，1987.

[2] 崔荣昌. 四川方言的形成 ［J］. 方言，1985 (1).

[3] 周及徐. 从移民史和方言分布看四川方言的历史层次（见本书）.

[4] 崔荣昌. 四川境内的湘方言 ［M］. 台北："中央研究院"历史语言研究所，1996.

[5] 周及徐. 四川西南地区方言音系调查研究（国家社会科学基金项目 08BYY015，2011）.

[6] 杨时逢. 四川方言调查报告 ［M］. 台北："中央研究院"历史语言研究所，1984.

[7] 北京大学中国语言文学系语言学教研室. 汉语方音字汇（第二版）［M］. 北京：文字改革出版社，1989.

On Phonetic Features in Nanlu Speech and Huguang Speech and on the Historical Relationship between the two dialects in Sichuan Province

Zhou Jixu

(Chinese Department, Sichuan Normal University, Chengdu Sichuan 610068, China)

Abstract：The phonetic difference between Nanlu speech and Huguang speech could be traced back to the Qeiyun phonetic system, and related to ancient Middle Chinese Sound System. NANLU speech does not show that it is from the Huguang speech, and so do they in contrary direction. The structure of the two speeches' Phonetic systems do not contain mutually, the phenomenon denies the argument that Nanlu speech is as a result of the immigrants from Hubei and Hunan provinces to Sichuan province in the Min dynasty (1368 – 1644 AD) and the Qing dynasty (1644 – 1911 AD). Nanlu speech should be the heir of the native dialect in Sichuan province before the end of the Yuan dynasty (1368 AD).

从宜宾泸州地区的几条同言线
看其方言类型[①]

张　驰[②]

内容提要：用对四川西南地区方言内部再分区的语音标准，考察宜宾、泸州地区的方言音韵结构，在此基础上寻找其中的同言线，根据音韵结构特征及同言线的走向确定该区域内县市的方言类型。我们认为，自贡、筠连属于仁富小片类型，宜宾等其他地方属于南路话类型。另外，南路话与湖广话有不同来源。

关键词：音韵结构　同言线　方言类型　南路话　湖广话

---

　　① 基金项目：国家社会科学基金项目（2008），四川西南地区方言研究，项目批准号08BYY015。
　　② 作者简介：张驰（1986-　），男，四川西昌人，四川师范大学文学院2008级汉语言文字学硕士研究生。

前　言

本文研究的主要对象是宜宾、泸州两个地级市所辖地区的方言音系，此研究是以县级行政区为单位的中观布点的调查研究。除去尚未调查和未制作数据库的宜宾县、屏山县以外，主要包括的县市有宜宾地区的宜宾市、高县、筠连、南溪、长宁、珙县、江安、兴文；泸州地区的泸州、泸县、合江、叙永、古蔺。另外，本文还将成都市区方言音系、自贡市区方言音系一同纳入横向比较的范围。合计方言点 15 个。

几条同言线

在导师周及徐教授的《南路话和湖广话的语音特点——兼论四川两大方言的历史关系》一文中，提出了 21 条语音特点作为分类学标准。其中，一部分是整个川西南方言共有的特征，而另一些则是某些方言点所特有的。本文将选取针对宜宾、泸州地区内部方言点具有区别性的一些特征作为考察的切入点。

1. 龈音、卷舌音声母的分混及分布（古知系声母今读音卷舌与否的情况）

（1）古知庄章组声母

1）知二、照二内转今读音：

例字	择	争	初	崇	生
中古音	澄陌入	庄耕平	初鱼平	崇东平	生庚平
宜宾	tshe33	tsen35	tshu35	tshoŋ31	sen35
高县	tshei23	tsen45	tshu45	tshoŋ21	sen45
筠连	tshei313	tsen45	tshu45	tshoŋ31	sen45
南溪	tshɛ33	tsen35	tshu35	tshoŋ31	sen35
长宁	tshe24	tsen45	tshu45	tshoŋ21	sen45
珙县	tshe23	tsen45	tshu45	tshoŋ21	sen45
江安	tshei33	tsen35	tshu35	tshoŋ21	sen35
兴文	tshe33	tsen45	tshu45	tshoŋ31	sen45
泸州	tshɛ44	tsen55	tshu55	tshoŋ41	sen55
泸县	tshɛ324	tsen35	tshu35	tshoŋ31	sen35
合江	tshɛ33	ts ɛn55	tshu55	tshoŋ41	s ɛn55
叙永	tshɛ33	tsen45	tshu45	tshoŋ31	sen45
古蔺	tshe44	tsen45	tshuɜ45	tshoŋ31	sen45
自贡	tshe223	tsen35	tshu35	tshoŋ21	sen35
成都	tshe21	tsen45	tshu45	tshoŋ21	sen45

2）知二、照二外转今读音：

例字	桌	茶	插	柴	山
中古音	知觉入	澄麻平	初咸入	崇佳平	生山平
宜宾	tʂɵ33	tʂhʌ31	tʂhʌ33	tʂhai31	ʂan35
高县	tsɵ23	tshʌ21	tshæ23	tshai21	san45
筠连	tʂo313	tʂhɑ31	tʂhɑ313	tʂhai31	ʂan45
南溪	tɕiɵ33	tshʌ31	tshæ33	tshai31	san35
长宁	tsuɵ24	tshʌ21	tshæ24	tshai21	sã45
珙县	tsʉɵ23	tshʌ21	tshæ23	tshai21	san45
江安	tʂʉ33	tshʌ21	tshæ33	tshai21	san35
兴文	tsʉ33	tshɑ31	tshæ33	tshai31	san45
泸州	tsɵ44	tshʌ41	tshæ424	tshai41	san55
泸县	tso324	tshʌ31	tʂhʌ324	tshai31	san35
合江	tsʉ33	tshʌ41	tshæ33	tshai41	san55
叙永	tsɵ33	tshɑ31	tshʌ33	tshai31	sæn45
古蔺	tsɵ44	tshʌ31	tshæ44	tshai31	sæn45
自贡	tʂo223	tʂhʌ31	tʂhʌ223	tʂhai31	ʂan35
成都	tso21	tshʌ21	tshʌ21	tshai21	san45

3）知三、照三开口今读音：

例字	征	丑	潮	招	正	唱	身	时
中古音	知蒸平	彻有上	澄宵平	章宵平	章劲去	昌漾去	书真平	禅之平
宜宾	tʂen35	tʂʰəu52	tʂʰau31	tʂau35	tʂen213	tʂʰaŋ213	ʂen35	ʂʅ31
高县	tsen45	tsʰəu41	tsʰau21	tsau45	tsen323	tsʰaŋ323	sen45	sʅ21
筠连	tʂen45	tʂʰəu53	tʂʰau31	tʂau45	tʂen313	tʂʰaŋ313	ʂen45	ʂʅ31
南溪	tsen35	tsʰəu41	tsʰau31	tsau35	tsen213	tsʰaŋ213	sen35	sʅ31
长宁	tsen45	tsʰəu41	tsʰau21	tsau45	tsen213	tsʰã213	sen45	sʅ21
珙县	tsen45	tsʰəu42	tsʰau21	tsau45	tsen213	tsʰaŋ213	sen45	sʅ21
江安	tsen35	tsʰəu41	tsʰau21	tsau35	tsen213	tsʰaŋ213	sen35	sʅ21
兴文	tsen45	tsʰəu51	tsʰau31	tsau45	tsen324	tsʰaŋ324	sen45	sʅ31
泸州	tsen55	tsʰəu551	tsʰau41	tsau55	tsen424	tsʰaŋ424	sen55	sʅ41
泸县	tsen35	tsʰəu551	tsʰau31	tsau35	tsen324	tsʰaŋ324	sen35	sʅ31
合江	tsɛn55	tsʰəu51	tsʰau41	tsau55	tsɛn324	tsʰan324	sɛn55	sʅ41
叙永	tsen45	tsʰəu52	tsʰau31	tsau45	tsen334	tsʰaŋ334	sen45	sʅ31
古蔺	tsen45	tsʰəu52	tsʰau31	tsau45	tsen423	tsʰaŋ423	sen45	sʅ31
自贡	tʂen35	tʂʰəu41	tʂʰau31	tʂau35	tʂen223	tʂʰaŋ223	ʂen35	ʂʅ31
成都	tsen45	tsʰəu42	tsʰau21	tsau45	tsen213	tsʰaŋ213	sen45	sʅ21

4）深臻曾梗摄开口三四等入声知系今读音（前3字舒声、后4字入声）：

例字	知	持	是	十	实	直	尺
中古音	知支平	澄之平	禅纸上	禅缉入	船质入	澄职入	昌昔入
宜宾	tʂʅ35	tʂhʅ31	ʂʅ213	ʂə33	ʂe33	tʂə33	tʂhə33
高县	tsʅ45	tshʅ21	sʅ323	ʂʅ23	ʂʅ23	tsɛ23	tʂhʅ23
筠连	tʂʅ45	tʂhʅ31	ʂʅ313	ʂʅ313	ʂʅ313	tʂʅ313	tʂhʅ31
南溪	tsʅ35	sʅ31	sʅ213	çi33	çi33	tçi33	tçhi33
长宁	tsʅ45	tshʅ21	sʅ213	ʂʅ24	ʂʅ24	tʂʅ24	tʂhʅ24
珙县	tsʅ45	tshʅ21	sʅ213	ʂʅ23	ʂʅ23	tʂʅ23	tʂhʅ23
江安	tsʅ35	tshʅ21	sʅ213	ʂʅ33	ʂʅ33	tʂʅ33	tʂʅ33
兴文	tsʅ45	tshʅ31	sʅ324	ʂʅ33	ʂʅ33	tʂʅ33	tʂhʅ33
泸州	tsʅ55	tshʅ41	sʅ424	ʂʅ44	ʂʅ44	tsʅ44	tshʅ44
泸县	tʂʅ35	tʂhʅ31	ʂʅ324	ʂʅ324	ʂʅ324	tʂʅ324	tʂhʅ324
合江	tsʅ55	tshʅ41	sʅ324	sʅ33	sʅ33	tsʅ33	tshʅ33
叙永	tsʅ45	tshʅ31	sʅ334	sə33	sə33	tsə33	tshə33
古蔺	tsʅ45	tshʅ31	sʅ423	se44	se44	tse44	tshe44
自贡	tʂʅ35	tʂhʅ31	ʂʅ223	ʂʅ223	ʂʅ223	tʂʅ223	tʂhʅ223
成都	tsʅ45	tshʅ21	sʅ213	sʅ21	sʅ21	tsʅ21	tshʅ21

从上面四个表我们可以看出，该区域平翘舌的分合情况可分为三组五类（表中"—"代表平舌，"＋"代表翘舌，"ø"代表腭化，另加入北京话作比较）：

组别	类别	方言点	音韵结构			
			知二照二内转	知二照二外转	知三照三	深臻曾梗摄开口三四等知系入声
甲	A	合江、叙永古蔺、成都	—	—	—	—
	B	南溪	—/ø	—/ø	—/ø	—/ø
乙	C	高县、长宁珙县、江安兴文、泸州	—	—	—	+
	D	泸县	—	—	—/+	+
丙	E	宜宾、筠连自贡	—	+	+	+
		北京	+	+	+	+

　　南溪的部分字发生了腭化现象，声母变为/tɕ/、/tɕh/、/ɕ/。泸县的止摄开口知系字读翘舌，如"知"、"持"、"痴"、"时"、"是"。但是，总体来讲，这两个方言点的大部分知庄章组字还是读平舌的。所以，可以将 B、D 两类分别看作 A、C 两类的变体。

　　另外，对比 E 类和北京话，我们也能看出差异所在。四川地区以成都、重庆为代表所形成的区域共同语都是读作龈音的

（即常人所谓"不分平翘舌"），往往给人以整个四川地区全都如此的印象。但实际上却有另外一部分方言点是要区分的。可是，这些方言点平龈音与卷舌音的分野和北京话不同，北京话基本是知字都读卷舌音、精组字读龈音；而 E 类是知二、照二内转读龈音，与精组字混同；其余知系字读卷舌音（日母字的龈音、卷舌音分混见下文）。两者的分界线是不同的。也就是说，E 类地区卷舌音声母的辖字要比北京话少。它也不同于知庄章组字在胶辽官话的青州片、登连片分甲乙组的情况。另外，熊正辉在《官话区方言分 ts tʂ 的类型》一文中也将北方官话分为济南型、昌徐型、南京型三类[2]：（一）济南型，以济南话为代表。济南型知庄章三组字今全读 tʂ 组声母，没有例外。（二）昌徐型，以昌黎话和徐州话为代表。昌徐型今读开口呼的字，知组二等读 ts 组，三等读 tʂ 组，庄组全读 ts 组；章组除止摄开口三等读 ts 组，其他全读 tʂ 组。昌徐型知庄章组今读合口呼的字，有的方言全读 tʂ 组，如徐州话。有的方言全读 ts 组，如陕西商县（张家源）话。昌黎话也属这一类，但 [u] 韵母的字读 tʂ 组，略为特殊一点。也有的方言要看今读合口呼的字来自哪个摄。有些摄来的字读 ts 组，有些摄来的字则读 tʂ 组。营县话就属这种情况。（三）南京型，以南京话为代表。南京型庄组三等的字除了止摄合口和宕摄读 tʂ 组，其他全读 ts 组；其他知庄章组字除了梗摄二等读 ts 组，其他全读 tʂ 组。由此可见，自贡、宜宾、泸州地区的龈音、卷舌音分野又为知庄章今读音分合关系提供了一种新的类型。

进一步归类，乙组虽然深臻曾梗摄开口三四等知系入声字读为卷舌音，但它本质上与知系字平舌的读音是互补分布，且辖字所占比例也较小，故应将这些方言点算作非卷舌的区域（成都周边地区，如郫县等地，也有类似情况）。从下文日母字的声母读音也能看出，乙组当与甲组归为一类。那么，按照上面所分的类型，甲乙两组为非卷舌的区域，丙组为区分卷舌的区域。我们可以得到该区域声母卷舌与否的特征图（图1）。

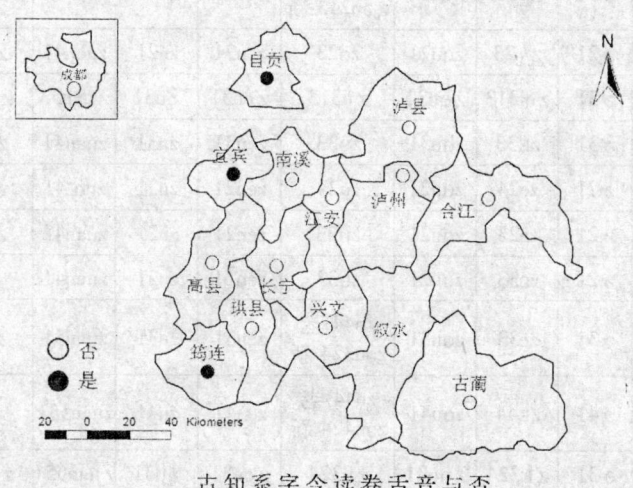

古知系字今读卷舌音与否

图1

　　图中，仅自贡、筠连、宜宾三地属于区分龈音、卷舌音的区域，即丙组；而其他县市均不分，知系字基本混入精组字。同言线的两侧，一侧是典型的仁富小片的特征——龈音与卷舌音按丙组的情况产生分野；另一侧则是川西南地区的大趋势——没有卷舌音，知系字一律读为龈音。从掌握的其他情况来看，宜宾本应不与自贡、筠连一派，而在知系声母的卷舌问题上如此表现，我们尚难断定原因，或许是受仁富小片横向影响的结果，或许是本身固有的特征。

（2）古日母声母

例字	儿	热	饶	肉	人	如	软	日
中古音	日支平	日薛入	日宵平	日屋入	日真平	日鱼平	日狝上	日质入
宜宾	ɚ31	ʐe33	ʐɑu31	ʐθ33 老 ʐəu213 新	ʐen31	ʐu31	ʐuan52	ʐʅ33
高县	ɚ21	ʐʅ23	ʐɑu21	ʐθ23	zen21	zu21	zuan41	ʐʅ23
筠连	ɚ31	ʐei313	ʐɑu31	ʐu313	ʐen31	ʐu31	ʐuan53	ʐʅ313
南溪	ɚ31	zE33	zɑu31	zʉ33	zen31	zu31	zuan41	ʐʅ33
长宁	ɚ21	ze24	zɑu21	zu24	zen21	zu21	zuɑ̃41	ʐʅ24
珙县	ɚ21	ze23	zɑu21	zʉ23	zen21	zu21	zuan42	ʐʅ23
江安	ɚ21	zɛ33	zɑu21	zʉ33	zen21	zu21	zuan41	zi33
兴文	ɚ31	ze33	zɑu31	ʮɑ44 老 zəu324 新	zen31	zu31	zuan51	ʅ33
泸州	ɚ41	zE44	zɑu41	zu44 老 zəu424 新	zen41	zu41	zuan551	zɿ44
泸县	ɚ31	ʐE324	ʐɑu31	ʐu324	ʐen31	ʐu31	ʐuan551	ʐʅ324
合江	ɚ41	zE33	zɑu41	zʉ33 老 zəu324 新	zEn41	zu41	zuan41	zɿ33
叙永	ɚ31	zɛ33	zɑu31	zθ33	zen31	zu31	zuæn52	zə33
古蔺	ɚ31	ze44	zɑu31	zθ44	zen31	zʉɐ31	zuɐn52	ze44
自贡	ɚ31	ʐe223	ʐɑu31	ʐu223	ʐen31	ʐu31	ʐuan41	ʐʅ223
成都	ɚ21	ze21	zɑu21	zu21 老 zəu213 新	zen21	zu21	zuan42	zɿ21

古日母字在四川地区的读音都比较一致，止摄开口读作零声母的央元音，一些地区卷舌为/ɚ/，一些地区不卷舌或偏低一些，如/ə/、/ɐ/等。止摄之外的日母字都读作 z - 或 ʐ - /ʮ -。

　　宜宾、泸州地区，日母非止摄开口字龈音、卷舌音的选择与上文谈到的知庄章组声母的分类情况一致，大体说来，若属于甲组或乙组，则读 z－（乙组深臻曾梗三四等入声读卷舌 ʐ－）；若属丙组，则读 ʐ－或 ɻ－（ʐ－和 ɻ－的区别仅在于发音时摩擦的有无或程度不同，不影响音系结构）。一言以蔽之，日母字与知二照二外转是共变关系。而日母止摄开口字整齐划一地读作卷舌的/ɚ/，而并非依照声母龈音、卷舌音的分混来决定其卷舌与否，孤立在知庄章组之外独立发展。

　　那么，我们把整个知系联系起来看，宜宾、泸州地区大致的趋势是：知二、照二字混入精组洪音字，与其共变；知三、照三、日母非止摄开口字合成一个队伍；日母止摄开口特立独行，不再受知庄章组的管束。

　　2. 泥来母今读的分混

例字	南	兰	农	笼	泥	离	娘	良	女	旅
中古音	泥覃平	来寒平	泥冬平	来东平	泥齐平	来支平	泥阳平	来阳平	泥语上	来语上
宜宾	nan31	nan31	noŋ31	noŋ31	ni31	ni31	niaŋ31	niaŋ31	ny52	ny52
高县	nan21	nan21	noŋ21	noŋ21	ni21	ni21	niaŋ21	niaŋ21	ny41	ny41
筠连	nan31	nan31	noŋ31	noŋ31	ni31	ni31	ȵiaŋ31	niaŋ31	ȵy53	ȵy53
南溪	lan31	lan31	loŋ31	loŋ31	ȵi31	li31	ȵiaŋ3	liaŋ31	ȵy41	ȵy41
长宁	lã21	lã21	loŋ21	loŋ21	ȵi21	li21	ȵiã21	liã21	ȵy41	ȵy41
珙县	nan21	lan21	noŋ21	loŋ21	ni21	li21	niaŋ21	liaŋ21	ny42	ly42

例字	南	兰	农	笼	泥	离	娘	良	女	旅
江安	lan21	lan21	loŋ21	loŋ21	ȵi21	li21	ȵiaŋ21	liaŋ21	ȵy41	ȵy41
兴文	nan31	næn31	noŋ31	noŋ31	ȵi31	ni31	ȵiaŋ31	niaŋ31	ȵy51	ny51
泸州	lan41	lan41	loŋ41	loŋ41	ȵi41	li41	ȵiaŋ41	liaŋ41	ȵy551	ly551
泸县	lan31	lan31	loŋ31	loŋ31	ȵi31	li31	ȵiaŋ31	liaŋ31	ȵy551	ly551
合江	lan41	lan41	loŋ41	loŋ41	ȵi41	li41	ȵiaŋ41	liaŋ41	ȵy51	ly51
叙永	næn31	næn31	noŋ31	noŋ31	ȵi31	ni31	niaŋ31	niaŋ31	ȵy52	ȵy52
古蔺	næn31	næn31	noŋ31	noŋ31	niɪ31	niɪ31	niaŋ31	niaŋ31	nyɪ52	nyɪ52
自贡	lan31	lan31	loŋ31	loŋ31	ȵi31	li31	ȵiaŋ31	liaŋ31	ȵy41	ly41
成都	nan21	nan21	noŋ21	noŋ21	ȵi21	ni21	ȵiaŋ21	niaŋ21	ȵy42	ny42

　　四川地区泥来母今读音的分混，有三种类型：甲类是泥来全混，读 n– 或 l–，如古蔺；乙类是泥来全分，与北京话分野相同，如珙县；丙类是泥来一二等混，三四等分，如成都。另外，存在两种音位变体：一种是 l＞ȵ／– y，如，南溪、长宁、江安、叙永的"旅"字；另一种是 n＞ȵ／– ［＋高元音］，如筠连的"娘"、"旅"，叙永的"泥""旅"。这些变体不能构成独立的音位，因为在该点本身的音系中，这种变体是没有音韵规律可循的。比如，筠连的"泥"、"腻"读 n–，而"你"读 ȵ–。

　　将这些方言点分类处理，可得下表：

类别	方言点	音韵特征			
		泥一二（南）	来一二（兰）	泥三四（泥）	来三四（离）
甲	宜宾、高县、筠连、叙永、古蔺	n -			
乙	珙县	n -	l -	n -	l -
丙	（A）兴文、成都	n -		ŋ -	n -
	（B）南溪、长宁、江安、泸州、泸县、合江、自贡	l -		ŋ -	l -

根据此表的分类，我们便可以制作出该区域泥来母分混的方言特征图（图2）。

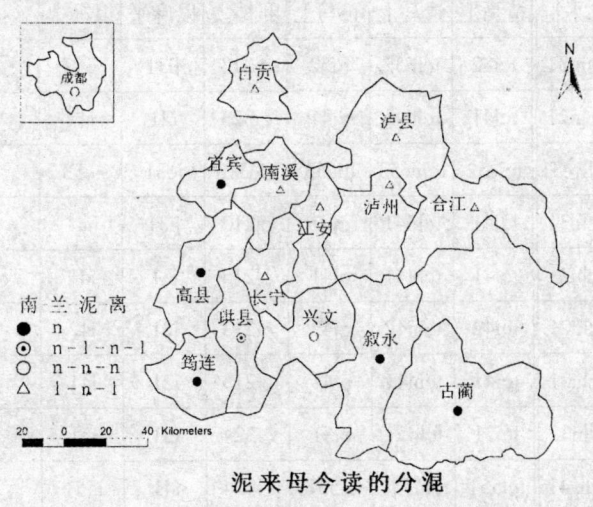

泥来母今读的分混

图2

图上最明显的部分是甲类与丙 B 类占据了大部分地区，且这两种类别形成连续分布（我们猜测，兴文南部邻接的云南威信很有可能也是属于甲类）。尤其是丙 B 类，形成泥母一二等和来母发边音 l－的格局，显然是由重庆派影响而来。验之于地图，合江东南为贵州赤水，合江东北为重庆江津、綦江等地。这些地区在泥来母的分混上皆属重庆派。在整个四川地区，泥来母的分混若属于丙类，则川西地区大都受成都影响，属于丙 A；川东地区大都受重庆影响，属于丙 B。至于珙县和兴文，可能需要更大量的样本采集、更密集的布点才能反映出更真实更准确的面貌。

（3）果开三见系与假开三精组见系的异同

例字	茄	姐	且	写	谢	爷	野	些
中古音	戈平群	精马上	清马上	心马上	邪祃去	以麻平	以马上	心麻平
宜宾	tɕhi31	tɕi52	tɕhi52	ɕi52	ɕi213	ji31	ji52	ɕi35
高县	tɕhi21	tɕi41	tɕhi41	ɕi41	ɕi323	i21	i41	ɕi45
筠连	tɕhye31	tɕie52	tɕhie53	ɕie53	ɕie313	ie31	ie53	ɕi45
南溪	tɕhi31	tɕi41	tɕhi41	ɕi41	ɕi213	ji31	ji41	ɕi35
长宁	tɕhi21	tɕi41	tɕhi41	ɕi41	ɕi213	i21	i41	ɕi45
珙县	tɕhi21	tɕi42	tɕhi42	ɕi42	ɕi213	i21	i42	ɕi45
江安	tɕhi21	tɕi41	tɕhi41	ɕi41	ɕi213	i21	i41	ɕi35
兴文	tɕhi31	tɕi51	tɕhi51	ɕi51	ɕi324	i31	i51	ɕi45
泸州	tɕhy41	tɕi551	tɕhi551	ɕi551	ɕi424	i41	i551	ɕi55
泸县	tɕhye31	tɕie551	tɕhie551	ɕie551	ɕie324	ie31	ie551	ɕi35

例字	茄	姐	且	写	谢	爷	野	些
合江	tɕhie41	tɕi51	tɕhi51	ɕi51	ɕi324	i41	ie51	ɕi55
叙永	tɕhi31	tɕi52	tɕhi52	ɕi52	ɕi334	ji31	ji52	ɕi45
古蔺	tɕhyɿ31	tɕiɿ52	tɕhiɿ52	ɕiɿ52	ɕiɿ423	jiɿ31	jiɿ52	ɕiɿ45
自贡	tɕhye31	tɕie41	tɕhye41	ɕie41	ɕie223	ie31	ie41	ɕi35
成都	tɕhie21	tɕie42	tɕhie42	ɕie42	ɕie213	ie21	ie42	ɕi45

　　通过果假之间的比较，我们很容易发现，假摄开口三等精组、见系字的韵母类型与果摄是完全一致的，如"且—茄"（个别点读音不一致，仅在于齐齿与撮口的区别，但类型上是一样的）。

　　在宜宾、泸州、自贡、成都地区，这一系列的字主要有四种读法，如图3。

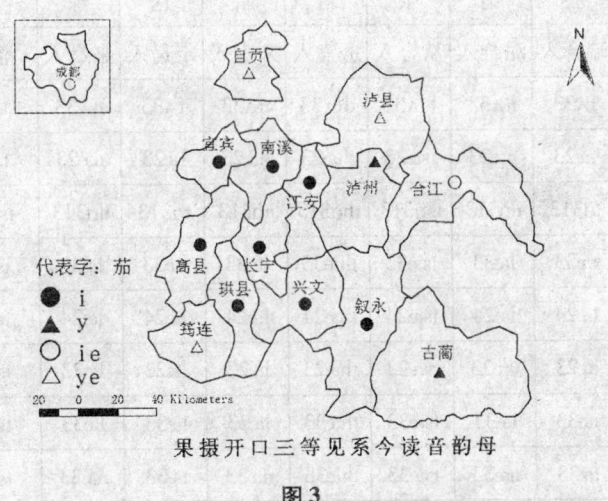

果摄开口三等见系今读音韵母

图3

从图中可以看出，大部分地区还是与总趋势相符，读作/i/，泸州及古蔺读作/y/，自贡、筠连、泸县读作/ye/，成都、合江读作/ie/。读/i/、/y/的两类与读/ie/、/ye/的两类是两种类型。图中以实心图标为图例的这一区域内部比较一致，而其北部、东北部则是另一种类型，很显然，这与成都、重庆的方言地理类型联系更紧密些。

这两种类型中，均是果摄开口三等见系与假摄开口三等精组、见系形成同变组。而他们的区别在于以宜宾为代表的这一类型，果摄开口三等见系、假摄开口三等精组见系字在韵母的读音上又都混同止摄。另一边，以成都为代表的类型则在韵母读音上与止摄不同。

（4）咸山摄开口一二等入声字今读主元音和调类

例字	答	纳	杂	塔	腊	达	辣	擦
中古音	端合入	泥合入	从合入	透盍入	来盍入	定曷入	来曷入	清曷入
宜宾	tʌ33	nʌ33	tsʌ33	thʌ33	nʌ33	tʌ33	nʌ33	tshʌ33
高县	tæ23	næ23	tsæ23	thæ23	næ23	tæ23	næ23	tshæ23
筠连	tɑ313	nɑ313	tsɑ313	thɑ313	nɑ313	tɑ313	nɑ313	tshɑ313
南溪	tæ33	læ33	tsæ33	thæ33	læ33	tæ33	læ33	tshæ33
长宁	tæ24	læ24	tsæ24	thæ24	læ24	tæ24	læ24	tshæ24
珙县	tæ23	næ23	tsæ23	thæ23	læ23	tæ23	læ23	tshæ23
江安	tæ33	læ33	tsæ33	thæ33	læ33	tæ33	læ33	tshæ33
兴文	tæ33	næ33	tsæ33	thæ33	næ33	tæ33	næ33	tshæ33

例字	答	纳	杂	塔	腊	达	辣	擦
泸州	tæ44	læ44	tsæ44	thæ44	læ44	tæ44	læ44	tshæ44
泸县	tʌ324	lʌ324	tsʌ324	thʌ324	lʌ324	tʌ324	lʌ324	tshʌ324
合江	tæ33	læ33	tsæ33	thæ33	læ33	tæ33	læ33	tshæ33
叙永	tʌ33	nʌ33	tsʌ33	thʌ33	nʌ33	tʌ33	nʌ33	tshʌ33
古蔺	tæ44	næ44	tsæ44	thæ44	næ44	tæ44	næ44	tshæ44
自贡	tʌ223	lʌ223	tsʌ223	thʌ223	lʌ223	tʌ223	lʌ223	tshɑ223
成都	tʌ21	nʌ21	tsʌ21	thʌ21	nʌ21	tʌ21	nʌ21	tshʌ21

例字	插	八	杀	铡	法	發
中古音	初洽入	帮黠入	生黠入	崇鎋入	非乏入	非月入
宜宾	tʂhʌ33	pʌ33	ʂʌ33	tsʌ33	fʌ33	fʌ33
高县	tshæ23	pæ23	sæ23	tsæ23	fæ23	fæ23
筠连	tʂhɑ313	pɑ313	ʂ ɑ313	tʂɑ313	fɑ313	fɑ313
南溪	tshæ33	pæ33	sæ33	tsæ33	fæ33	fæ33
长宁	tshæ24	pæ24	sæ24	tsæ24	fæ24	fæ24
珙县	tshæ23	pæ23	sæ23	tsæ23	fæ23	fæ23
江安	tshæ33	pæ33	sæ33	tsʌ213	fæ33	fæ33
兴文	tshæ33	pɑ33	sæ33	tsæ33	fæ33	fæ33
泸州	tshæ424	pæ44	sæ44	tsæ44	fæ44	fæ44
泸县	tʂhʌ324	pʌ324	sʌ324	tsʌ324	fʌ324	fʌ324

例字	插	八	杀	铡	法	發
合江	tshæ33	pʌ55	sæ33	tsan51	fæ33	fæ33
叙永	tshʌ33	pʌ33	sʌ33	tsʌ33	fʌ33	fʌ33
古蔺	tshæ44	pæ44	sæ44	tsæ44	fæ44	fæ44
自贡	tʂhʌ223	pʌ223	ʂʌ223	tʂʌ223	fʌ223	fʌ223
成都	tshʌ21	pʌ21	sʌ21	tsʌ21	fʌ21	fʌ21

洽狎黠鎋韵帮知系字、乏月韵非组字、合盍曷韵端系字韵母大致都是/ʌ/或/æ/。

通过以上比较，我们可以画出咸山摄开口一二等入声字主元音和调类的分布图（图4）。

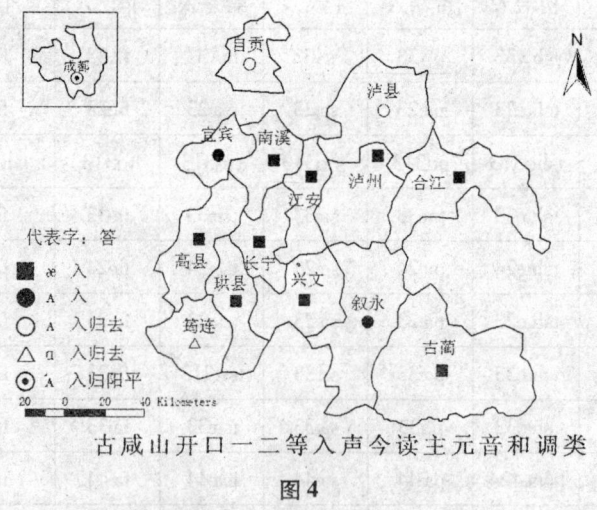

古咸山开口一二等入声今读主元音和调类

图4

从图中可以看出，中间图例为实心方形的地区，都是保留入声调的地方，韵母也比较一致，都是入声韵/æ/。而实心圆的地区，即宜宾，同样还保留着入声调，可是韵母已经变为舒声韵。对此，我们可以解释为调类保留而韵母趋同于共同语（成都话），这一点从空心圆（自贡、泸县）的地区舒声化的过程也能看出。筠连虽则调类已经入归去声，而韵母与自贡、泸县不一致，应该是由其本身的音系所制约的：该点 a 韵母的舌位都一致比较靠后，故记作 /ɑ/。但从音系上来讲，它与自贡、泸县的 /ʌ/ 音位性质一样。

（5）山合一帮端见系、山合三知系、宕江开一二帮端知系、宕开三知系入声今读主元音

例字	脱	说	托	酌
音韵结构	山合一帮端见系	山合三知系	宕江开一二帮端知系	宕开三知系
宜宾	thɵ33	ʂɵ33	thɵ33	tʂɵ33
高县	thɵ23	sɵ23	thɵ23	tsɵ23
筠连	tho313	ʂo313	tho313	tʂo313
南溪	thɵ33	sɵ33	thɵ33	tsɵ33
长宁	thɵ24	suɵ24	thuɵ24	tsuɵ24
珙县	thɵ23	sʉ23	thɵ23	tsuɵ23
江安	thɵ33	suɵ33	thɵ33	ˌtsuɵ33
兴文	thʉ33	sɵ33	thʉ33	tsʉ33
泸州	thɵ44	sɵ44	thɵ44	tsɵ44
泸县	thɵ324	so324	thɵ324	tso324
合江	thʊ33	sʊ33	thʊ33	tsʊ33
叙永	thɵ33	sɵ33	thɵ33	tsɵ33
古蔺	thɵ44	sɵ44	thɵ44	tsɵ44
自贡	thɵ223	ʂɵ223	thɵ223	tʂɵ223
成都	thɵ21	so21	thɵ21	tsɵ21

从上表便可很清晰地看出，山摄合口一等帮端见系、山摄合口三等知系、宕江摄开口一二等帮端知系、宕摄开口三等知系，四个系列相混同。据此表，绘制的相应方言特征图，如图5。

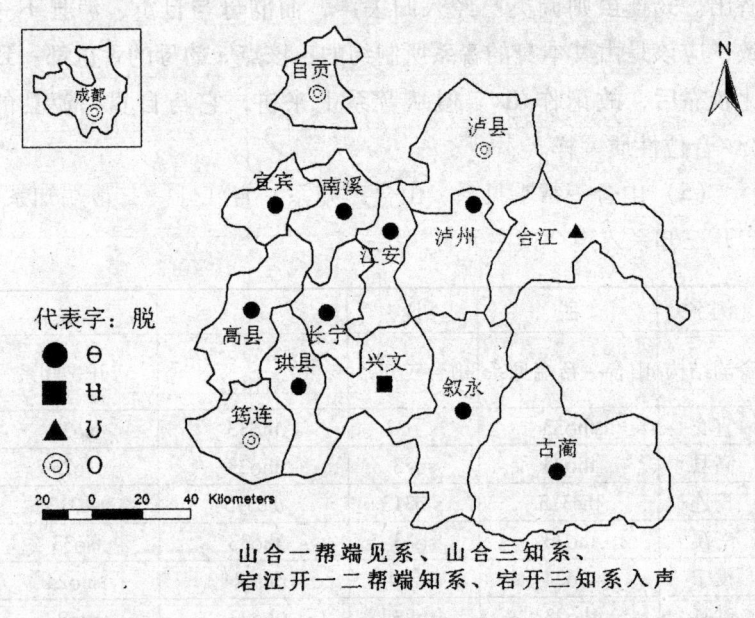

山合一帮端见系、山合三知系、
宕江开一二帮端知系、宕开三知系入声

图5

本图的同言线将自贡、筠连、泸县、成都划归一边，另一边则是其他县市。中间实心图例的地区，韵母读/ɵ/、/ʉ/、/ʊ/，三者在性质上是同一音位的不同变体，都是入声韵，听感上也较为接近。而另一侧的/o/，是这些入声字舒声化之后的韵母。

（6）江开二见系、宕开三端见系入声今韵母

例字	确	学	略	削	虐
中古音	溪觉入	匣觉入	来药入	心药入	疑药入
宜宾	tɕhyɵ33	ɕyɵ33	nyɵ33	ɕyɵ33	yɵ33
高县	tɕhyɵ23	ɕyɵ23	lyɵ23	ɕyɵ23	yɵ23
筠连	tɕhio313	ɕio313	ɳio313	ɕye313	nye313
南溪	tɕhyɵ33	ɕyɵ33	yɵ33	ɕyɛ33	ɳyɛ33
长宁	tɕhyɵ24	ɕyɵ24	yɵ24	ɕyɵ24	yɵ24
珙县	tɕhyɵ23	ɕyɵ23	lyɵ23	ɕyɵ23	yɵ23
江安	tɕhyʉ33	ɕyʉ33	lyɵ33	ɕyɛ33	yʉ33
兴文	tɕhyʉ33	ɕyʉ33	nyɵ33	ɕyʉ33	yʉ33
泸州	tɕhio44	ɕio44	lio44	ɕye44	ɳio44
泸县	tɕhio324	ɕio324	lio324	ɕye324	lio324
合江	tɕhiɵ33	ɕiɵ33	liɵ33	ɕye33	iɵ33
叙永	tɕhyɵ33	ɕyɵ33	ɳyɵ33	ɕye33	ɳyɵ33
古蔺	tɕhyɵ44	ɕyɵ44	nyɵ44	ɕyɛ44	nyɛ44
自贡	tɕhio223	ɕio223	lio223	ɕye223	ʐo223
成都	tɕhio21	ɕio21	nio21	ɕye21	io21

　　本系列字的韵母，在宜宾、泸州、自贡、成都地区主要可分为两类，一类是/yɵ/、/iɵ/；另一类是/io/。据此表可得图6：

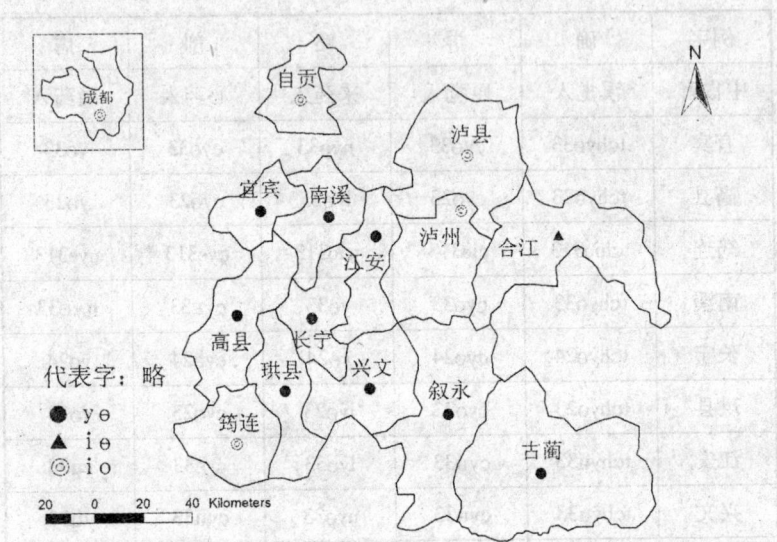

江开二见系、宕开三端见系入声今读音韵母

图 6

对比图 5，同言线略微有一点差别，主要体现在区域东北部，同言线将泸州与泸县包围在了同一侧。但其他大部分地区的类型还是与图 5 基本一致的。

（7）臻合一三帮端知系入声今韵母

例字	勃	忽	骨	突	卒	物	出
中古音	并没入	晓没入	见没入	定没入	精没入	非物入	昌术入
宜宾	pɵ33	xɯə33	kɯə33	thɵ33	tsu213	ɵ33	tʂhɵ33
高县	phɵ23	xɵ23	kɵ23	thɵ23	tsɵ23	ɵ23	tshɵ23
筠连	phu313	fu313	ku313	thu313	tsu313	vu313	tʂhu313

例字	勃	忽	骨	突	卒	物	出
南溪	pɵ33	xɵ33	kɵ33	thu33	tɕy33	vɵ33	tɕhiʉ33
长宁	phɵ24	xu24	ku24	thu24	tsu24	u24	tshu24
珙县	phʉ23	xʉ23	kʉ23	thʉ23	tsʉ23	ʉ23	tshʉ23
江安	phʉ33	xʉ33	kʉ33	thʉ33	tɕyʉ33	ʉ33	tʂʉ33
兴文	phʉ33	xʉ33	kʉ33	thʉ33	tɕyʉ33	ɵ33	tshʉ33
泸州	phʉ44	xu55	kʉ44	thu44	tsu44	ʉ44	tshʉ44
泸县	phu324	fu324	ku324	thu324	tsu324	vu324	tʂu324
合江	phɵ33	xʉ33	kʉ33	thɵ33	tsʉ33	ɵ33	tshʉ33
叙永	phɵ33	xɵ33	kɵ33	thɵ33	tɕyɵ33	ɵ33	tshɵ33
古蔺	pɵ44	fɵ44	kɵ44	thɵ44	tsɵ44	vɵ44	tshɵ44
自贡	po223	fu223	ku223	thu223	tshu35	u223	tʂu223
成都	phu21	fu21	ku21	thu21	tsu21	vu21	tshu21

　　宜宾、泸州地区，臻摄合口一三等帮端知系入声字今韵母多读为/ɵ/、/ʉ/、/u/，各方言点内部，该系列的辖字发音基本一致，只有个别字属例外，如"卒"字在南溪、江安、兴文、叙永发生了腭化，韵母也随之带上了 y 介音。

　　以"勃"字为代表，臻摄合口一三等帮端知系入声字今韵母的分布图如下：

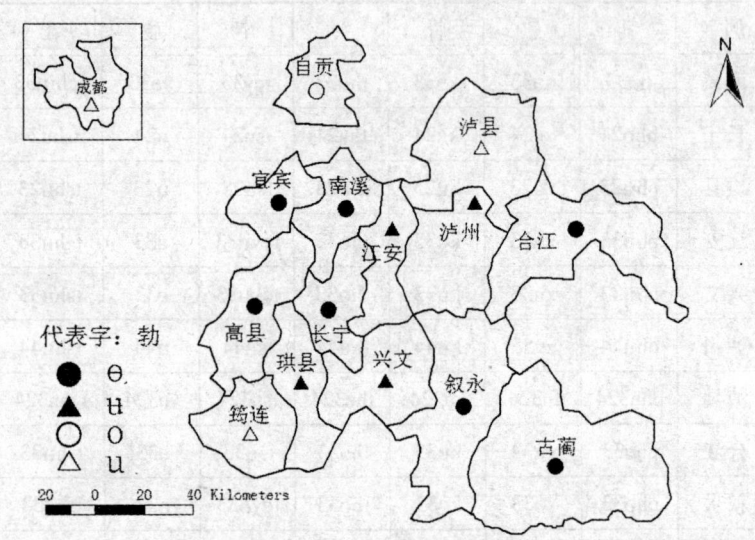

臻摄合口一三等帮端知系入声今读音韵母

图7

同样，同言线位于实心图例与空心图例所标注的地区之间，将其分割在两侧。而这种分割的方式同样也与上文几幅图的同言线走向一致。

（8）入声的归并

例　字	白达舌或	腊力月物	德国约法
古声类	全浊入	次浊入	清入
宜宾	入声		
高县	入声		
筠连	去声		
南溪	入声		

例　字	白达舌或	腊力月物	德国约法
长宁		入声	
珙县		入声	
江安		入声	
兴文		入声	
泸州		入声	
泸县		去声	
合江		入声	
叙永		入声	
古蔺		入声	
自贡		去声	
成都		阳平	

入声归并图如图 8：

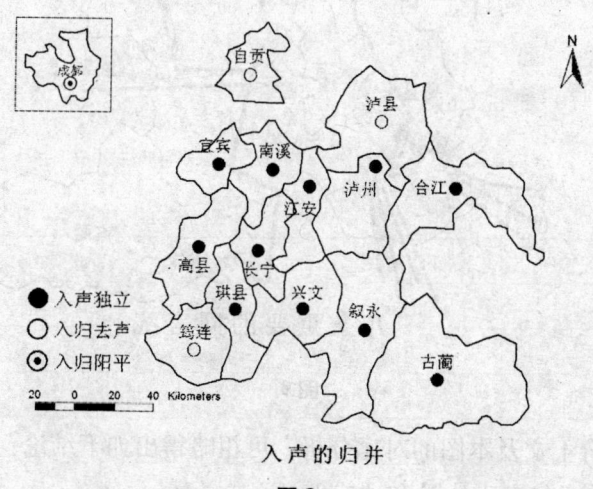

入声的归并

图8

同言线依旧是将自贡、筠连、泸县划在一侧，另一侧则是其他地区。

3. 结　论

在我们的 21 条分类学标准里，上文所列的 8 条是宜宾、泸州地区比较具有区别性的。也就是说，若要对宜宾、泸州地区的方言进行再划分，上文所列的八条特征的同言线将从其内部穿过（其余特征要么该区域全都不具备、要么全都一致）。如下图（图中同言线的编号对应于上文各图的编号）：

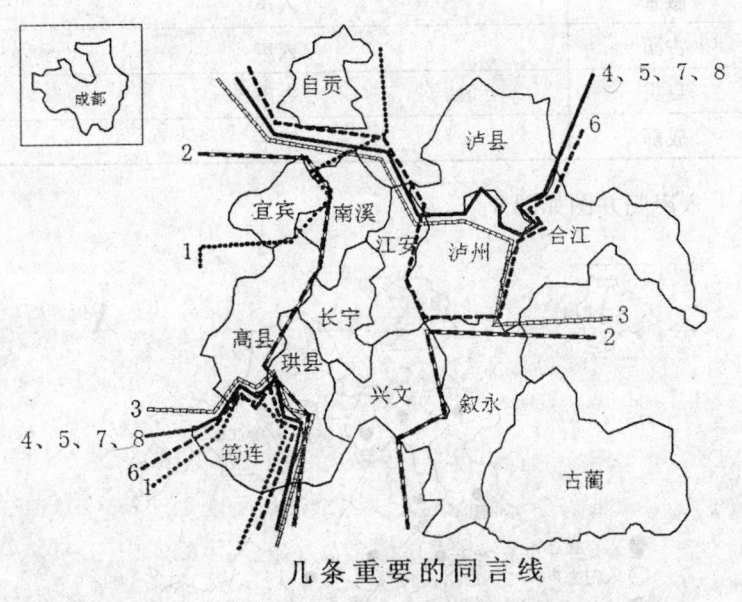

几条重要的同言线

图9

综合上文及本图的对比分析，可粗略得出如下结论：

（1）"仁富小片"和"南路话"

根据同言线的重合度来看，本区域首先被分为了两种深层次的、涉及到亲缘关系的对立类型：一种是自贡和筠连，即在《中国语言地图集》中归属仁富小片，这里我们权且称其为"仁富小片"类型，另一种则有宜宾、高县、南溪、长宁、珙县、兴文、泸州、合江、叙永、古蔺，这便是我们所称为的"南路话"类型。

仁富小片这一类型，是川西南方言中比较独特的，主要特点有二：入归去声、知系声母分平翘舌。声母平翘舌的分野在上文已有阐述，与北京话不同，与胶辽官话登青二片甲乙组的分野也不同，而是按"知二照二内转—知二照二外转、知三照三开口"的界线。这两个特点便是同言线 1 和 4、5、7、8 在地图上的体现。

南路话类型，比较典型的特征很多，导师周及徐在《南路话和湖广话的语音特点——兼论四川两大方言的历史关系》中已有论述[1]，兹不赘言。只是需要再次强调，南路话虽然在一些表层特征上与成渝片一致（如调值接近、个别韵摄读音一致），但在更多更深层的音韵结构上，它与成渝片的方言是两种截然不同的类型。

另外，我们发现两个小例外。宜宾虽然在众多特征上表现出南路话的类型，但是声母平翘舌的分合上表现得跟自贡、筠连一致。我们尚难知晓是横向的异质因素的影响还是一种区域性特征的残留。同样比较难认定的是泸县。它的入声归入去声，但一些特征和自贡、筠连并不一致，如它的知系字一律读平舌。这样我们也很难肯定地说出它的归属。通过音韵结构和地缘关系等方面的考察，更偏向于认定它属于南路话一派，其入派去声可能是后起的变化。比如现今的古蔺方言中，也有一部分入声字归入了去声。很有可能泸县入声也是这样变过去的，只是时间更早，音变已经完成。

同言线 2 代表的是泥来组声母的分混问题，放在更大的区域内考察的话，很容易看出被同言线分隔出来的两侧分别受到成都、重庆的影响。所以这是表层的特征。

（2）本区域方言的层次

抛开新派音不谈、抛开普通话对本区域方言的侵蚀不谈，我们还能在本区域方言中发现几个积压的层次，这些层次如同地层一般既有大的完整的保留，也有局部的断裂和俯冲、侵蚀。若用一种比拟性的图示来描绘这种状态，大致可以如下图：

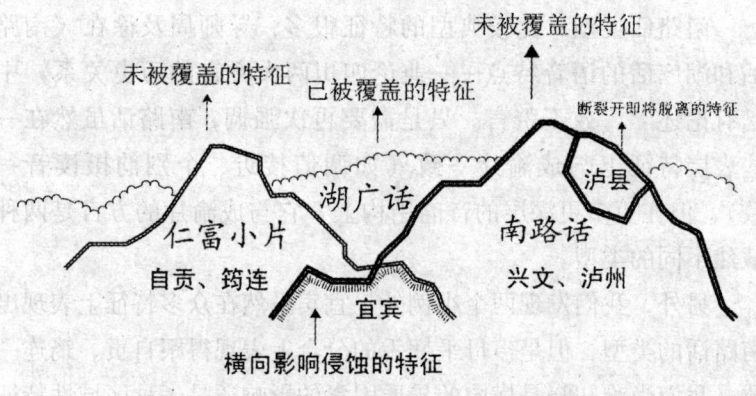

在我们考察的这个区域，有仁富小片这种方言的底层；有南路话这种方言的底层；也有被湖广话所覆盖的表层。其间，还有两个层次相互影响、侵蚀的区域，如宜宾的平翘舌分野；有即将脱离的区域，如泸县的入归去声。

仁富小片的来源尚不明确，有待进一步研究。而对于湖广话和南路话，我们认为，南路话可能是明清移民之前的土著语言的后代，湖广话则是由明清时期的"湖广填四川"所带来的。两种方言应该是不同的类型，有不同的来源，只是由于长期的接触，在表层上相互影响，若不深入研究，便容易误以为他们是同一类型或同一来源。

参考文献：

[1] 周及徐. 南路话和湖广话的语音特点——兼论四川两大方言的历史关系（见本书）.

[2] 熊正辉. 官话区方言分 ts tʂ 的类型 [J]. 方言，1990，（1）.

[3] 中国社会科学院，澳大利亚人文科学院. 中国语言地图集 [M]. 香港：朗文出版（远东）有限公司，1987.

Distinguishing types of the Dialects in the Area of Yibin and Luzhou by the Isoglosses

Zhang Chi

(Chinese Department, Sichuan Normal University, Chengdu, Sichuan, 610068)

Abstract: Using the phonological features to look over the phonological structure of the dialects in the area of Yibin and Luzhou, the southern Sichuan province, we have found out several isoglosses. We could determine the types of the dialects in this area by the isoglosses. There are three kinds of the different dialects in this area. They are Zigong, Lanlu and Huguan Speeches, which belong to the Northern dialects of Chinese Language.

邛崃话与成都话音系比较①

毕　圆②

内容提要：在将属南路话的邛崃话音系与属湖广话（成渝话）的成都话比较后③，我们发现无论是在调类上还是在韵母类别上，邛崃话音系和成都话音系都有着明显的不同。它们并不是由一种方言演化成另一种方言的。南路话和湖广话是两个不同的方言层次，南路话在底层，应是四川的土著方言，湖广话才是明代以后外来移民带来的，故两者有着不同的语音系统。

关键词：邛崃话　成都话　语音系统　比较

---

① 基金项目：国家社会科学基金项目（2008），四川西南地区方言研究，项目批准号08BYY015。
② 作者简介：毕圆，女，1986年生，成都人，硕士研究生，研究方向为汉语言文字学。
③ 南路话和湖广话是四川的两支主要方言。南路话沿岷江以西以南分布，湖广话则分布于四川中东部的主要城镇。参见参考文献［1］［3］［4］周及徐、黄雪贞和崔荣昌相关文章。

一　地理位置和人口

邛崃市（邛崃县）位于成都平原西南边缘，今属成都市。东连新津、彭山，南与眉山、蒲江、名山、雅安接壤，西界芦山，北邻大邑，东西长 68.5 公里，南北宽 35.5 公里，面积 1377.38 平方公里。县治临邛镇，东距成都 75 公里，南去雅安 71 公里，有高等级公路和高速公路相通。

2010 年第六次全国人口普查，邛崃市人口数为 612753 人。传说大部分人的祖辈都是清代从湖广省迁来，也有少数来自广东、江西等省，也有经过长期融合、劫后幸存的土著后裔，另外还有抗日战争期间从沦陷区迁入的外地人和解放前夕滞留邛崃的国民党官兵，新中国成立后，因建设需要，从全国各地调县工作及离退休后就地定居的人，也日渐增多[2]。

二　田野调查

调查时间：2011 年 5 月 6 日。调查地点：四川邛崃市临邛镇。记音人：毕圆。发音合作人基本情况：程鑫林，男，1953 年生，四川省邛崃市临邛镇农民，小学文化程度。只会讲当地话。

调查字表以中国社会科学院语言研究所编《方言调查字表》（修订本）为依据[5]，略去了本地方言所无的字，形成 3500 多字的调查字表。（此字表为导师周及徐教授提供，与同期调查的四川方言其他点字表一致。）录音软件使用上海师范大学潘悟云教授的语言田野调查系统 TFW。声调调值用 Praat 测量。1960 年四川大学郝锡炯等人的《四川方言音系》列邛崃方言点，但没有该点的语音字表。[6]

三 邛崃话语音系统

（一）邛崃话声母系统

<table>
<tr><td colspan="6" align="center">邛崃话声母表</td></tr>
<tr><td colspan="2">　发音部位

发音方法</td><td>唇音</td><td>舌尖音</td><td>舌面前音</td><td>舌根音</td></tr>
<tr><td rowspan="2">塞音</td><td>不送气</td><td>p　比办</td><td>t　德独</td><td></td><td>k　根柜</td></tr>
<tr><td>送气</td><td>ph　迫配盆捕</td><td>th　塔逃特</td><td></td><td>kh　愧靠狂</td></tr>
<tr><td rowspan="2">塞擦音</td><td>不送气</td><td></td><td>ts　早贼竹侄
窄闸祝殖</td><td>tɕ　际辑
军竞</td><td></td></tr>
<tr><td>送气</td><td></td><td>tsh　村层祠趁
迟炒锄臭城</td><td>tɕh　秋钱
劝期</td><td></td></tr>
<tr><td>鼻音</td><td></td><td>m　梅马</td><td>n　奶亮吟</td><td>ȵ　娘疑宴阎</td><td>ŋ　硬爱</td></tr>
<tr><td rowspan="2">擦音</td><td>清</td><td>f　放丰饭呼狐</td><td>s　笋饲事所
绳叔常</td><td>ɕ　写旋喜
穴熊</td><td>x　耗滑</td></tr>
<tr><td>浊</td><td>v　舞五乌</td><td>z　仍锐</td><td></td><td></td></tr>
<tr><td>零声母</td><td colspan="5">ɸ　网耳语音完卫药</td></tr>
</table>

1. 邛崃话声母说明

邛崃话有 21 个声母，包括 20 个辅音声母和一个零声母 [ɸ]。与普通话相比，缺少了边音 [l]、舌尖后不送气清塞擦音

［tʂ］、舌尖后送气清塞擦音［tʂh］、舌尖后清擦音［ʂ］、舌尖后浊擦音［z̩］，增加了颚化鼻音［n̠ʲ］、舌根鼻音［ŋ］、舌尖前擦音［z］、唇齿浊擦音［v］。

2. 邛崃话声母音值描写

（1）［p、ph］为双唇清塞音，发音与普通话相比，气流较弱。如：比 pi51、迫 phæ22。

（2）［m］为双唇浊鼻音，发音时与普通话相比，气流较弱。如：梅 mei21、马 mʌ51。

（3）［f］为唇齿清擦音，发音与普通话相比，气流较弱。如：放 fɑŋ213、丰 foŋ45、饭 fæn213。

（4）［v］为唇齿浊擦音，发音时摩擦不明显。［v］只与［u］构成音节，可以看作单元音韵母［u］与［v］相拼时，变为不圆唇元音［ɯ］，于是形成变体音节［vɯ］。如：舞 vu51、五 vu51、乌 vu45。

（5）［t、th］为舌尖前清塞音，发音与普通话相似，［t］爆破略强。如：德 tæ22、独 tθ22、塔 thæ22、逃 thɑu21。

（6）［n］为舌尖前浊鼻音。邛崃话中，［n］、［l］相混，不能区别意义。发音时，形成介于［n-］、［l-］之间的自由变体。如：奶 nai51、亮 niɛŋ213、吟 nin21。

（7）［ts、tsh、s］发音与普通话相似，舌位略靠后。如：早 tsau51、贼 tsuei21、村 tshen45、层 tshen21、笋 sen51、饲 sʅ213。

（8）［z］为舌尖前浊擦音，舌位略靠后，发音时气流较弱、较短暂。如：仍 zen21、锐 zuei213。

（9）［tɕ、tɕh、ɕ］发音与普通话相同。如：际 tɕi213、辑 tɕie22、秋 tɕhiəu45、钱 tɕhiæn21、写 ɕi51、穴 ɕy22。

（10）[ȵ] 为舌面前鼻音，实际音值是 [ȵʑ-]，后带摩擦且只与细音相拼。如：娘 ȵiɛŋ、疑 ȵi21、宴 ȵiæn213、阎 ȵiæn21。

（11）[k、kh、x] 发音与普通话相同。如：根 ken45、柜 kuei213、愧 khuei213、靠 khɑu213、耗 xɑu213、滑 xuæ22。

（12）[ŋ] 为舌根浊鼻音，成阻后立即除阻，鼻腔气流较短较弱。如：硬 ŋen213、爱 ŋai213。

（二）邛崃话的韵母系统

邛崃话韵母表			
韵头 韵尾	开口呼	齐齿呼	合口呼	撮口呼
无 韵 尾	ɿ 志世饰秩	i 气虑弊妻 抑知液乞	u 辱捕父术母浮	y 隧举瘸
	ʌ 八罚撒怕哪 法拉	iʌ 涯家押	uʌ 卦挖抓化	
	o 错豁坡多剖			
	æ 北色扎设蔗麦 搭眨摄	iæ 瞎甲侠	uæ 国括滑扩获	
		ie 例谐缢勒息灭 节虐析译必 集跌接		ye 月悦
	θ 读祝桌泼拙博 缚落弱佛骨入			yθ 族育确薛屑缺 粤约疫屈
	ə 壳渴个课各霍 格合			
	ɘ 职斥吃实执			
	ɚ 而儿二			

邛崃话韵母表			
元音韵尾	ai 派财者宅	iai 界懈械延	uai 揣外乖喘	
	ei 美非贝批妹扯		uei 胃絮雷慧卫
	ɑu 帽超搞	iɑu 妙聊较跃谬	
	əu 走搜	iəu 酒求	
鼻音韵尾	æn 坦产战乱饭敢淹占犯	iæn 眼剪天监欠嫌	uæn 珊铲算玩川	yæn 轩弦权犬
	en 赠胜争声奔粉诊跟枕		uen 绳横润婚	
	ɑŋ 窗放仓常氓	iɑŋ 讲央	uɑŋ 双庄黄往	
	oŋ 洞恐朋猛盟宏茂皱			yoŋ 容荣
		in 冰清经莺仅吟		
				yən 永讯逊晕寻

1. 邛崃话韵母说明

邛崃话有 40 个韵母，无韵尾韵母有 18 个，元音韵尾的韵母有 9 个，鼻音韵尾的韵母有 13 个。

2. 邛崃话韵母音值描写

(1) [ʅ] 为舌尖前高不圆唇元音，只与舌尖前塞擦音 [ts、tsʰ] 和舌尖前擦音 [s] 构成音节。与普通话相比，发音略松，如：志 tsʅ213、世 sʅ213、饰 sʅ213。

(2) [i] 为舌面前高不圆唇元音，可作单元音韵母，复合韵母中的韵头、韵腹、韵尾。作单元音韵母 [i] 时，发音与普通话相同，如：妻 tɕhi45、抑 i213。作复合韵母中的韵头且不在唇音后时，通常接近标准元音，如：涯 iA21、瞎 çiæ22、谐 çie21、懈 çiai213、眼 iæn51、讲 tçiɐŋ51；但在唇音后，无论作韵头还是韵腹（主元音），发音略开，接近次高的 [ɪ]，如：弊 pi213、必 pie22、妙 miɐu213。作韵尾时，舌位较低，接近半高的 [e]，如：揣 tshuai45、胃 uei213。

（3）[u] 为舌面后高圆唇元音，可作单元音韵母，复合韵母中的韵头、韵尾。作单元音韵母 [u] 且不在唇音后时，通常情况接近标准元音，如：辱 zu51、术 su213；在唇音声母后，[u] 发音时唇形略展，形成一个略低的不圆唇元音 [ɯ]，如：捕 phu51、父 fu213、母 mu51、浮 fu21。作韵头时，舌位较低，接近半高的 [o]，如：卦 kuA213、国 kuæ22、珊 suæn45、绳 suən21、双 suaŋ45。作韵尾时，舌位更低，接近半低的 [ɔ]，如：帽 mɑu213、妙 miɐu213、走 tsəu51、酒 tçiəu51。

（4）[y] 为舌面前高圆唇元音，可作单元音韵母，发音与普通话相同，如：隧 çy213、举 tçy51。[y] 也可作复合韵母的韵头，形成 [ye]、[yæn]、[yən]。后面二者韵头 [y] 在发音时很短暂，主要起到圆唇的作用，如：轩 çyæn45、永 yən51。

（5）[A] 为舌面央低不圆唇元音，可作单元音韵母，也可作复合韵母的韵腹，发音接近标准元音。如：八 pA22、挖 uA45。

（6）[æ] 为舌面前次低不圆唇元音，作单元音韵母或前加韵头形成 [iæ]、[uæ]，且只在入声字中出现，发音接近标准元音。如：北 pæ22、色 sæ22、瞎 çiæ22、甲 tçiæ22、国 kuæ22、括 khuæ22。

（7）[o] 为舌面后半高圆唇元音，作单元音韵母时，发音与普通话相同,：错 tsho213、豁 xo45、坡 pho45、多 to45。

（8）〔ө〕为舌面央半高圆唇元音，可作单元音韵母，也可前加韵头形成〔yө〕，两者只在古入声字中出现，发音接近标准元音。如：读 tө22、祝 tsө22、族 tçhyө22、育 yө22。

（9）〔ə〕为舌面央中不圆唇元音，只作单元音韵母，发音接近标准元音。如：壳 khə22、渴 khə22、个 kə213、课 khə213。

（10）〔ɘ〕为舌面央半高不圆唇元音，只作单元音韵母，且只在古入声字中出现，舌位略高，发音略紧，如：职 tsɘ22、斥 tshɘ22、吃 tshɘ22、实 sɘ22。

（11）〔ɚ〕为舌尖后卷舌元音，只作单元音韵母，发音接近标准元音，如：而 ɚ21、儿 ɚ21。

（12）〔a〕为舌面前低不圆唇元音，只作复合韵母中的韵腹（主元音），形成〔ai〕、〔uai〕、〔iai〕，舌位与标准元音比，较高较后，接近舌面央次低不圆唇元音〔ɐ〕，如：派 phai213、揣 tshuai45、延 iai21。

（13）〔ie〕、〔ye〕，发音接近标准音，如：跌 thie22、接 tçie22、月 ye21、悦 ye21。

（14）〔ei〕、〔uei〕，韵尾无明显升高，更接近〔ee〕〔uee〕，如：美 mei51、雷 nuei21。

（15）〔æn〕、〔iæn〕、〔uæn〕、〔yæn〕，鼻音尾弱化，实际接近〔æⁿ〕、〔iæⁿ〕、〔uæⁿ〕、〔yæⁿ〕。如：坦 thæn51、眼 iæn51、珊 suæn45、轩 çyæn45。

（16）〔en〕，发音接近标准音。如：赠 tsen213、胜 sen213、奔 pen45、粉 fen51。

（17）〔uən〕，主元音较前，实际接近〔uɛn〕。如：润

zuən213、婚 xuən45。

（18）［aŋ］、［iɐŋ］、［uaŋ］，鼻音尾弱化，实际接近［aᵚ］、［iɐᵚ］、［uaᵚ］。如：窗 tshaŋ45、讲 tɕiɐŋ51、往 uaŋ51。

（19）［oŋ］、［yoŋ］，主元音较低，接近［ɔŋ］、［yɔŋ］。如：洞 toŋ213、容 yoŋ21。

（20）［in］，元音较松，鼻韵尾较弱，接近［ɪᵚ］。如：冰 pin45、清 tɕhin45。

（三）邛崃话的声调系统

邛崃话声调表			
	成都	邛崃	例　字
阴平	45	45	巴方丹增珍争针居乌安/坡翻拖青三贞抄师春康香
阳平	21	21	陪凡桃前词除神成奇含/忙忘年林人危围唯
上声	42	51	保反点早展阻准景饮/品仿土采伞宠吵史齿守苦火/米晚奶理忍五有勇
去声	213	213	布付妒赞智债志句印/步附度暂寺治寨示售具现/部妇杜在祀痔柿葚受巨限
入声	21	22	百发滴绩桌捉折爵屋/白乏笛集席逐镯食十局学

邛崃话声调说明：

1. 阴平　高升　45，调程长。

2. 阳平　低降　21，短促。

3. 上声　高降　51，短促。

4. 去声　低降升　213，调程较长，尾升较明显。

5. 入声　低平　22，短促。

邛崃话有五个声调，阴平、阳平、上声、去声、入声。邛崃是入声独立区，古入声今读入声，入声独立成调。而成都话则是古入声今归阳平。所以，在调类上，邛崃话就与成都话不同。

四　邛崃话与成都话比较①

（一）古晓组字 –u 韵前读为 f –，其余的韵母前，晓组字读 x –。如：

	户	欢	昏	灰
中古音	遇合一模上匣	山合一桓平晓	臻合一魂平晓	蟹合一灰平晓
邛崃	fu213	xuæn45	xuən45	xuei45
成都	fu 213	xuan45	xuən45	xuei45
北京	xu51	xuan55	xuən55	xuei55

这一特征是邛崃话与成都话共同的。

（二）tʂ – 变为 ts –。如：

	住	尺	十
中古音	遇合三虞去澄	梗开三昔入昌	深开三缉入禅
邛崃	tsu213	tshə22	sə22
成都	tsu213/tso213	tshɿ21	sɿ21
北京	tʂu51	tʂhɿ214	ʂɿ35

这一特征是邛崃话与成都话共同的。成都话中的 ts – 舌尖部

① 邛崃话与成都话比较的依据参照了导师周及徐教授的《南路话和湖广话的语音特点——兼论四川两大方言的历史关系》一文中所归纳的南路话语音特点21条[1]。

位比北京话略后，邛崃话中的 ts - 舌尖部位比成都话略后。

（三）泥来母一二等字相混，三四等字区分，形成 n - ／ l - 与 ȵ - 对立。如下表：

	南	兰	泥	离
中古音	咸开一覃平泥	山开一平寒来	蟹开四齐平泥	止开三支平来
邛崃	næn21	næn21	ȵi21	ni21
成都	næn21	næn21	ȵi21	ni21
北京	nan35	lan35	ni35	li35

邛崃话的这一特征与湖广话的代表重庆话不同，重庆话的泥来母三四等字相混，不能区别意义。而成都话与邛崃话相同，是因为它位于湖广话地区的西端，是南路话留下的底层。

（四）臻摄一三等合口端泥精组字失去 - u - 介音。如下表：

	盾	论	遵	笋
中古音	臻合一魂上定	臻合一痕去来	臻合三谆平精	臻合三谆上心
邛崃	ten213	nen213	tsen45	sen51
成都	ten213	nen213	tsen45	sen42
北京	tuən51	luən51	tsuən55	sən214

邛崃话和成都话同读开口，北京话读合口。

（五）山摄舒声合口一等端泥组字失去 - u - 介音。如：

	端	团	暖	乱
中古音	山合一桓平端	山合一桓平定	山合一桓上泥	山合一桓去来
邛崃	tæn45	thæn21	næn51	næn213
成都	tuan45	thuan21	nuan42	nuan213
北京	tuan55	thuan35	nuan214	luan51

山摄舒声合口一等端泥组字邛崃话读开口，成都话读合口。

（六）果摄一等见系字韵母为－ə。如：

	哥	我	科	颗
中古音	果开一歌平见	果开一歌上疑	果合一戈平溪	果合一戈上溪
邛崃	kə45	ŋə51	khə45	khə51
成都	ko45	ŋo42	kho45	kho42
北京	kɣ55	wo214	khɣ55	khɣ55

邛崃话的果摄一等主元音在舌根音后变为展唇的央元音－ə。成都话则读－o。

（七）麻三精组见系字韵母读－i。如：

	姐	写	谢	爷
中古音	假开三麻上精	假开三麻上心	假开三麻去邪	假开三麻平以
邛崃	tɕi51	ɕi51	ɕi213	i21
成都	tɕie42	ɕie42	ɕie213	ie21
北京	tɕie214	ɕie214	ɕie51	ie35

麻三精组见系字韵母邛崃话读 –i，成都话读 –ie。

（八）咸山宕摄入声一等开口见系（合盍曷铎）读 –ə。如：

	鸽	割	各
中古音	咸开一合入见	山开一曷入见	宕开一铎入见
邛崃	kə22	kə22	kə22
成都	ko21	ko21	ko21
北京	kɣ55	kɣ55	kɣ51

在宕摄入声，邛崃话帮端系与见系不同韵，如：作 tsɵ22、各 kə22；成都同韵读 –o，如：作 tso21、各 ko21。

（九）咸山开口入声一二三等字帮端知系读 –æ。如：

	答/达	腊/辣	插/察	涉/舌
中古音	咸开一合入端 山开一曷入定	咸开一盍入来 山开一曷入来	咸开二洽入庄 山开二黠入初	咸开三叶入禅 山开三薛入船
邛崃	tæ22	næ22	tshæ22	sæ22
成都	tʌ21	nʌ21	tshʌ21	se21
北京	ta35	la51	tʂha35	ʂɣ35/51

咸山一二等，成都话读低元音 –ʌ；咸山三等，成都话读 –e。邛崃话都读为 –æ。

（十）曾一梗二开口入声帮端知见系字读 –æ。如：

	北	百	德	黑	泽
中古音	曾开一 德入帮	梗开二 陌入帮	曾开一 德入端	曾开一 德入晓	梗开二 陌入澄
邛崃	pæ22	pæ22	tæ22	xæ22	tshæ22
成都	pe21	pe21	te21	xe21	tshe21
北京	pei214	pai35	tɤ35	xei55	tsɤ35

上两组字邛崃话韵同 - æ，成都话读 - e。

（十一）深臻曾梗入声二三等开口庄组（缉栉职麦）读 - æ。如：

	涩	虱	色	策
中古音	深开三缉入生	臻开三质入生	曾开三职入生	梗开二麦入初
邛崃	sæ22	sæ22	sæ22	tshæ22
成都	se21	se21	se21	tshe21
北京	sɤ51	ʂʅ55	sɤ51/ ʂ ai214	tshɤ51

（十二）山臻摄合口三四等、宕江开口二三等入声精组见系字读 - yθ。如：

	绝/决	屈	橘	脚	学
中古音	山合三薛 入从山合 四屑入见	臻合三物 入溪	臻合三术 入见	宕开三药 入见	江开二觉 入匣
邛崃	tɕyθ22	tɕhyθ22	tɕyθ22	tɕyθ22	ɕyθ22
成都	tɕye21	tɕhio21	tɕy21	tɕio21	ɕio21
北京	tɕye35	tɕhy55	tɕy35	tɕiau214	ɕye35

邛崃话只一组 - yɵ，成都话分三组，山摄 - ye、臻摄 - y、宕江臻摄 - io。

（十三）臻入声合口一三等帮知系端泥组读 - ɵ。如：

	夺山一	拨山一	不	突	物	出
中古音	山合一末入定	山合一末入帮	臻合三物入非	臻合一没入透	臻合三物入微	臻合三术入昌
邛崃	tɵ22	pɵ22	pɵ22	thɵ22	ɵ22	tshɵ22
成都	to21	po21	pu21	thu21	vu21	tshu21
北京	tuo35	po55	pu51	thu55	u51	tʂhu55

这组字邛崃话与山通摄合一入声字韵母同为 - ɵ；成都话同遇摄、通摄一等入声字韵母读 - u，与山摄字相区别。成都话与北京话的分组同。

（十四）深臻曾梗入声三四等开口帮端见系（缉质迄职昔陌三锡）读 - ie。如：

	集	笔	七	力	席
中古音	深开三缉入从	臻开三质入帮	臻开三质入清	曾开三职入来	梗开三昔入邪
邛崃	tɕie22	pie22	tɕhie22	nie22	ɕie22
成都	tɕhie21	pi21	tɕhi21	ni21	ɕi21
北京	tɕi35	pi214	tɕhi55	li51	ɕi35

邛崃话读 - ie，同咸山摄开三四入声字。成都话读 - i。两者音类分组不同。"集"字的成都话老派读音是南路话留下来的

底层。

（十五）深臻曾梗入声开口三等知章组（缉质职昔）字读央半高不圆唇元音－ɘ。如：

	支/脂/之	侄/直/执/掷织	尺	十/失/食/石
中古音	止开三支平章 止开三脂平章 止开三之平章	臻开三质入章 曾开三职入澄 深开三缉入澄 梗开三昔入澄 曾开三职入章	梗开三昔入昌	深开三缉入禅 臻开三质入书 曾开三职入船 梗开三昔入禅
邛崃	tsʅ45	tsɘ22	tshɘ22	sɘ22
成都	tsʅ45	tsʅ21	tshʅ21	sʅ21
北京	tʂʅ55	tʂʅ35	tʂhʅ214	ʂʅ35

邛崃话保持了央元音韵，与成都话读－ʅ不同。邛崃话自成一类，而成都话则与止摄的非入声字相混。

（十六）曾梗入声三等合口见系、通入三精组见系（职昔屋三烛）读－yɵ。如：

	域	疫	肃	狱
中古音	曾合三职入云	梗合三昔入以	通合三屋入心	通合三烛入疑
邛崃	yɵ22	yɵ22	ɕyɵ22	yɵ22
成都	io21	io21	ɕio21／ɕy21	io21
北京	y51	i51	su51	tɕy35

邛崃话与成都话老派同读－yɵ／－io，只有音值上的差别。

（十七）通摄入声帮知系、端泥组读 – ɵ。如：

	木	毒	竹	绿
中古音	通合一屋入明	通合一沃入定	通合三屋入知	通合三烛入来
邛崃	mɵ22	tɵ22	tsɵ22	nɵ22
成都	mu21	tu21	tsu21	nu21
北京	mu51	tu35	tʂu35	ly51

邛崃话山臻通摄合口入声字同韵读 – ɵ，如"泼出木毒竹绿"；成都话遇摄舒声与臻通摄入声字同韵读 – u，如"土不木毒竹绿"。成都话与北京话的分组同。

（十八）邛崃话有五个声调（阴平、阳平、上声、去声、入声），古入声字今读入声调（22），而成都话古入声字归入阳平（21）。

邛崃话入声独立成调，入声调值为低平调。成都话入归阳平，是西南官话成渝片的特点。

五　结　语

本文通过对邛崃话音系的描写、分析以及与成都话音系的比较，可以看出邛崃话与成都话是两个独立的语音系统。特别是从声调系统和入声字的韵母系统可以辨识两者的区别。邛崃话与成都话是两个独立的语音系统，邛崃话代表的南路话与成都话代表的湖广话（成渝话）是两个不同的方言层次，南路话并不是湖广话在四川发展演化而来的，而是处于底层的四川土著方言。这些语音资料为我们研究四川方言的历史提供了确实的证据。

参考文献：

[1] 周及徐. 南路话和湖广话的语音特点——兼论四川两大方言的历史关系（见本书）.

[2] 四川省邛崃县志编纂委员会. 邛崃县志 [M]. 成都：四川人民出版社，1993.

[3] 黄雪贞. 西南官话的分区（稿）[J]. 方言，1986（4）.

[4] 崔荣昌. 四川境内的"老湖广话" [J]. 方言，1986（3）.

[5] 中国社会科学院语言研究所. 方言调查字表 [M]. 北京：商务印书馆，2007.

[6] 郝锡炯，甄尚灵，陈绍龄. 四川方言音系 [J]，四川大学学报，1960（3）.

A Comparison of the Phonetic Systems
Between Qionglai Speech and Chengdu Speech

Bi Yuan

（Chinese Department, Sichuan Normal University, Chengdu, Sichuan Province, 610068）

Abstract：A comparison of phonetic systems between Qionglai speech, that represents Nanlu speech, and Chengdu speech, that represents Huhuang speech, shows that the two speeches have the phonetic differences, especially on their tone categories and rhymes. The argument that the Nanlu speech evolves from Huhuang speech, or both in the opposite direction, is unreasonable. We think that the two dialects are different branches in the Chinese northern dialects. Nanlu speech is the native dialect in Sichuan province and keeps in the bottom elements. But Huguang Speech is immigrants' dialect from Hubei province in the Min Dynasty. As a result, Nanlu speech and Huguang speech have different phonetic systems.

Key Words: Qionglai speech, Chengdu speech, phonetic systems, comparison

射洪话音系①

张 强②

内容提要：在田野调查基础上，描写了射洪话音系，归纳整理了射洪话的声、韵、调语音系统。结合中古《广韵》音系对其语音特征作了初步的梳理。后附同音字表。

关键词：四川方言 射洪话 语音系统 同音字汇

一 概 述

射洪县位于川中丘陵区北缘，涪江中游。有人口约 91 万人。面积 1497 平方公里。射洪东靠南充，西邻成都，南接重庆，北

① 基金项目：国家社会科学基金项目（2008），四川西南地区方言研究，项目批准号 08BYY015。
② 作者简介：张强（1986 - ），男，山西太原人。四川师范大学文学院 2009 级汉语言文字学专业硕士研究生。研究方向：汉语研究。

抵绵阳。县境呈心脏形，西北高，东南低，全县以丘陵地貌为主。射洪地处四川盆地中部，涪江中游。涪江、梓江河流经射洪县。射洪历史悠久，春秋战国时期为蜀国境域，秦代为蜀郡属地。西魏恭帝（554—557 年）时始置射江县，北周改名射洪县。射洪县现属四川省遂宁市。[1] 射洪方言在中国方言分区中属于西南官话灌赤片中的岷江小片[2]，重要的语音特征之一是古入声字今读入声调。

田野调查情况：录音对象的基本情况：李玉祥，男，1938年本地出生，文化程度：中专毕业。职业：县水利农机局退休干部。发音人讲当地射洪话方言，不会讲其他方言。录音时间地点：2009 年 10 月，射洪县太和镇。录音记音人：唐毅（四川师范大学文学院 2008 级研究生）。校听：周及徐教授。1960 年四川方言调查成果《四川方言音系》中有射洪方言点，但发布的只有声韵调表和 400 字的字音表[3]。本次田野调查扩大了记录音字量，采用中国社会科学院语言研究所编《方言调查字表》（修订本）[4]，笔记本电脑现场录音，使用上海师范大学潘悟云教授"TFW 田野调查系统"语音软件，字音表做成 Microsoft Visual Foxpro 6.0 数据库。

二 射洪方言的语音系统

（一）射洪方言声母系统

声母表

发音部位 发音方法			唇音		舌尖音		舌面	舌根音
			双唇	唇齿	舌尖前	舌尖中		
塞音	清	不送气	p 碧白			t 店独		k 该共
		送气	ph 盼培			th 透堂		kh 考狂
塞擦	清	不送气			ts 宰贼张 直斩寨 照植		tɕ 迹辑 角杰	
		送气			tsh 苍材祠 逞长策 查齿诚		tɕh 七樵 汽勤	
鼻	浊		m 盟秒				ȵ 碾吝谊	ŋ 岸奥
边	浊					l 耐利吟		
擦音	清			f 奋 奉胡	s 伞祀士 史射势 石		ɕ 笑席 轩幸	x 黑厚
	浊				z 任日 阮孕		j 樱倚 野	
近音	浊		w 武悟					
零声母			ɸ 晚尔语衣字焰译					

射洪方言声母说明：

射洪方言共有 22 个声母（包括零声母）。

（1）［p］、［ph］发音跟普通话相似，送气音送气较强。

（2）［m］双唇浊鼻音，鼻腔气流比较弱。如：明 min31、木 mɵ44。

（3）［f］摩擦较重，气流较强。如：斧 fu51、奉 foŋ435。

（4）［w］近音，实际是双唇浊擦音［β］，只与元音韵母 -u 构成音节。如：武 wu51、舞 wu51、午 wu51、悟 wu435。

（5）［t］、［th］爆破、送气较强。如：答 tʌ44、奠 tiɛn435、坦 thæn51、同 thoŋ31。

（6）［l］介于 l-、n- 之间的自由变体，记为 l-；但在 -æn、-in、-en、-oŋ 等带鼻韵尾韵母前，声母受鼻韵尾同化而带鼻音。

（7）［ts］、［tsh］、［s］舌位较普通话发音稍后，送气较强。

（8）［z］发音摩擦明显而短暂，气流较弱。如：日 zη44、染 zæn51。

（9）［tɕ］、［tɕh］、［ɕ］摩擦和送气较强。如：迹 tɕie44、剑 tɕiɛn435、七 tɕhi44。

（10）［ɲ］舌面前浊鼻音，后略带摩擦，与细音相拼。如：泥 ɲi31、年 ɲiɛn31、疑 ɲi31、验 ɲiɛn435。

（11）［j］舌面中浊擦音，只与韵母 -i，-ie，-in 构成音节。如：樱 jin45、倚 ji51、野 jie51、翼 ji435。

（12）［k］、［kh］、［x］舌位较普通话略后。如：高 kɑu45、冠 kuæn435、科 khɵ45、阔 khue44、黑 xe44、翰 xæn435。

（13）［ŋ］舌根浊鼻音，软腭成阻后立即除阻，鼻腔气流短而弱。如：昂 ŋɑŋ31、我 ŋə51、安 ŋæn45、爱 ŋai435。

（二）射洪方言韵母系统

韵母表

韵头 韵尾	开口呼	齐齿呼	合口呼	撮口呼
无韵尾	ʅ 祠池时式	i 眉吏技易题西计	u 熟步父途住舒	y 旅取距羽
	ʌ 伐马查答	iʌ 家夏亚恰	uʌ 挂刷挖跨	
	e 塞社百革	ie 灭跌杰写野叶	ue 国或括获	ye 雪月悦靴
	o 墓坡坐禾			
	ə 割科各喝			
	ɔ 卜桌末络	iө 宿角雀约		
	ɚ 而耳尔二			
元音韵尾	ai 派台栽改埃	iai 解介界蟹	uai 揣外乖歪	
	ei 碑非妹回		uei 炊规威退	
	ɑu 豹盗烧号	iɑu 秒挑宵邀		
	əu 斗绸守偶	iəu 留酒牛友		
鼻音韵尾	æn 半弹竿南	iɛn 辨典建迁堰严嫌	uæn 段算船冠	yɛn 全元玄沿
	en 登升耕粉	in 兵定晶民巾吟	uen 文顺昆稳	yin 营旬均韵
	ɑŋ 帮苍张常	iɑŋ 良将强央	uɑŋ 望爽狂旺	
	əŋ 疯某			
	oŋ 逢东中攻			ioŋ 穷胸容兄

1. 射洪方言韵母说明：

射洪方言共有韵母 39 个，分开齐合撮四呼，其中无韵尾韵母 16 个，元音韵尾韵母 9 个，鼻音韵尾韵母 14 个。

2. 射洪方言韵母音值描写：

（1）[i] 作主元音时与标准元音 i 同，在唇音后发音略开，接近 ɪ；如：鼻 pi44、题 thi31。作韵头时，通常接近标准元音 i，略短促；如：解 tɕiai51、邪 ɕie31、丁 tin45、容 ioŋ31。作韵尾时舌位较低，接近 e。如：梅 mei31、蟹 ɕiai31、怪 kuai435、委 uei51。

（2）[u] 舌位比标准元音 u 略低，略前，唇略展。单独构成音节时，常单带有近音 [w]（实际是双唇浊擦音 [β]），如：屋 wu44、乌 wu45。[u] 发音比标准元音松，如：鹿 lu31、竹 tsu44。作韵头时舌位较低，略短促，音近于 [o]；如：外 uai435、或 xue44、威 uei45。作韵尾时舌位偏央，音近于[ɔ/ə]。如：悠 iəu45、宵 ɕiɐu45、周 tsəu45、岛 tɑu51。

（3）[y] 可单独构成音节，唇略展，接近于标准元音 y。如：玉 y435、宇 y51。作韵头时，略短促；如：越 ye44、群 tɕhyin31、员 yɛn31。

（4）[ɿ] 舌尖前不圆唇元音，舌尖较普通话略后，只和 ts－、tsh－、s－、z－相拼，不能单独构成音节。如：紫 tsɿ51、职 tsɿ44、十 sɿ44、日 zɿ44。

（5）[A]、[iA]、[uA] 主元音比标准元音 A 略高。如：花 fA45、麻 mA31、牙 iA31、夏 ɕiA435、瓦 uA51、跨 khuA435。

（6）[o] 主元音比标准元音 o 略开，略前，唇略展。如：没 mo45、幕 mo435。

（7）[ə] 与标准元音 ə 同，单独作韵母，是古入声字韵母，有入声声调；如：割 kə44，合 xə44。

（8）［ɵ］、［iɵ］，［ɵ］是［o］在古入声字中的变体，如：木 mɵ44，桌 tsɵ44，足 tɕiɵ44，岳 iɵ44。

（9）［e］、［ie］、［ue］、［ye］主元音与标准元音 e 同。

（10）［ɚ］接近普通话发音。

（11）［ai］、［iai］、［uai］主元音舌位比标准元音 a 略高而后，音接近［ɐ］；韵尾略低，i 尾都很松，音近似 ɪ。如：太 thai435、概 khai435、介 tɕiai435。

（12）［ei］、［uei］主元音比标准元音 e 略高，i 尾很松，近似 ɪ。如：培 phei31、灰 fei45、规 kuei45、盔 khuei45。

（13）［ɑu］、［iɐu］主元音比标准元音 ɑ 略前，u 尾很松；［iɐu］韵受介音 -i- 影响主元音变为了 ɐ。如：包 pɑu45、稿 kɑu51、貂 tiɐu45、俏 tɕhiɐu435。

（14）［əu］、［iəu］主元音是标准央元音 ə，u 尾很松；［iəu］韵 ə 音略短促。如：斗 təu51、酬 tshəu31、纽 niəu51、友 iəu51。

（15）［iɛn］、［yɛn］主元音受介音 -i-、-y- 的影响变为 ɛ，n 尾稳定。如：仙 ɕiɛn45、渐 tɕiɛn435、拳 tɕhyɛn31、院 yɛn435。

（16）［æn］、［uæn］主元音 æ 比标准元音 a 略高，n 尾稳定。如：战 tsæn435、含 xæn31、算 suæn435、管 kuæn51。

（17）［en］、［uən］、［yin］。［en］主元音比标准元音 e 略后，n 尾稳定，如：登 ten45、成 tshen31；［uən］韵主元音 ə 短促，如：文 uən31、唇 suən31；［yin］韵主元音是［y］，［i］是过渡音，如：循 ɕyin31、军 tɕyin45。

（18）［in］主元音 i 很松，近似 ɪ，尾音 n 稳定。如：兵 pin45、晋 tɕin435。

（19）［ɑŋ］、［iɐŋ］、［uɑŋ］主元音比标准元音 ɑ 略前，-ŋ 尾稳定；［iɐŋ］韵主元音受介音 -i- 的影响变为 -ɐ-。如：苍 tshɑŋ45、章 tsɑŋ45、想 ɕiɐŋ51、阳 iɐŋ31、庄 tsuɑŋ45、矿 khuɑŋ435。

（20）［əŋ］主元音 ə，鼻韵尾完整。如：疯 fəŋ45、某 məŋ51。

（21）［oŋ］、［ioŋ］主元音高低同于标准元音［o］，唇略展，尾音 ŋ 稳定。如：冬 toŋ45、弓 koŋ45、胸 ɕioŋ45、勇 ioŋ51。

（三）射洪方言声调系统

声调表

调类 \ 调值	普通话	成都话	射洪话	例　字
阴平	55	45	45	安班冬方弓冠交伊音诸/玻差夯灰篇羌梢生先轩
阳平	35	21	31	才成房芙弘狐朋琴强弦/昂蓝狼盟民戎蓉涯营原
上声	214	42	51	彩楚肯品巧使爽妥享选/冷旅马猛暖忍雅眼勇友
去声	51	213	435	爱暗贡故见教慰燕志醉/避步度饭汗幻佩尚现字/伴待愤旱浩巨社项造柱
入声		21	44	百卜跌法革吉甲雀屋益约则职桌足/勃笛毒捷十熟俗特习学宅直着族昨

射洪方言声调说明：

用 praat 语音软件测值计算。表中用 "/" 号隔开的是不同声母发音方法和声调调类。

1. 阴平 45，高升调。比较成都话高而长，近于普通话。

2. 阳平 31，低降调。音程短促。

3. 上声 51，全降调。音程短促。

4. 去声 435，中降升调。调尾略升。

5. 入声 44，高平。音程短促。

结合上表，可以看出射洪方言声调与中古音调类的演变关系：

1. 古平声分化

（1）全清和次清声母今为阴平。

（2）全浊和次浊声母今为阳平。

2. 古上声分化

（1）大多数清声母和次浊声母字仍为上声。

（2）全浊上声变为去声。

（3）少数上声变为阴平，多是效摄开口三等宵韵、流摄开口一三等侯韵尤韵、宕摄开口一三等唐韵阳韵，如：矫 tɕiɐu45，灸 tɕiɐu45，殴 ŋɐu45，沼 tsɑu45；揣 tshuai45，慷 khɑŋ45，悄 tɕhiɐu45，髓 suei45，捅 thoŋ45。

3. 古去声分化

（1）大部分仍为去声。

（2）全浊声母上声字变为去声。

（3）部分去声变为阴平，多为假摄开口二等麻韵、效摄开口二三等肴韵宵韵、流摄开口一三等侯韵尤韵、深摄开口三等侵韵、山摄开口三四等仙韵先韵、臻摄开口三等真韵、臻摄合口三等文韵，如：爸 pʌ45，殡 pin45，鬓 pin45，稼 tɕiʌ45，绢 tɕyɛn45，咽 iɛn45，荫 in45，疹 tsen45，诊 tsen45，综 tsoŋ45；叉 tshʌ45，权 tshʌ45，勘 khæn45，泡 phɑu45，稍 sɑu45，渗 sen45，肖 ɕiɐu45；逗 tɐu45，溜 liɐu45，晕 yin45。

4. 古入声分化

（1）仍为入声，如：百 pe44，德 te44，级 tɕie44，屋 wu44，卒 tɕiɵ44；石 sʅ44，择 tshe44，族 tshɵ44，速 ɕiɵ44，雪 ɕye44。

（2）由于入声调值与阴平调值相近，部分入声混入阴平，如：挖 uᴀ45，揖 ji45，喝 xə45，翲 tɕhy45，剔 thi45，核（匣没合一）fu45，划 fᴀ45，拉 lᴀ45，没 mo45，捏 n̠ie45。

（3）受到其它口音的影响，少数入声变成去声，如：逼 pi435，即 tɕi435，轧 jiᴀ435，刻 khe435，饰 sʅ435，宿 ɕiəu435，泄 ɕie435，剧 tɕy435，秩 tshʅ435，牧 mo435。

三　射洪方言声母和韵母的配合关系

声母 ＼ 四呼	开口呼	齐齿呼	合口呼	撮口呼
p, ph, m	+	+	（－u）	
f	+		（－u）	
t, th, l	+	+	+	（l－）
n̠		+		
ŋ	+			
ts, tsh, s, z	+		+	
tɕ, tɕh, ɕ		+		+
k, kh, x	+		+	
j		（－i，－ie，－in）		
w			（－u）	
φ	+	+	+	+

声韵配合关系说明：

1. 表内空格表示声韵不能配合，"＋"表示声韵可以配合；（－u）表示这类声母只能与合口呼中的单元音韵母［－u］相配合。

2. 从声母来看，能够同开齐合撮四呼均相配合的只有零声母与舌尖前浊边音［l－］。

3. 从韵母来看，四呼中开口呼的配合能力最强，除［ȵ－、tɕ－、tɕh－、ɕ－、j－］与［w－］以外，同其它声母均能相配合。

4. 在舌尖前音［t－，th－，l－］中，舌尖前浊边音［l－］可以同开、齐、合、撮四呼相配合，而舌尖前清塞音［t－，th－］则不能跟撮口呼相配合。

5. 近音［w］（实际是双唇浊擦音［β］），只与合口呼中的单元音韵母［－u］相配合。可以看是零声母音节［－u］的变体。

6. 舌面中浊擦音［j－］只与齐齿呼韵母中的［－i］、［－ie］、［－in］相配合。

根据射洪话的语音特征，它应当归于四川地区的南路话方言，是位于湖广话地区的一个南路话方言岛。关于四川两大方言湖广话和南路话及其特征，请参看我的导师周及徐教授文"南路话和湖广话的语音特点——兼论四川两大方言的历史关系"[5]。

四 射洪方言同音字汇

ɿ

ts [44] 蛰汁织直值执植殖职炙置质 [45] 之支芝枝知肢
脂蜘只姿兹滋资谘 [51] 耻止只旨指纸趾子姊梓紫
[435] 翅巳至志制治致痔室智痣稚字自

tsh [44] 吃尺赤 [45] 疵 [31] 池持驰迟侈斥祠瓷词慈
磁雌辞 [51] 嗤齿此址 [435] 次刺赐秩滞

s [44] 跋失湿十什石拾食实蚀识室适叔 [45] 尸施师狮
诗司私思斯丝撕 [31] 匙时 [51] 史使始屎驶死 [435]
矢士氏世仕市示式事侍恃拭是柿逝视势嗜试饰誓释四寺
伺似祀嗣肆饲

z [44] 日

i

p [44] 鼻笔必毕碧滗壁璧 [51] 比彼 [435] 被备逼庇
陛敝闭币弊算蔽篦避毙

ph [31] 皮枇疲琵脾匹痞 [51] 鄙痹 [435] 屁

m [44] 秘密 [31] 眉楣媚迷谜弥糜靡觅蜜 [51] 米

t [44] 的滴笛嫡敌 [45] 低爹 [51] 底抵 [435] 地弟帝
第蒂递隶

th [45] 剔梯 [31] 堤啼提蹄题屉 [51] 体 [435] 剃
涕替

l [44] 力立历 [31] 梨璃黎离篱 [51] 李里理里礼鲤栗
[435] 吏利例荔痢厉励丽

tɕ 　[44] 积吉急疾集辑籍寂卿借 [45] 肌饥基箕稽机讥饥
　　几几 [51] 己几挤虮纪杞 [435] 即妓忌技季既计记寄
　　祭际冀剂髻济继系

tɕh 　[44] 七戚漆膝 [45] 妻期欺奚溪 [31] 岐其奇祈棋
　　旗齐骑 [51] 岂起启 [435] 企汽契气器楔

ɕ 　[44] 夕昔析息悉惜熄锡席习媳婿 [45] 栖兮西希犀稀
　　熙豨牺些 [51] 嬉洗徙喜玺 [435] 系细戏

ȵ 　[31] 尼泥倪腻宜疑谊 [51] 你拟 [435] 蚁义艺议

j 　[45] 伊揖 [31] 噎耶夷姨移遗肄缢 [51] 已以倚椅
　　[435] 抑易逸亿忆翼

ø 　[44] 一乙亦益 [45] 衣依医 [31] 译 [435] 易意

u

p 　[44] 不 [51] 补 [435] 捕布步怖部簿

ph 　[45] 铺 [31] 菩蒲 [51] 甫脯浦普谱 [435] 铺

m 　[31] 模膜沫 [51] 母拇

f 　[44] 沸佛伏服袱福复腹赋缚覆 [45] 夫孵敷肤麸扶俘
　　核乎呼 [31] 芙浮幅蝠狐胡壶湖糊胡 [51] 府斧俯釜腑
　　腐辅抚虎浒 [435] 符父付附咐负赴副妇傅富互戶戽沪护

t 　[44] 督毒独牍犊读笃黩 [45] 都 [51] 堵赌肚 [435]
　　妒杜肚度渡镀

th 　[44] 突 [31] 徒途屠涂图 [51] 土吐 [435] 兔

l 　[44] 六陆绿 [31] 卢庐芦炉鹿驴奴 [51] 卤虏鲁橹努
　　[435] 露路怒

ts 　[44] 触粥轴竹逐烛祝筑 [45] 朱株珠猪蛛诛诸租
　　[51] 主煮阻祖组 [435] 挂住助注苎柱著蛀箸驻铸做

tsh ［44］出雏 ［45］初粗 ［31］除锄储 ［51］杵楚础处
　　［435］处醋

s 　［44］淑熟黍蜀属嘱 ［45］书殊梳疏舒枢蔬输酥苏 ［51］
　　暑署鼠薯 ［435］戍述恕庶术墅漱数树素诉塑

z 　［44］入 ［31］如擩 ［51］汝乳辱蕊蕊 ［435］儒

k 　［44］谷骨谷 ［45］姑孤 ［51］估古股牯鼓 ［435］固
　　故雇顾

kh ［45］箍枯 ［51］苦 ［435］库裤 ［44］哭窟

w 　［44］屋物 ［45］巫乌诬 ［31］吴梧无蜈 ［51］五午伍
　　武侮舞鹉 ［435］吾戊务悟误雾

y

l 　［51］吕旅履女 ［435］滤虑

tç ［44］局菊橘驧 ［45］车居拘痀驹 ［51］矩举 ［435］
　　句巨拒具俱距聚剧据锯惧娶

tçh 　［44］掘 ［45］区蛆趋麹驱 ［31］瞿渠 ［51］取
　　［435］砌去趣

ç 　［44］粟 ［45］虽虚须需墟吁 ［31］徐 ［51］许 ［435］
　　遂隧序绪

ø 　［45］迂淤 ［31］于盂娱鱼愉愚榆虞渔馀禹喻 ［51］宇
　　羽雨与语屿 ［435］慰逾玉芋寓裕遇愈预豫御誉

A

p 　［44］八 ［45］巴爸杷琶 ［51］把 ［435］罢霸坝欛耙

ph 　［44］拔 ［31］爬耙 ［435］帕怕

m 　［44］抹 ［31］麻 ［51］马码

f 　［44］发乏伐罚法滑猾 ［45］花划 ［31］筏华划 ［435］

化画话

t 〔44〕搭答达〔51〕打〔435〕大

th 〔44〕沓塌塔獭拓榻踏〔45〕他

l 〔44〕辣腊蜡纳〔45〕拉挪〔31〕挐〔51〕哪
〔435〕那

ts 〔44〕杂扎札煠闸铡眨乍〔45〕渣〔435〕炸诈榨

tsh 〔44〕擦插搽〔45〕叉叉杈差〔31〕查茶察〔51〕叉
叉〔435〕岔

s 〔44〕杀煞〔45〕萨沙纱杉〔51〕撒洒傻

k 〔51〕尬

x 〔45〕呵〔435〕下 **iA**

tɕ 〔44〕夹甲胛〔45〕加佳家嘉稼〔51〕贾假〔435〕架
嫁价驾

tɕh 〔44〕掐恰洽

ɕ 〔44〕瞎〔45〕虾〔31〕匣侠峡狭遐暇瑕辖霞挟
〔435〕下下夏吓

ȵ 〔435〕亚

j 〔435〕轧

ø 〔44〕鸭〔45〕丫鸦〔31〕牙芽涯衙〔51〕哑雅〔435〕
押压

uA

ts 〔44〕啄〔45〕抓〔51〕爪

s 〔44〕刷涮

k 〔44〕刮〔45〕瓜〔51〕剐寡〔435〕剐卦挂

kh 〔45〕夸〔435〕跨

ø　［44］袜［45］挖蛙［51］瓦

e

p　　［44］白百柏北伯帛陌

ph　 ［44］泊拍迫魄

m　　［44］麦墨默

t　　 ［44］得德

th　 ［44］特

l　　 ［44］勒肋劣

ts　　［44］侧则责贼摘窄蜇折哲褶浙蔗［45］遮［51］者

tsh　 ［44］册侧测策拆彻撤择泽宅辙［45］车［51］扯

s　 ［44］塞塞色啬瑟涩舌舍涉设摄折［45］奢赊［31］佘
蛇［51］舍［435］社射赦

z　　 ［44］热［51］惹

k　　 ［44］革格隔骼［45］给

kh　 ［44］克刻客［435］刻

ŋ　　 ［44］额扼轭

x　　 ［44］核赫黑

ie

p　　 ［44］别［45］蹩

ph　 ［44］辟劈僻撇［51］跛

m　　 ［44］灭［31］篾

t　　 ［44］狄跌迭喋碟蝶谍帖

th　 ［44］踢贴铁

l　　 ［44］粒历列烈裂猎泣

tɕ　 ［44］给迹激击绩及级极脊接杰结节竭洁吸［45］疖

[51] 姐 [435] 借

tɕh　[44] 揭劫捷截乞讫切妾怯 [31] 茄 [51] 且
[435] 去

ɕ　[44] 袭隙歇协胁穴 [31] 邪斜 [51] 写 [435] 泄卸
谢泻

ȵ　[44] 逆匿溺孽镊业 [45] 捏

j　[44] 凹 [31] 爷 [51] 也野 [435] 夜液腋

ø　[44] 聂页叶

ue

k　[44] 郭国

kh　[44] 括扩阔

x　[44] 或惑获

ye

tɕ　[44] 决诀绝

tɕh　[44] 厥蕨缺瘸

ɕ　[44] 削屑恤薛雪血 [45] 靴

ø　[44] 曰月悦越阅

o

p　[45] 波玻菠 [51] 簸 [435] 播

ph　[45] 坡 [31] 婆 [435] 薄破剖

m　[45] 没摸 [31] 摹磨魔 [51] 抹 [435] 磨抹牧募墓
幕慕暮

t　[45] 多 [51] 朵剁 [435] 舵惰

th　[45] 拖 [31] 陀驮驼 [51] 妥椭 [435] 唾

l　[31] 腘螺罗骡萝萝箩锣 [51] 了裸 [435] 摞诺糯

ts　　［51］左佐　［435］坐座

tsh　　［45］搓　［435］措锉错

s　　［45］唆梭簑　［51］叟所琐锁　［435］嗽

k　　［45］戈哥歌锅　［51］果裹　［435］个过

x　　［31］禾何和河荷霍　［51］火夥　［435］荷贺货祸

ø　　［45］阿倭窝蜗　［31］俄蛾鹅斡　［435］饿臥

ə

k　　［44］割鸽葛阁各角

kh　　［44］磕渴酷廓壳　［45］科　［51］棵窠颗可　［435］
搁课

ŋ　　［44］讹恶沤　［51］我

x　　［44］合盒　［45］喝喝　［51］喝

ɵ

p　　［44］剥拨博驳薄

ph　　［44］勃钹卜泼扑仆朴

m　　［44］沒末莫寞木目穆

th　　［44］夺秃托脫

l　　［44］胳烙酪乐六禄赂录律洛络落骆

ts　　［44］卓捉桌酌着着琢镯昨作

tsh　　［44］戳绰促撮术凿拙着着浊族

s　　［44］率芍束说缩索

z　　［44］若弱

ŋ　　［44］沃

x　　［44］鹤忽豁活藿勿

ø　　［44］握

iɵ

l　［44］掠略

tɕ　　［44］角脚爵觉足卒

tɕh　　［44］倔曲屈雀确鹊

ɕ　　［44］俗速宿宿宿肃戌旭畜蓄续学

ø　［44］乐虐疟药钥役疫育浴域欲狱郁约岳粤

ɚ

ø　［31］而儿　［51］耳尔饵　［435］二

ai

p　　［51］摆　［435］拜败稗

ph　　［31］排牌　［435］派

m　　［31］埋　［51］买　［435］卖迈

f　　［31］淮槐怀　［435］坏

t　　［45］獃　［435］代待怠殆带袋贷戴

th　　［45］胎　［31］台抬苔　［51］大　［435］太泰态

l　　［31］来　［51］乃奶　［435］赖癞奈耐

ts　　［45］栽斋　［51］宰载滓　［435］载再在债寨绽

tsh　　［45］猜差钗　［31］才材财裁柴豺　［51］采彩　［435］
菜蔡

s　　［45］腮鳃筛　［435］赛晒

k　　［45］该阶街　［51］改解　［435］丐盖

kh　　［45］揩开　［51］凯楷　［435］溉概慨

ŋ　　［45］哀埃挨　［31］捱呆崖　［51］矮　［435］蔼艾隘
爱碍

x　　［31］孩还鞋　［51］海　［435］亥害骇

iai

tɕ　［45］皆阶　［51］解　［435］介戒芥界疥械

ɕ　［31］孩谐蟹　［435］解羨懈

uai

tsh　［45］揣　［51］踹

s　［45］衰　［435］帅

k　［45］乖　［51］拐　［435］怪

kh　［51］块　［435］刽会快

ø　［45］歪　［435］外

ei

p　［45］卑杯悲碑　［435］贝背倍焙辈婢臂

ph　［45］批坯披　［31］陪培裴赔　［51］胚　［435］沛佩配

m　［31］枚梅媒煤霉　［51］每美　［435］妹昧寐

f　［45］妃非飞灰恢徽讳　［31］肥回　［51］匪翡悔晦毁　［435］吠肺费痱废惠贿慧绘穗

uei

f　［435］会

t　［45］堆　［435］兑队碓对

th　［45］推　［51］腿　［435］退蜕

l　［31］雷　［51］儡垒累瘰　［435］累累类内

ts　［45］追锥　［51］嘴　［435］坠缀赘最罪醉

tsh　［45］吹炊崔催　［31］垂槌锤　［435］猝脆翠碎

s　［45］髓　［31］谁随　［51］水　［435］粹瑞税睡岁絮

z　［435］锐

k　［45］圭规闺龟归　［51］轨鬼诡　［435］癸桂贵柜

kh ［45］盔窥亏［31］奎逵葵魁［51］傀［435］跪愧溃

x ［45］挥辉［435］秽

ø ［45］威煨［31］危微桅唯惟围为违维［51］尾委伟萎苇纬［435］为伪未位味畏胃卫谓魏

ɑu

p ［45］包胞雹［51］保堡饱宝［435］褒抱豹菢报暴鲍爆刨瀑曝

ph ［45］脬泡泡［31］刨袍［51］跑［435］炮泡泡

m ［31］毛矛茅［51］卯牡［435］冒帽貌

t ［45］刀叨［51］倒岛［435］倒到盗道稻

th ［45］掐滔［31］涛逃桃陶淘萄［51］讨［435］道套

l ［45］捞［31］牢劳唠涝［51］老姥恼脑［435］闹

ts ［45］朝糟招昭沼诏［31］遭［51］早蚤枣澡爪［435］皂召兆照罩赵

tsh ［45］操抄超钞缲［31］曹槽巢朝潮［51］草吵炒［435］糙造躁

s ［45］臊骚梢稍筲烧［51］扫嫂哨少［435］臊少邵绍潲

z ［31］饶尧［51］扰绕

k ［45］羔高膏糕［51］搞稿［435］告窖觉

kh ［45］敲［51］考烤［435］犒靠

ŋ ［45］熬［31］熬［51］袄［435］坳傲奥澳懊

x ［45］蒿薅［31］篙毫豪壕号号［51］好［435］好浩耗号号

uəu

p ［45］彪标膘［51］表

ph　［45］漂飘［31］瓢［435］漂

m　［31］苗描［51］秒渺藐杳［435］妙庙

t　［45］刁貂雕［435］掉钓调

th　［45］挑［31］调条［435］跳

l　［31］聊撩辽燎疗了［51］寥了［435］料

tɕ　［45］交郊椒焦娇浇胶蕉骄矫教［51］狡绞剿铰饺缴搅
　　［435］叫教较轿嚼

tɕh　［45］悄敲［31］乔侨荞樵桥［51］巧［435］俏鞘窍

ɕ　［45］侥宵消硝销霄萧箫嚣肖［51］小晓［435］酵淆
　　孝效校笑

ȵ　［51］鸟咬［435］尿

ø　［45］幺吆妖腰邀［31］肴姚摇［51］舀［435］要耀
　　鹞跃

əu

t　［45］都兜逗［51］斗陡［435］豆逗斗痘

th　［45］偷［31］投头［51］抖［435］透

l　［31］楼［51］搂篓屡缕［435］陋漏

ts　［45］州舟周洲邹［51］肘帚走［435］咒宙纣昼奏

tsh　［45］抽搊［31］仇愁稠酬绸筹［51］丑［435］臭骤

s　［45］收搜馊［51］手守首［435］受售授寿瘦兽

z　［31］柔揉［435］肉

k　［45］勾钩沟［51］狗［435］苟垢构购

kh　［45］抠［51］口［435］叩扣寇

ŋ　［45］欧殴［51］偶呕藕

x　［31］侯喉猴［51］吼［435］后厚后候

iəu

m　［435］谬

l　［45］溜［31］流留琉硫榴刘馏［51］柳

tɕ　［45］纠鸠阄灸［51］九久韭酒［435］究臼咎柩救就舅旧

tɕh　［45］丘秋鳅［31］求球

ɕ　［45］休修羞［31］囚泅［51］朽［435］宿宿宿秀袖锈嗅诱

ȵ　［31］牛［51］扭纽

ø　［45］幽悠忧优［31］尤由油邮游犹［51］友有酉［435］柚又右幼佑釉

æn

p　［45］扳班般斑搬颁擘［51］板版［435］半伴扮拌办瓣蚌

ph　［45］潘攀［31］盘［435］绊判叛盼畔襻

m　［31］瞒馒蛮［51］满［435］鳗慢漫蔓

f　［45］番翻欢［31］帆凡烦繁矾还环［51］反缓［435］犯泛范贩饭范幻宦患唤换焕

t　［45］丹耽单担［51］疸胆［435］担掸旦但淡蛋诞弹

th　［45］坍贪摊滩探［31］弹痰潭谈坛檀谭［51］坦毯［435］炭

l　［31］蓝拦篮兰栏男南难［51］懒览揽榄缆娄［435］滥烂难

ts　［45］黏簪沾毡瞻［51］攒展斩盏［435］颤蘸赞錾占站栈战蘸

tsh　［45］参餐搀［31］残惭蚕缠谗馋［51］惨产
　　　［435］灿

s　［45］三山衫扇［31］禅蝉［51］伞陕闪［435］散扇
　　善膳鳝

z　［31］然燃［51］冉染

k　［45］干甘肝柑竿尴干［51］敢感橄擀［435］干

kh　［45］刊勘堪龛嵌［51］坎［435］看

ŋ　［45］安庵鞍淹［435］岸按案暗晏晏雁

x　［45］酣憨鼾［31］含函寒韩闲衔咸［51］罕喊［435］
　　汗旱汉憾撼翰苋陷

w　［51］娩

ien

p　［45］编边鞭［51］蝙扁匾贬［435］便辨辫辩变

ph　［45］偏篇［435］遍片骗

m　［31］眠棉绵［51］免勉缅［435］面

t　［45］战颠癫［51］典点［435］佃店奠殿电垫簟

th　［45］天添［31］田甜填［51］舔

l　［31］连廉莲联帘镰［51］脸［435］敛炼练恋

tɕ　［45］奸尖肩兼坚间煎监艰［51］柬剪跰拣笕俭检简茧
　　　［435］间件见建健腱渐剑箭贱践荐谏键饯溅舰鉴

tɕh　［45］笺歼千牵铅迁谦签［31］前虔乾钳钱［51］浅
　　　遣［435］欠歉

ɕ　［45］仙先［31］闲嫌贤［51］险显［435］限现宪县
　　馅献

ȵ　［45］拈研［31］年阎严俨［51］碾辇撵［435］念

砚验

ø [45] 咽烟焉蔫阉炎 [31] 涎延言筵檐颜盐 [51] 掩眼演 [435] 宴晏晏堰焰厌燕谚

uæn

t [45] 端 [51] 短 [435] 段缎锻断

th [31] 团

l [31] 鸾 [51] 卵暖 [435] 乱

ts [45] 专砖钻 [51] 转 [435] 传转篆赚钻

tsh [45] 川穿 [31] 船传椽 [51] 铲 [435] 串篡窜纂

s [45] 删珊拴酸 [435] 疝闩蒜算

z [51] 阮软

k [45] 官冠棺关鳏观 [51] 管馆 [435] 冠贯惯灌罐

kh [45] 宽 [51] 款皖

ø [45] 豌弯湾 [31] 丸完玩顽 [51] 宛挽晚碗腕 [435] 万院

yɛn

tɕ [45] 捐绢 [51] 卷 [435] 卷倦眷圈券

tɕh [45] 圈 [31] 全泉拳权颧 [51] 犬 [435] 劝

ɕ [45] 掀鲜宣轩喧 [31] 弦玄悬眩 [51] 选癣 [435] 旋楦

ø [45] 冤渊 [31] 铅沿元原员袁援园圆源缘辕 [51] 远 [435] 怨院愿

en

p [45] 奔崩 [51] 本 [435] 笨抷

ph [45] 烹 [31] 盆彭膨

m　　［31］门［435］闷

f　　［45］分吩芬纷昏婚荤浑［31］焚坟横魂［51］粉
　　　［435］份忿愤奋粪混喷

t　　［45］登灯敦［51］等戥墩［435］凳邓瞪沌盾遁钝顿

th　　［45］吞［31］囤疼誊藤腾豚臀

l　　［31］伦轮能［51］冷［435］论嫩

ts　　［45］簪曾增甑珍贞真砧针侦斟臻疹诊征争蒸筝尊遵
　　　［51］枕振拯整［435］澄蹲憎赠阵震镇正政症郑证

tsh　　［45］称撑村［31］层臣沉陈尘丞成呈承城程诚澄橙存
　　　曾［51］惩逞［435］趁称衬牚撑秤寸慎

s　　［45］参森僧申伸身深渗升生牲甥声孙［31］辰晨承乘
　　　娠神［51］沈审婶省笋损榫［435］葚甚肾盛剩胜圣

z　　［31］人仁壬任［51］忍刃［435］任韧认仍

k　　［45］根跟更更庚耕羹［51］哽耿梗粳［435］更埂

kh　　［45］坑［51］肯垦恳

ŋ　　［45］恩［31］硋［435］硬

x　　［45］亨［31］痕恒衡茎［51］很［435］恨杏

in

p　　［45］彬宾殡鬓冰兵槟［51］丙秉柄饼［435］病

ph　　［45］姘［31］贫频平坪屏瓶萍评［51］品［435］聘

m　　［31］萌盟民名明冥暝铭鸣［51］皿抿敏闽悯
　　　［435］命

t　　［45］丁疔钉［51］顶鼎［435］钉定订锭

th　　［45］厅［31］廷亭庭停蜓［51］挺艇［435］听

l　　［31］笠伶林淋邻临鳞伶陵凌菱铃零灵宁吟萤［51］檁

领岭 [435] 赁令

tɕ [45] 巾今斤金津筋京荆晶睛经精惊 [51] 仅紧锦谨井景颈警境 [435] 襟尽近劲晋进禁径淨竟敬靖靜镜竞

tɕh [45] 亲钦青卿清蜻轻 [31] 芹秦琴禽勤擒情晴 [51] 寝请 [435] 浸侵庆

ɕ [45] 心辛欣新薪星腥兴 [31] 刑行形型 [51] 醒 [435] 信衅兴行姓幸性

ȵ [31] 凝 [435] 吝

j [45] 樱莺鹦 [435] 印应

ø [45] 因姻音殷阴荫英婴缨鹰蝇 [31] 寅淫银迎盈赢 [51] 引饮隐影颖 [435] 映

uən

ts [51] 准

tsh [45] 春椿 [51] 蠢

s [31] 唇纯醇绳 [435] 舜顺

z [435] 闰润孕

k [51] 滚

kh [45] 坤昆 [435] 困

ø [45] 溫瘟 [31] 文纹蚊闻 [51] 刎吻稳 [435] 问璺

yin

tɕ [45] 君均军钧郡 [51] 窘 [435] 菌俊

tɕh [45] 倾 [31] 琼裙群 [51] 顷

ɕ [45] 勋熏 [31] 巡旬荀寻循询殉 [435] 迅讯训逊

j [435] 熨

ø [45] 晕 [31] 荣营云匀云 [51] 永允 [435] 咏泳

运韵

ɑŋ

p ［45］邦帮 ［51］榜谤 ［435］傍棒

ph ［31］旁螃庞 ［435］胖

m ［31］忙芒盲茫 ［51］莽蟒泯

f ［45］方坊芳荒慌 ［31］防妨房肪皇黄惶蝗簧晃 ［51］仿纺访谎 ［435］放

t ［45］当 ［51］党 ［435］当挡宕荡

th ［45］汤 ［31］唐堂棠塘糖 ［51］荡躺趟 ［435］烫

l ［31］郎狼廊螂囊 ［51］朗 ［435］浪

ts ［45］赃张章樟瘴 ［51］长掌涨 ［435］藏葬丈仗杖帐胀障账

tsh ［45］仓苍舱昌倡 ［31］藏长肠场 ［51］厂 ［435］唱畅

s ［45］桑丧商伤 ［31］常尝裳 ［51］偿嗓操磉赏 ［435］丧丧上尚

z ［31］瓤 ［51］酿壤 ［435］让

k ［45］缸刚纲钢岗 ［51］港 ［435］虹

kh ［45］康慷糠 ［31］扛 ［435］抗炕

ŋ ［31］昂

x ［45］夯 ［31］杭航行 ［435］巷项

iɑŋ

l ［31］良凉梁粱 ［51］两辆 ［435］凉亮量谅

tɕ ［45］江豇僵浆姜疆缰将 ［51］蒋桨奖讲 ［435］匠降将酱强

tɕh 　[45] 羌腔枪 [31] 强墙 [51] 强抢

ɕ 　[45] 相香乡湘箱襄镶 [31] 降祥详 [51] 享想饷响
[435] 相向象像橡

ȵ 　[31] 娘

ø 　[45] 央殃秧 [31] 羊洋阳扬杨疡 [51] 仰养痒
[435] 样

uɑŋ

ts 　[45] 妆庄装桩 [435] 壮状撞

tsh 　[45] 窗疮 [51] 闯 [435] 创

s 　[45] 霜双孀 [51] 爽

k 　[45] 光 [51] 广 [435] 逛

kh 　[45] 筐框眶 [31] 狂 [435] 况旷矿

ø 　[45] 汪 [31] 亡王忘 [51] 往枉网 [435] 妄旺望

əŋ

m 　[51] 某

f 　[45] 疯

oŋ

ph 　[45] 喷 [31] 朋棚蓬篷 [51] 捧

m 　[31] 蒙谋 [51] 猛懵亩 [435] 茂贸梦孟

f 　[45] 封风蜂锋丰烘轰 [31] 逢冯缝 [51] 讽否 [435]
枫缝奉俸凤

t 　[45] 冬东 [51] 懂 [435] 洞冻动栋

th 　[45] 通捅 [31] 同桐童铜瞳筒 [51] 桶统 [435] 痛

l 　[45] 聋 [31] 隆龙笼农浓脓 [51] 陇拢 [435] 弄

ts 　[45] 春中忠盅终钟宗综踪鬃 [51] 宠冢肿种总 [435]

中仲重众皱粽纵

tsh [45] 充冲忽葱聪 [31] 崇虫从丛重 [51] 怂

s [45] 松 [51] 怂 [435] 宋送讼颂诵

z [31] 戎茸绒氄

k [45] 工弓公功攻宫恭蚣躬 [51] 汞拱巩 [435] 供拱
共贡

kh [45] 空 [51] 孔恐 [435] 空控

x [31] 弘宏洪红虹鸿

ø [45] 翁壅 [435] 瓮

ioŋ

tɕh [31] 穷

ɕ [45] 凶兄胸 [31] 雄熊

ø [31] 容溶蓉融庸 [51] 雍拥勇 [435] 用

参考文献：

[1] 四川省射洪县县志编纂委员会. 射洪县志 [M]. 成都：四川大学出版社，1999.

[2] 黄雪贞. 西南官话的分区（稿）[J]. 方言，1986（4）.

[3] 郝锡炯，甄尚灵，陈绍龄. 四川方言音系 [J]. 四川大学学报，1960（3）.

[4] 中国社会科学院语言研究所. 方言调查字表（修订本）[M]. 北京：商务印书馆，2006.

[5] 周及徐. 南路话和湖广话的语音特点——兼论四川两大方言的历史关系（见本书）.

Phonetic System of Shehong Speech in Sichuan Province

Zhang Qiang

(Chinese Departmen, Sichuan Normal University, Chengdu, Sichuan, 610068)

Abstract: Based on the recorded phonetic material from the on – the – spot investigation to the natives, the author describes the sound system of the Shehong dialect, a branch of the Sichuan dialect of Modern Chinese, and induces the initial consonants, vowels and tones of the speech, and shows the laws of their incorporation. By comparing the sound system with the *Qieyun* sound system (7th century), the author presents some phonological characters, and shows some historical evolution in the dialect. A homophone syllabary of the Shehong Speech is added at the end of the papper. .

Key words: Sichuan dialect, Shehong Speech, phonetic system, homophone syllabary

峨眉话音系①

刘璨鸿②

内容提要： 根据田野调查的峨眉话的 3000 多字的语音资料，对峨眉话的语音作了详细的描写。对照普通话音和《切韵》音系做了对比，归纳出峨眉话音系的主要特点。后附峨眉话同音字表。

关键词： 峨眉话　语音系统　同音字表

一　概　　说

峨眉地理位置：峨眉山市，位于四川盆地西南边缘，乐山以西。东北与川西平原接壤，西南连接大、小凉山，是盆地到高山

① 基金项目：国家社会科学基金项目（2008），四川西南地区方言研究，项目批准号 08BYY015。

② 作者简介：刘璨鸿，1986 年生，四川宝兴县人，硕士研究生，研究方向：汉语言文字学。

的过渡地带。峨眉山市是四川省辖县级市。东西宽 25 公里，南北长 46 公里，东与乐山市交界，南与峨边县相连，西与洪雅县相接，北与夹江县连界。全市面积 1183 平方公里，辖 12 个镇，6 个乡，总人口 423070 人。在交通上，峨眉市与青衣江流域的夹江、洪雅往来方便，亦与岷江岸边的乐山市紧邻无碍。

　　录音对象的基本情况：冯志远，男，1943 年本地出生，大学本科学历，中学教师（已退休）。乐山师范学院中文专业毕业，在现峨眉山市六中教书至退休。录音时间地点：2009 年 8 月 9 日，峨眉山市六中。录音记音人：刘璨鸿。校听：周及徐。

　　四川大学陈绍龄老师曾在 1959 年对峨眉话作过调查[1]。1960 年四川方言调查成果《四川方言音系》中有峨眉方言点[2]，但只有声韵调表和 400 字的字音表。本次调查使用中国社会科学院语言研究所的《方言调查字表》[3]，扩大了字量，并制作了音档和数据库。

二 声韵调系统

（一）峨眉话声母

发音方法＼发音部位			唇音		舌尖音		舌面前	舌根音
			双唇	唇齿	舌尖前	舌尖中		
塞音	清	不送气	p 逼八部			t 登当钓断代		k 竿古鬼跪
		送气	ph 蓬皮拍			th 吞跳推堂		kh 昆款狂
塞擦音	清	不送气			ts 再最昨猪侦直壮寨志植		tɕ 酒匠句集倦	
		送气			tsh 村赐此才词趁茶册尺		tɕh 雀枪情欠拳	
鼻音	浊		m 免帽木民			n 南鸟牛谊		ŋ 岸暗
边音	浊					l 老累律		
擦音	清			f 法父芳风	s 三算遂山世石		ɕ 想雪夏向夕 / x 灰河红	
	浊			v 武伍戊屋	z 仁软锐阮			
零声母			ɸ 晚耳牙月衣完员羊					

　　峨眉话共有 20 个声母，以及零声母的情况。与普通话声母相比，峨眉话声母中缺少了舌尖后音［tʂ，tʂh，ʂ］，古知庄章

组字今音一律读作舌尖前的〔ts，tsh，s〕；增加了唇齿浊擦音〔v〕和舌根鼻音〔ŋ〕。

声母音值描写：

1. 〔p、ph〕发音和普通话相同。如：八pɑ223，陪phei31。

2. 〔m〕发音和普通话相同。如：免miɛ̃41，帽mɑu223。

3. 〔f〕发音和普通话相同。如：反fan41，肥fei31。

4. 〔v〕跟〔f〕相对的唇齿浊擦音。只与元音韵母〔u〕构成音节，后接〔u〕元音不圆唇。发音时，上齿和下唇接触，形成摩擦。如：武vu41，吴vu31。

5. 〔t〕、〔th〕发音和普通话相同。如：搭tᴀ45，肚tu223，唐thɑŋ31。

6. 〔n〕发音和普通话相同。如：你ni41，验niɛ̃223。

7. 〔l〕发音和普通话相同。如：拉lᴀ44，老lɑu41。

8. 〔ts〕、〔tsh〕、〔s〕发音和普通话相同。如：占tsan223，陈tshen31，手səu41。

9. 〔z〕是跟〔s〕对应的舌尖前浊擦音，发音时舌尖和齿龈轻微接触，摩擦成分较轻，浊音气流也较弱。如：热zæ44，软zuan41。

10. 〔tɕ、tɕh、ɕ〕发音和普通话相同。如：假tɕiᴀ41，欠tɕhiɛ̃223，小ɕiɐu41。

11. 〔k、kh、x〕发音和普通话相同。如：古ku41，看khan223，河xo31。

12. 〔ŋ〕成阻后立即除阻，鼻腔气流短而弱。如：爱ŋai223，安ŋian44。

（二）峨眉话韵母

韵尾 ＼ 韵头	开口呼	齐齿呼	合口呼	撮口呼
无韵尾	ɿ 词纸世式石汁	i 记眉弟西衣笛乞乙立	u 父苦牡叔毒出骨	y 句雨曲屈剧
	A 沙茶大笿扎	iA 假鸦霞佳夹瞎	uA 挂抓瓦滑挖	
	ɑ 帕伐八法			
	æ 白色杀蜡		uæ 括刷扩	
	ə 哥贺或各鸽	ie 列切液贴谢皆		ye 雀雪决
	o 婆所弱昨捉脱	io 岳曰脚狱		
	ɚ 而儿二			
元音韵尾	ɑu 包桃嫂吵高熬矛	iɑu 苗掉椒孝姚饺		
	ai 买抬来菜债改鞋爱		uai 外歪快帅	
	əu 豆走瘦手狗喉	iəu 柳袖九休右		
	ei 贝妹退臂肥		uei 味嘴水鬼胃最灰	
	ɛ 车舍且惹			

韵头 韵尾	开口呼	齐齿呼	合口呼	撮口呼
鼻音韵尾	an 板反蛋短乱 伞汗南占喊	ian 竿间安敢暗	uan 晚算转穿 官完	
	en 等剩冷生城 硬盾坟身针		uen 问顺滚魂绳	
	in 冰停晴轻幸 形新斤琴			yn 琼泳俊裙运
	ɑŋ 忙房汤狼仓 伤刚棒巷	iɑŋ 江娘箱香羊	uɑŋ 忘装狂黄 往撞双	
	oŋ 风东农送重 众公红朋孟 某	ioŋ 穷胸用兄		
		iɛ̃ 棉田年县剪 眼演店欠厌		yɛ̃ 鲜全权悬远

1. 关于韵母的说明

（1）峨眉话有 39 个韵母，无韵尾韵母 16 个，元音韵尾韵母 9 个，鼻音韵尾 14 个。与普通话相比，少了韵母 [ɤ]、[ɛ]、[əŋ]、[uəŋ]，增加了韵母 [ɑ]、[ɛi]、[ian] 和入声韵 [æ]、[uæ]。

（2）[A]、[ɑ]，[A] 为央低元音，韵母读 [A] 的字多是假摄舒声开口二等字和果摄舒声开口一等字，声母为端知见系，以及咸摄入声、山摄入声和曾摄入声开口一、二等字的端知系字。如：炸 tsʌ223，他 thʌ44，答 tʌ223，扎 tsʌ223。［ɑ］较 ［ʌ］音靠后，声母均为帮系，韵母为假摄舒声、蟹摄舒声、宕 摄舒声开口一、二等字和山摄入声、咸摄入声开口二等，合口三 四等字。如：把 pɑ41，马 mɑ41，帕 phɑ223，伐 fɑ223。

（3）［æ］，单独作韵母，是古入声字韵母。多为咸山曾梗 摄入声韵的一二三等字。如：蜡 læ45，舌 sæ44，色 sæ44，伯 pæ44 此入声韵部分混入［ʌ］韵中。如：答 tʌ223，扎 tsʌ223。

（4）［ə］，主要作为入声字韵母。主要在咸深山宕江曾梗摄 入声知见系字中。如：鸽 kə45，割 kə45，各 kə45，或 xə44。果 摄舒声开口一等见系也有部分字韵母为［ə］。如：哥 kə44，科 khə44，贺 xə44。

（5）［uæ］，是古入声字韵母。主要为山宕江曾摄入声合口 一、二等字，知见系。如：括 khuæ44，扩 khuæ44，国 kuæ44。

（6）［io］，是古入声字韵母。是宕摄入声开口三等、江摄 入声开口一等和山摄入声合口三、四等、通摄入声合口三等见系 字。如：脚 tɕio44，岳 io44，越 io45。

（7）［ei］、［εi］，［ei］主要在蟹摄舒声开口一、四等，合 口一、三等和止摄舒声开口三等，合口三等字的帮系和端泥组。 如：妹 mei223，披 phei44，肥 fei31。［εi］是假摄舒声开口三等 精组和知系字，声母为［ts］、［tsh］、［s］、［z］，受到塞擦音和 擦音的影响，［ε］音值较［e］音值低。如：车 tshεi44， 者 tsεi41。

（8）［ɨan］，在山咸摄舒声开口一、二等见影组字中，与之 配合的声母为［k］、 ［ŋ］。如：竿 kɨan44，安 ŋɨan44，敢 kɨan42，暗 ŋɨan223。

2. 韵母音值描写

（1）[ʅ]，舌尖前高不圆唇元音，只能和舌尖前擦音和舌尖前塞擦音结合，不能单独构成音节，与普通话发音相同。如：词 tshʅ31，始 sʅ41。

（2）[i]，舌面前高不圆唇元音，可单独构成音节，也可单独作韵母，还可作韵头或韵尾，在作韵尾时舌位较低。作单元音韵母和作复合韵母中的韵头时，发音与普通话相同，如：己 tɕi41，低 ti44，霞 ɕiA31，作韵尾时，舌位较低，如：怀 xuai31，贵 kuei223。

（3）[u]，舌面后高圆唇元音，可作单元音韵母，复合韵母中的韵头、韵尾。发音比标准元音松，如：书 su44，徒 thu31；可作韵头，作韵头时舌位较低，如：快 kuai223，官 kuan44，顺 suen223，瓜 kuA44，装 tsuaŋ44；还可作韵尾，作韵尾时舌位偏央，近于 [ɔ]，如：臭 tshəu，刀 tɑu，小 ɕiɐu41。

（4）[y]，舌面前高圆唇元音，唇形略扁，可单独构成音节，如：鱼 y31，雨 y41，也可作韵头，如：雀 tɕhye45，君 tɕyn44，拳 tɕhyɛ̃31。

（5）[A]，舌面央低不圆唇元音，单独作韵母或前加韵头，如：沙 sA44，牙 iA31，花 xuA44。

（6）[ɑ]，舌面后低不圆唇元音，单独作韵母，如：马 mɑ41，帕 phɑ223。可后加韵尾，如：桃 thɑu31，唱 tshɑŋ223。

（7）[æ]，舌面前次低不圆唇元音，单独作入声韵母，如：拍 phæ44，客 khæ44。

（8）[ə]，央元音，单独作韵母，主要为入声韵母，如：各 kə45，或 xə44

（9）［ɚ］，舌尖后卷舌元音，只作单元音韵母，发音接近标准元音，如：二 ɚ223，而 ɚ31。

（10）［o］，舌面后半高圆唇元音，作单元音韵母时，发音与普通话相同，如：婆 pho31，锅 ko44。前加韵头成为［io］时，是入声字韵母，如：岳 io44，确 tɕhio45。

（11）［a］，舌面前低不圆唇元音，后加韵尾形成［an］，或作复合韵母中的韵腹形成［ai］，uai］，如：蛋 tan223，在 tsai223，拐 kuai41。

（12）［ɐ］，舌面次低央元音，在［i］介音前，后加韵尾，形成［iɐu］，［iɐŋ］，如：笑 ɕiɐu223，想 ɕiɐŋ41。

（13）［ɛ］，舌面前半低不圆唇元音，后加韵尾［i］，形成［ɛi］，与之配合的声母为［ts］、［tsh］、［s］、［z］，如：奢 sɛi44，车 tshɛi44，者 tsɛi41，惹 zɛi41。

（14）［ɿan］，［ɿ］为舌面央高不圆唇元音，与［ɿan］配合的声母为［k］、［ŋ］，如：岸 ŋɿan223，竿 kɿan44。

（15）［en］，［uen］，元音略低，如：升 sen44，准 tsuen41。

（16）［in］，［yn］，元音较松，如：定 tin223，裙 tɕhyn31。

（17）［aŋ］，［uaŋ］，鼻音尾略靠前，如：躺 thaŋ41，黄 xuaŋ41。

（18）［oŋ］，［ioŋ］，元音较低，鼻音尾弱化，如：痛 thoŋ223，用 ioŋ223。

（19）［iɛ̃］，［yɛ̃］，鼻音尾弱化，形成鼻化韵，如：言 iɛ̃31，天 thiɛ̃44，原 iɛ̃31，捐 tɕyɛ̃44。

（三）峨眉话声调表

调类	调值	例　　字
阴平	44	包非刀安糕尖张枝妆 天操芬花空篇桑山市炉副
阳平	31	烦才曹茶柴常乘词河 梅来楼年牛鹅人王文羊员
上声	41	品仿桶草产扯吵耻散海孔 秒晚奶老耳藕伟野
去声	223	怕贷费菜赛串胜抗化训 病饭袋匠召暂剩瑞共惠帽味内亮而验胃用
入声	45	必不得接桌竹捉汁菊屋 撇托七昔失哭喝 辟服毒集席石 木六玉浴

1. 峨眉话声调说明

（1）阴平，高平，44，调程较长。

（2）阳平，低降，31，调程较短。

（3）上声，高降，41，调程较短。

（4）去声，低升，223，调程较长。

（5）入声，高升，45，调程较长。

2. 峨眉话声调与中古音比较分析

（1）古平声分化

1）全清和次清声母今为阴平，如：包 pɑu44，东 toŋ44，张 tsɑŋ44，高 kɑu44，衣 i44，蜂 foŋ44，批 phei44，三 san44，宣 çyɛ̃44。

2）全浊和次浊声母今为阳平，如：成 tshen31，墙 tçhiɐŋ31，全 tçhyɛ̃31，来 lai31，棉 miɛ̃31，任 zen31，沿 yɛ̃31。

（2）古上声分化

1）大部分仍为上声，如：保 pɑu41，闯 tshuɑŋ41，

秒 mieu41。

2）大部分全浊上声变为去声，如：棒 pɑŋ223，件 tɕiẽ223，厚 xəu223。

3）部分上声变为阴平，多是止摄开口三等字之支韵和遇摄合口一、三等字，如：纪 tɕi44，沼 tsɑu44，侈 tshɿ44，苦 khu44，顷 tɕhyn44，抱 pɑu44，杜 tu44，妇 fu44，户 xu44，市 sɿ44，技 tɕi44，氏 sɿ44，柿 sɿ44，柱 tsu44，巨 tɕy44，坐 tso44。

（3）古去声分化

1）大部分仍为去声，如：爸 pɑ223，脆 tshuei223，掉 tieu223，院 yẽ223。

2）部分去声变为阴平，多为假摄开口一、二等，遇摄合口一、三等，蟹摄开口三四等和止摄开口三等字，例如：付 fu44，雇 ku44，季 tɕi44，寄 tɕi44，句 tɕy44，诊 tsen44，注 tsu44，做 tsu44，翅 tsɿ44，卸 ɕie44，妒 tu44，预 y44，赴 fu44，记 tɕi44，赐 tshɿ44，醋 tshu44，库 khu44，器 tɕhi44，世 sɿ44，兔 thu44，度 tu44，互 xu44，具 tɕy44，事 sɿ44，住 tsu44，误 vu44，义 i44。

（4）古入声分化

1）仍为入声，如：必 pi45，各 kə45，石 sɿ45。

2）由于入声与阴平调值相近，部分入声混入阴平，如：括 khuæ44，说 so44，尺 tshɿ44。

3）受到其他口音的影响，少数入声变成去声，如：八 pɑ223，别 pie223，答 tA223，发 fɑ223，甲 tɕiA223，扎 tsA223，达 tA223，伐 fɑ223，杂 tsA223，铡 tsA223，直 tsɿ223，拽 tsuai223。

三　同音字汇

ɿ

ts　[44] 翅之支芝枝知肢脂蜘植殖只制姿兹滋资咨梓 [41]
止只旨址指纸趾子姊紫 [223] 直 [45] 疵巳蜇汁织值
执职至志治炙秩致痔窒智痣稚置滞质掷滓字自

tsh　[44] 差吃嗤尺侈斥赤饬刺赐 [31] 池持驰迟祠瓷词慈
磁雌辞 [41] 耻齿此 [45] 次刺

s　[44] 豉尸施师狮诗实氏世仕市式事侍恃拭是柿逝视势
嗜饰誓适司私思斯丝撕伺肆 [31] 匙时 [41] 史矢使始
屎驶死 [223] 四 [45] 失湿十什石拾食蚀识士示室试
释寺似祀嗣饲

i

p　[44] 痹 [41] 比彼 [45] 被备逼鼻笔必陛毕敝闭荜币
弊碧算蔽滗壁篦毙璧憋

ph　[44] 坯 [31] 皮枇疲琵脾 [41] 鄙庇痞 [45] 辟避
劈匹癖屁僻

m　[31] 眉迷谜弥糜靡篾 [41] 米 [45] 密蜜

t　[44] 的低蒂 [41] 底抵 [45] 滴狄笛嫡敌地弟帝第递
立隶

th　[44] 剔梯啼剃涕替 [31] 堤提蹄题屉 [41] 体
[45] 踢

n　[44] 艺 [31] 梨璃黎离篱尼泥倪拟凝宜疑谊 [41] 李
理里礼鲤你 [45] 力吏利荔栗粒痢厉励历丽逆匿溺腻

z　　［45］日

tç　　［44］给肌饥基箕机讥饥急级棘儿虮妓忌技季既纪计记寄祭际髻继吸系　［41］己几挤济　［45］迹激积击绩及吉即疾极集辑脊寂剂鲫

tçh　［44］稽妻栖期欺乞汽砌气器奚溪　［31］岐其奇祈棋旗齐骑茄　［41］企杞岂起启　［45］七戚漆讫妾膝

ç　　［44］泣兮西希析犀稀熙豨锡牺系戏穴　［41］嬉洗徙喜玺　［45］夕昔息悉惜熄锡席习媳细婿

ф　　［44］噎一伊衣依揖医倚抑易益意义肄忆议　［31］夷姨移遗蚁　［41］已以椅　［223］冀乙亿　［45］亦役易逸缢翼译

u

p　　［41］捕补　［45］不布步怖部簿

ph　　［44］铺　［31］脯菩蒲　［41］甫浦普谱　［45］卜扑仆朴

m　　［44］募墓慕暮　［31］模　［41］母牡拇　［45］没木目牧幕穆

f　　［44］夫敷肤麸扶俘付附咐负赴副妇傅富赋阜　［31］芙浮符糊　［41］孵府斧俯釜腑腐辅抚浒　［45］沸佛伏服袱幅福复蝠父腹缚覆

v　　［44］恶巫乌诬侮务悟误雾　［31］吴吾梧无蜈　［41］五午伍武舞鹉　［223］戊　［45］屋勿物

t　　［44］都炉杜度渡镀　［41］堵赌肚　［223］肚　［45］督毒独牍犊读笃

th　　［44］兔　［31］徒途屠涂图　［41］土吐　［45］秃突

l　　［31］卢庐芦炉驴奴　［41］卤虏鲁橹努　［45］六露陆鹿

禄路录律绿怒

ts　[44] 朱株珠猪蛛诛诸住注苎柱祝着箸驻筑租做 [31]
　　着 [41] 主煮阻祖组 [45] 粥轴竹逐烛嘱助注蛀铸足卒

tsh　[44] 初雏触粗醋畜 [31] 除锄储础 [41] 杵楚处拄
　　[45] 出促猝尤畜族

s　[44] 叔书殊梳疏舒枢蔬输蜀恕术树酥苏素诉塑属 [41]
　　暑署鼠薯墅数 [45] 淑熟赎黍戍束述庶漱数朔俗速宿
　　(~舍) 粟肃续

z　[44] 辱 [31] 如儒 [41] 汝乳 [45] 肉 (白读) 入褥

k　[44] 姑孤谷固故雇顾 [41] 估古股牯鼓 [45] 谷骨

kh　[44] 箍枯苦库酷 [45] 哭窟裤

x　[44] 核乎呼互户沪护 [31] 狐胡壶湖胡 [41] 虎
　　[45] 忽

ɸ　[45] 斡

　　　　　　　　y

n　[41] 吕旅履缕捋女 [45] 滤虑

tɕ　[44] 居拘驹局句巨拒具俱距剧据锯瞿惧 [41] 矩举
　　[45] 菊橘聚

tɕh　[44] 曲屈区蛆趋黢驱去趣 [31] 渠瘸 [41] 取娶
　　[45] 掘

ɕ　[44] 虽虚须需墟旭絮蓄靴吁 [31] 徐 [41] 许 [45]
　　戌序恤绪续

ɸ　[44] 迂淤芋郁裕遇预豫御誉 [31] 于盂娱鱼愉逾恩榆
　　虞渔余喻寓愈 [41] 宇羽雨禹与语屿 [45] 疫玉育浴
　　域欲

A

t　　[41] 打　[223] 答达大　[45] 搭

th　　[44] 沓他塌獭搨坍　[41] 塔

n　　[44] 那　[31] 拏

l　　[44] 拉勒肋哪纳捺

ts　　[44] 查渣　[223] 杂扎札闸铡乍炸诈榨

tsh　　[44] 叉杈差　[31] 擦查茶搽察　[223] 岔

s　　[44] 萨沙纱杉　[41] 撒洒傻煞

k　　[41] 尬

x　　[44] 呵　[223] 下吓

ɑ

p　　[44] 巴杷琶　[41] 把　[223] 八爸罢霸坝欛

ph　　[31] 筏爬耙螃　[223] 帕怕

m　　[31] 麻　[41] 马码

f　　[223] 发伐罚法

æ

p　　[44] 白百柏北伯帛陌

ph　　[44] 拔泊拍迫魄

m　　[44] 麦墨默　[45] 抹

t　　[45] 得德

th　　[44] 榻踏特

l　　[44] 辣　[45] 腊蜡

ts　　[44] 贼摘折哲浙蔗　[45] 责煤眨窄

tsh　　[44] 册策插拆撤择泽宅辙　[45] 侧测彻

s　　[44] 色嗇瑟涩杀舌社射涉设赦摄折　[45] 塞

z　　［44］热

k　　［44］革格隔骼

kh　　［44］克刻客

ŋ　　［44］额

x　　［44］核赫黑

ə

ts　　［45］则折蛰褶

k　　［44］戈哥胳歌葛阁角［223］个［45］割鸽各

kh　　［44］搁喝科窠壳［41］可［223］课［45］喝磕渴

ŋ　　［44］扼轭［41］我［45］恶

x　　［44］贺鹤或惑

ɸ　　［44］阿

ɚ

ɸ　　［31］而［41］儿耳尔饵［223］二

o

p　　［44］波玻菠播勃薄（单～）［41］簸［45］剥博钹驳薄
（～荷）

ph　　［44］坡泼［31］婆剖［41］跛［45］拨破

m　　［44］没摸摹抹末沫莫［31］模膜磨魔［45］寞

t　　［44］多舵惰［41］朵剁［45］夺卓

th　　［44］拖唾［31］陀驮驼［41］妥椭［45］铎托脱

l　　［44］烙酪络骆诺糯［31］腜螺罗骡萝萝箩锣摞挪［41］
了赂裸［45］乐洛落

ts　　［44］酌着坐座［41］左佐［223］琢［45］捉桌镯
昨作

tsh　［44］戳绰搓措错拙　［223］锉　［45］撮浊

s　　［44］说唆梭蓑索　［41］所琐锁　［45］率缩索

z　　［44］若弱

k　　［44］郭锅过　［41］果裹

kh　　［41］棵颗

x　［44］合盒活货祸获　［31］禾何和河荷　［41］火伙
　　［45］豁霍藿

ɸ　［44］讹饿倭窝蜗卧　［31］俄蛾鹅沃　［45］握

iA

tɕ　［44］加夹佳家嘉胛稼挟　［41］贾假　［223］甲架嫁
　　价驾

tɕh　［44］掐恰洽

ɕ　［44］瞎虾峡狭辖　［31］匣遐暇瑕霞斜　［223］下（~
　　午）下（床底~）夏（~天）夏（姓~）

ɸ　［44］丫押鸦鸭压　［31］牙芽崖涯衙轧　［41］哑雅
　　［223］亚

uA

ts　［44］抓　［31］爪

k　［44］瓜　［41］剐寡　［223］卦挂

kh　［44］夸　［223］跨

x　［44］花滑猾划　［31］华划　［223］化画话

ɸ　［44］挖蛙　［41］瓦　［45］袜

uæ

ts　［44］啄

s　［44］刷

k　　［44］刮国

kh　　［44］括廓扩阔

ie

p　　［45］别

ph　　［45］撇

m　　［45］觅灭

t　　［44］爹［45］跌迭牒碟蝶谍

th　　［45］贴铁帖

n　　［31］聂［45］例列劣烈裂猎掠捏孽镊业

tɕ　　［44］皆结洁借藉［41］舰姐解［223］芥疥［45］籍
　　　接揭疖杰节竭藉

tɕh　　［45］劫捷截切怯

ɕ　　［44］隙仙些协泄卸［31］解邪谐懈［41］写泻［223］
　　　陷馅［45］袭楔歇胁谢血

ɸ　　［44］凹［31］耶爷［41］也野［45］夜页液腋叶

ye

tɕ　　［44］决诀爵［45］倔绝蕨

tɕh　　［44］厥［45］雀鹊

ɕ　　［44］薛［45］削屑雪

ɸ　　［45］略

io

tɕ　　［44］角脚觉

tɕh　　［45］缺确

ɕ　　［45］学

ɸ　　［44］虐疟狱岳粤［45］药钥曰约月悦越阅

ɑu

p　[44] 包胞雹抱 [41] 褒保堡饱宝 [223] 抱豹孢报暴鲍爆瀑曝

ph　[44] 脬 [31] 刨袍 [41] 跑 [223] 炮泡（一～尿）泡（水～）

m　[31] 毛矛茅 [41] 卯 [223] 冒帽貌

t　[41] 倒岛祷 [223] 倒导到盗道稻

th　[44] 搯滔涛萄 [31] 逃桃陶淘 [41] 讨 [223] 套

l　[44] 捞唠 [31] 牢劳涝 [41] 老姥恼脑 [223] 闹

ts　[44] 朝糟招昭沼 [31] 遭 [41] 早蚤枣澡诏爪 [223] 凿皂召兆罩赵着（～雨了）

tsh　[44] 操抄超钞 [31] 曹槽巢朝潮 [41] 草吵炒 [223] 糙造躁

s　[44] 缫臊骚梢稍筲烧 [41] 扫嫂少 [223] 臊扫少邵绍潲

z　[31] 饶 [41] 扰绕

k　[44] 羔高膏糕 [41] 搞稿 [223] 告窖觉

kh　[44] 敲 [41] 考烤犒 [223] 靠

ŋ　[44] 熬（～价钱）[31] 熬 [41] 袄咬 [223] 坳傲奥澳懊

x　[44] 蒿薅薅 [31] 毫豪壕号（哀～）[41] 好（～坏）[223] 好（爱～）浩耗号（～数）

iɐu

p　[44] 彪标膘 [41] 表

ph　[44] 漂飘 [31] 瓢 [223] 漂

m　　［31］苗描［41］秒渺藐杳［223］妙庙谬

t　　　［44］刁貂雕［223］掉钓调

th　　［44］挑［31］调条［223］跳

n　　　［31］聊寥撩辽燎疗瞭［41］了鸟［223］料尿

tɕ　　［44］交郊椒焦娇浇胶蕉骄［31］嚼［41］狡绞剿侥铰
　　　饺矫缴搅［223］叫教较酵轿校（～对）

tɕh　［44］悄［31］乔侨荞樵桥［41］巧［223］俏鞘窍

ɕ　　　［44］宵消硝销霄萧箫嚣肖［41］小晓［223］淆孝效笑

ɸ　　　［44］么吆妖腰邀要（～求）［31］肴姚尧摇［41］舀
　　　［223］要（需～）耀鹞跃

ai

p　　　［41］摆［223］拜败稗

ph　　［31］排牌［223］派

m　　　［31］埋迈［41］买［223］卖

t　　　［44］呆［223］代待怠殆带袋贷戴

th　　［44］大胎［31］台抬苔［223］太泰态

n　　　［223］奈耐

l　　　［31］来［41］乃奶［223］赖癞

ts　　［44］栽斋［41］宰载［223］载再在债寨

tsh　［44］猜差钗［31］才材财裁柴豺［41］采彩［223］
　　　菜蔡

s　　　［44］腮鳃筛［223］赛晒

k　　　［44］该阶街［41］改解［223］丐盖

kh　　［44］揩开［41］凯楷［223］溉概慨

ŋ　　　［44］哀埃挨［31］捱呆［41］矮［223］蔼艾隘爱

碍砬

x　[31] 孩亥骇鞋 [41] 海 [223] 害蟹

uai

ts　[223] 拽

tsh　[44] 揣

s　[44] 衰 [223] 率帅

k　[44] 乖 [41] 拐 [223] 怪

kh　[41] 块 [223] 刽会快

x　[31] 淮槐怀 [223] 坏

ɸ　[44] 歪 [223] 外

ᵊu

t　[44] 都兜逗 [41] 斗陡 [223] 豆逗斗痘

th　[44] 偷 [31] 投头 [41] 抖 [223] 透

l　[31] 楼 [41] 搂篓 [223] 陋漏

ts　[44] 州舟周洲粥邹 [41] 肘帚走 [223] 咒宙纣昼奏

tsh　[44] 抽 [32] 仇愁稠酬绸筹 [41] 丑 [223] 臭骤

s　[44] 收搜馊 [41] 手守首 [223] 受售授寿瘦兽嗽叟

z　[31] 柔揉 [223] 肉（文读）

k　[44] 勾钩沟痀 [41] 狗 [223] 苟垢构购

kh　[44] 抠 [41] 口 [223] 叩扣寇

ŋ　[44] 欧 [41] 殴偶呕藕 [223] 沤

x　[31] 侯喉猴 [41] 吼 [223] 后（帝~）厚后（~面）候

iᵊu

n　[44] 溜 [31] 流留琉硫榴刘馏牛 [41] 柳扭纽

tɕ　［44］纠鸠阄灸枢　［41］九久韭酒　［223］究咎救就
　　舅旧

tɕh　［44］丘秋鳅　［31］仇求球　［41］臼

ɕ　［44］休修羞　［31］囚泅　［41］朽　［223］宿（星～）
　　秀袖锈嗅

ɸ　［44］幽悠忧优　［31］尤由油邮游犹　［41］友有酉
　　［223］柚莠又右幼佑釉诱

ei

p　［44］卑杯悲碑婢　［223］贝背倍辈臂佩

ph　［44］胚批披　［31］焙陪培赔　［223］裴沛配臀

m　［31］枚眉梅媒楣煤霉媚　［41］每美寐　［223］妹昧

f　［44］妃非飞　［31］肥　［41］匪翡　［223］吠肺费痱废

t　［223］队

th　［41］腿　［223］退蜕

l　［31］雷　［223］类

ts　［44］遮

tsh　［44］车

s　［31］蛇　［41］畲

uei

t　［44］堆　［223］兑碓对

th　［44］推

l　［41］儡垒累（积～）屡　［223］累（很～）累（连
　　～）内

ts　［44］追锥　［41］嘴　［223］坠缀赘最罪醉

tsh　［44］吹炊崔催　［31］垂槌锤　［223］脆粹翠碎

s [31] 谁随髓 [41] 水 [223] 瑞税睡遂岁隧穗

z [41] 蕊 [223] 锐

k [44] 圭规闺龟归 [31] 跪 [41] 轨鬼诡 [223] 癸桂
贵柜

kh [44] 盔窥亏魁 [31] 奎逵葵 [41] 傀 [223] 愧溃

x [44] 灰恢挥辉徽 [31] 回 [41] 悔晦毁 [223] 惠会
贿慧讳秽绘

φ [44] 威煨葳 [31] 危微桅唯惟围违维伪纬 [41] 尾委
伟苇 [223] 为未位味畏胃慰卫谓魏

ɛi

ts [41] 者

tsh [44] 车 [41] 扯且

s [44] 奢赊 [223] 舍

z [41] 惹

an

p [44] 班般斑搬颁擘 [41] 扳板版 [223] 半伴扮拌办
瓣畔

ph [44] 潘攀 [31] 盘 [223] 绊判叛盼襻

m [31] 瞒馒蛮 [41] 满漫 [223] 鳗慢蔓

f [44] 帆番翻 [31] 乏凡烦繁矾泛 [41] 反 [223] 犯贩
饭范

t [44] 丹耽单担端 [41] 疸胆短 [223] 担旦但淡蛋诞
弹段缎断

th [44] 贪摊滩探 [31] 掸弹痰潭坛檀谭团 [41] 坦毯
[223] 谈炭

n [31] 南难（困~）[223] 难（灾~）

l [31] 蓝拦篮兰栏鸾男 [41] 溇懒览揽榄缆卵暖 [223] 滥烂乱

ts [44] 簪沾毡瞻 [41] 展斩盏 [223] 颤暂赞錾占站栈绽战蘸

tsh [44] 参餐搀 [31] 残惭蚕缠谗馋 [41] 惨灿产

s [44] 三山衫珊 [31] 禅蝉 [41] 伞散陕闪 [223] 散疝扇善膳鳝

z [31] 然燃 [41] 冉染

kh [44] 刊勘堪看嵌 [41] 龛坎 [223] 看（~见）

x [44] 鼾 [31] 含寒韩翰闲 [41] 憨罕喊憾撼 [223] 酣函汗旱汉

ian

k [44] 干（相~）甘肝柑竿尴间干（~湿）[41] 敢感橄擀 [223] 干（~部）

ŋ [44] 安庵鞍 [223] 岸按案暗晏（来~了）晏（姓~）雁

uan

t [223] 锻

ts [44] 专砖钻 [41] 转 [223] 传篆赚钻

tsh [44] 川穿 [31] 船传椽 [41] 铲喘 [223] 串氽篡窜攒纂

s [44] 删拴酸 [223] 闩涮蒜算

z [41] 阮软

k [44] 官冠（鸡~）棺关鳏观 [41] 观管馆 [223] 冠

（～军）贯惯灌罐

kh　　［44］宽［41］款

x　　　［44］欢［31］还环缓［41］宦［223］幻患唤换焕

ф　　　［44］豌弯湾腕［31］丸完玩顽皖［41］挽晚碗［223］万院

en

p　　　［44］奔崩［41］本［223］迸笨

ph　　 ［44］喷［31］盆彭膨

m　　　［31］门［223］闷

f　　　［44］分吩芬纷忿［31］焚坟［41］粉［223］份愤奋粪

t　　　［44］登瞪敦墩［41］等戥［223］凳邓盾遁钝顿屯

th　　 ［44］吞［31］疼誊藤腾豚

n　　　［31］能［223］嫩

l　　　［31］伦轮［41］冷［223］论

ts　　 ［44］曾增珍贞真砧针侦斟臻疹诊征争蒸筝拯尊［41］枕振震整［223］憎甑赠阵镇正政症郑证

tsh　　［44］参蹭称撑村［31］层臣沉陈尘称丞成呈承城程诚澄橙惩逞秤存曾［223］趁衬寸

s　　　［44］参森僧申伸身深渗升生牲甥声孙［31］辰晨承乘娠神［41］沈审婶省笋损榫［223］葚甚肾慎盛剩胜圣

z　　　［31］人仁壬任仍［41］忍刃韧［223］任认

k　　　［44］根跟更庚耕羹梗［41］哽耿［223］更埂

kh　　 ［44］坑［41］肯垦恳

ŋ　　　［44］恩樱鹦［223］硬

x ［44］亨［31］痕恒衡茎［41］很［223］恨杏（白读）

uen

t ［44］灯蹲［223］扽囤沌

ts ［44］遵［41］准

tsh ［44］春椿［41］蠢

s ［31］唇纯醇绳吮［223］舜顺

z ［223］闰润孕

k ［41］滚

kh ［44］坤昆［223］困

x ［44］昏婚荤［31］横浑魂［223］混

ɸ ［44］温瘟［31］文纹蚊闻刎吻［41］稳［223］问璺

in

p ［44］彬宾殡鬓冰兵槟［42］丙秉柄饼［223］病

ph ［31］贫频平坪屏瓶萍评［41］品［223］姘聘

m ［31］民悯名明冥瞑铭鸣［41］皿抿敏闽［223］命

t ［44］丁疔钉［41］顶鼎［223］钉定订锭

th ［44］厅（～话）［31］廷亭庭停蜓［41］挺艇［223］听（～任）

n ［31］怜林淋邻临鳞拎伶陵凌菱铃零灵岭宁［41］檩领［223］吝赁令吟［45］笠

tɕ ［44］巾今斤金津筋襟禁京荆晶睛粳经精惊［41］仅紧锦谨井景颈警境［223］尽近劲晋进禁茎径净竟敬靖静镜竞

tɕh ［44］亲寝钦青卿清蜻轻擎［31］芹秦琴禽勤擒情晴

　　　　[41] 请 [223] 浸侵庆

ç　[44] 心辛欣新薪星腥兴 [31] 刑行形型 [41] 省（反
　　~）醒 [223] 信衅兴行杏（文读）姓幸性

φ　[44] 因姻音殷阴荫英婴莺缨鹰蝇 [31] 寅淫银盈赢
　　[41] 引饮隐影颖 [223] 印应迎映

yn

tç　[44] 君均军钧 [41] 迥窘郡 [223] 菌俊

tçh　[44] 倾顷 [31] 琼裙群

ç　[31] 巡旬荀寻循询殉逊 [223] 迅讯训

φ　[31] 荣营萤云匀云 [41] 永 [223] 咏泳允运晕韵熨

ɑŋ

p　[44] 邦帮 [41] 榜谤 [223] 蚌棒

ph　[31] 傍旁庞 [223] 胖

m　[31] 忙芒盲茫氓 [41] 莽蟒

f　[44] 方芳 [31] 防房 [41] 坊妨肪仿纺访 [223] 放

t　[44] 当（应~）[41] 挡党 [223] 当（~铺）宕荡

th　[44] 汤 [31] 唐堂棠塘糖 [41] 躺 [223] 烫

n　[31] 郎狼廊螂朗囊 [223] 浪

ts　[44] 赃葬张章樟 [41] 长掌涨障 [223] 藏（西~）
　　丈仗杖帐胀账瘴

tsh　[44] 仓苍舱昌 [31] 藏（隐~）长肠场 [41] 厂
　　[223] 倡唱畅

s　[44] 商伤 [31] 常尝偿裳 [41] 嗓赏 [223] 上尚

z　[31] 瓢 [41] 壤让（~人：骂人）[223] 让（退~）

k　[44] 缸刚纲钢岗 [41] 港 [223] 虹扛

kh　［44］康慷糠［223］抗炕

ŋ　［31］昂

x　［44］夯［31］杭航行［223］巷项

ieŋ

n　［31］良凉梁娘［41］两辆仰［223］亮量谅酿

tɕ　［44］江豇僵浆姜疆缰将［41］蒋桨奖讲［223］匠降将酱强（倔~）

tɕh　［44］羌腔枪［31］强（~壮）墙［41］抢

ɕ　［44］相香乡湘箱襄镶［31］降祥详［41］晌享想饷响［223］相向象像橡

ɸ　［44］央殃秧［31］羊洋阳扬杨疡［41］养痒［223］样

uaŋ

ts　［44］妆庄装桩［223］壮状撞

tsh　［44］窗疮［41］闯［223］创

s　［44］桑丧霜双孀［41］搡磉丧爽［223］丧

k　［44］光［41］广［223］逛

kh　［44］筐框眶［31］狂［223］况旷矿

x　［44］荒慌［31］皇黄惶蝗簧［41］晃谎

ɸ　［44］汪［31］亡王妄忘［41］往枉网［223］旺望

oŋ

p　［44］迸

ph　［44］烹［31］朋棚蓬篷［41］捧［45］喷

m　［31］萌盟蒙懵谋［41］猛某亩［223］茂贸梦孟

f　［44］封风枫蜂疯锋丰［31］逢冯缝［41］讽否［223］

奉俸凤

v　　[44] 翁 [223] 瓮

t　　[44] 冬东 [41] 懂 [223] 洞冻动栋

th　　[44] 通统 [31] 同桐童铜瞳筒 [41] 捅桶 [223] 痛

n　　[44] 聋 [31] 隆龙笼陇农浓脓 [41] 拢 [223] 弄

ts　　[44] 春中忠盅终钟宗综踪鬃 [31] 重 [41] 冢肿种总
　　　　[223] 中（射~）仲重众皱粽纵

tsh　　[44] 充冲忽葱聪 [31] 崇虫从丛 [41] 宠怂（~祸）
　　　　[223] 铳

s　　[44] 松 [41] 怂（~恿）[223] 宋送讼颂诵

z　　[31] 戎茸绒

k　　[44] 工弓公功攻供宫恭蚣躬 [41] 汞拱巩 [223]
共贡

kh　　[44] 空（天~）[41] 孔恐 [223] 空（~闲）控

x　　[44] 烘轰 [31] 弘宏洪红鸿

ioŋ

tɕh　　[31] 穷

ç　　[44] 凶兄胸勋熏 [31] 雄熊

ɸ　　[44] 庸雍壅 [31] 容溶蓉融 [41] 拥勇 [223] 用

iẽ

p　　[44] 编边鞭 [41] 蝙扁贬 [223] 便辨辫辩变

ph　　[44] 偏篇 [41] 匾片 [223] 遍片骗

m　　[31] 眠棉绵 [41] 免勉娩缅 [223] 面谚

t　　[44] 战颠癫 [41] 典点 [223] 佃店奠殿电垫簟臀

th　　[44] 天添 [31] 田甜填 [41] 舔

n ［44］拈［31］连廉莲联帘镰年阎严俨［41］脸碾辇撵
　　［223］敛炼练恋黏念砚验

tɕ ［44］奸尖肩兼坚间煎监艰［41］柬剪跰拣俭检简茧箭
　　［223］间件见建健腱渐剑贱践荐谏键饯溅鉴介戒界械

tɕh ［44］笺歼千牵迁谦签［31］前虔乾钳钱［41］浅遣
　　［223］欠歉

ɕ ［44］先［31］闲嫌贤咸［41］险显［223］涎衔限苋
　　现羡宪县献

ɸ ［44］咽烟淹焉蔫阉［31］言研檐颜盐［41］掩眼演
　　［223］延炎筵宴堰焰厌燕

yɛ̃

tɕ ［44］捐绢［41］卷（花~）［223］卷（~子）倦眷
　　圈券

tɕh ［44］圈［31］全泉拳权颧［41］犬［223］劝

ɕ ［44］掀鲜（新~）宣轩喧［31］弦玄悬［41］鲜（姓
　　~）选癣［223］旋眩楦

ɸ ［44］宛冤渊［31］铅沿元原员袁援园圆源缘辕［41］
　　远［223］怨院愿

参考文献：

［1］陈绍龄，郝锡炯. 峨眉音系［J］. 四川大学学报，1959（1）.

［2］郝锡炯，甄尚灵，陈绍龄. 四川方言音系［J］. 四川大学学报，1960（3）.

［3］中国社会科学院语言研究所. 方言调查字表（修订本）［M］. 北京：商务印书馆，2007.

Phonetic System of E – Mei Speech

Liu Lihong

(Sichuan Normal University, Chengdu, Sichuan, 610068)

Abstract: Based on the fieldwork material in which our recording the 3, 000 words of E – Mei Speech, we describe the E – Mei Speech's phonetic system in detail. Comparing E – Mei Speech with mandarin and Middle Chinese Sound System *Qieyun*, we sum up the main phonological features of the dialect. A chart of homophones of E – Mei speech is listed on the end of the article.

Key words: E – Mei Speech, phonetic system, homophone

西昌黄联客家话音系

肖　俊①

　　内容提要：黄联客家方言岛位于四川西南西昌市境内。本文根据田野调查资料描写黄联客家话音系，文末附黄联客家话同音字表。

　　关键词：汉语方言　客家话　黄联关镇　语音系统

一　田野调查概况

　　调查时间：2011 年 8 月 10 日至 8 月 15 日。调查地点：西昌市黄联关镇。记音人：肖俊。发音合作人基本情况：骆明耀，男，1944 年 4 月 17 日生，四川省西昌市黄联关镇东坪村二组村民，初中文化程度，曾经就读于樟木沟师专。毕业后一直在本地

　　① 作者简介：肖俊（1988 - ），女，四川西昌人，四川师范大学文学院 2010 级汉语言文字学专业硕士研究生。

务农。说客家话，也能说湖广话。祖先原籍广东惠州府龙川县。

调查字表及录音设备：以中国社会科学院语言研究所编《方言调查字表》（修订本）为依据[1]，略去了本地方言所无的字，形成 3592 字的调查字表（此字表为导师周及徐教授提供，与同期调查的四川方言其他点字表一致）。录音软件使用上海师范大学潘悟云教授研发的语言田野调查系统 TFW。声调调值用 Praat 测量。

二 黄联客家话与客家人

（一）黄联关镇的地理位置

黄联关镇位于西昌市西南部安宁河畔，距西昌城区约 30 公里。攀西地区的交通大动脉 108 国道、成昆铁路、雅攀高速公路都经过镇区，是北上成都、南下云南之交通要道。镇域面积 54 平方公里，辖 1 个镇，6 个村，全镇总人口 11362 人，其中彝族 2189 人。

（二）黄联关的客家话与客家人

黄联是客家人聚居区，讲客家话。周围地区讲西昌话，形成客家话方言岛。黄联关镇讲客家话的人自称"广东人"，称自己说的话叫"广东话"或"广东腔"，并不知道"客家人"这个称呼，更不知道自己的方言是"客家话"。他们称呼其他不讲客家话的人为"湖广人"、"保十三"。"湖广人"指操"湖广话"的人。"保十三"则指本地的土著居民，含有贬义。

据笔者在调查中由村民所提供的谱牒资料如《骆氏族谱》、《黄姓谱序》、《江夏世代族谱》、《刘氏族谱》、《谢氏族谱》等以及村民口述，得知黄联客家人大部分都是由广东省河源市迁来的。他们的先辈几经迁徙，从江西到福建，再到广东，最后于乾隆年间到达本地。

西昌学院李瑞禾老师曾于 1996 年对黄联客家话作过调查[2][3]。2001 年广东教育学院中文系的段英也对黄联客家话进行过调查[4]。这些资料与本次调查的音系描写有不同。本次调查使用中国社会科学院语言研究所的《方言调查字表》，并制作了音档和数据库。

三　黄联客家话的语音系统

（一）黄联客家话声母系统

声母表

发音部位 发音方法		唇音及 唇齿音	舌尖前	舌尖后	舌面前	舌面后
清塞音	不送气	p 包布笔 拌棒	t 登店的 电夺			k 街哥狗 骨夹
	送气	ph 攀怕 平步	th 偷太同 弹读			kh 宽看恰 狂柜
清塞 擦音	不送气		ts 糟尊组 赠簪	tʂ 置宙抓 炸蒸植	tɕ 禁剧 井疾	
	送气		tsh 存醋曹 辞贼初 床状	tʂh 齿昌追 虫抄查 仇	tɕh 轻抢就 尽琴舅	

发音方法 ＼ 发音部位		唇音及唇齿音	舌尖前	舌尖后	舌面前	舌面后
鼻音	浊	m 苗蚊袜				ŋ 我挨咬
边音	浊		l 年浪肉月			
擦音	清	f 飞峰夫户火	s 生丝随讼	ʂ 声驶蛇顺殊受	ç 修旋寻凶兴	x 开咸傻灰
	浊	v 雾误芋污		ɻ 染茸绕润		
零声母		0 未文为鹅幼袁饵外允 [w] 翁壅瓮 [j] 语医余羽				

1. 黄联客家话声母说明

黄联客家话共有 25 个声母（包括零声母）。

2. 黄联客家话声母音值描写

（1）唇音 [p]、[ph] 和 [i] 相拼时略带摩擦，实际音值接近 [pz]、[phz]。例如："闭" [pi51]、"弊" [pi51]、"枇" [phi22]、"屁" [phi51]。实际音值应当为：[pzi51]、[pzi51]、[phzi22]、[phzi51]。

（2）双唇浊鼻音 [m] 发音时软腭抬升，堵住鼻腔通道，气流从口腔通过。例如："门" [men22]。

（3）唇齿清擦音 [f] 发音时摩擦稍大。例如："风" [foŋ35]。

（4）舌尖塞音 [t、th] 发音与标准音相似。

（5）舌尖浊鼻音 [n] 和边音 [l] 相混。有时发 [n]，有

时发 [l]。例如："肉" [lio43]。"老"、"脑" [lɑu31]，"内"、"累" [luei51] 没有区别，统一记成 [l]。

（6）舌尖前音 [ts、tsh、s] 发音与标准音相似。

（7）舌尖后音 [tʂ、tʂh、ʂ、ɻ] 发音时舌位比较靠后。例如："煮" [tʂʊ31]、"找" [tʂɑu42]、"住" [tʂhʊ351]、"吃" [ʂɚ43]、"成" [ʂɑŋ22]、"神" [ʂen22]、"润" [ɻuen51]。

（8）舌面前音 [tɕ、tɕh、ɕ] 发音与标准音相似。

（9）舌面后音 [k、kh、x] 发音时，发音部位稍靠后一点。发 [x] 音时，接近于喉音 [h]。例如："吓" [xɐ43]、"海" [xuai31]。

（10）唇齿浊擦音 [v]，只与韵母 -ʊ、-en、-ɔŋ 相拼。在与 -en、-ɔŋ 相拼时，有两读的情况： [ven] 可以读成 [uen]， [vɔŋ] 可以读成 [ɔŋ]。例如："文" [ven22] ／ [uen22]、"王" [vɔŋ22] ／ [ɔŋ22] 两种读法皆可。

（11）舌面后鼻音 [ŋ]，软腭成阻后立即除阻，鼻腔气流短而弱，例如："我" [ŋai22]。

（12）零声母在齐齿呼 [i] 前有轻微的摩擦，实际音值接近于 [j]，例如："易" [ji51]、"意" [ji51]。在开口呼 [ɔŋ] 前也有轻微的摩擦，实际音值接近于 [w]，例如： "壅" [wɔŋ35]、"瓮" [wɔŋ51]、"翁" [wɔŋ35]。

（二）韵母系统

韵母表

韵头	开口呼	齐齿呼	合口呼
开尾韵	ɿ 资雌字司词寺	i 比米济耳易李	u 补富赌姑路物出租书
		iu 速菊曲族续	
	ʅ 知迟支哆耻尸柿史		
	ᴀ 巴麻假渣蛇花牙	iᴀ 姐惹谢也亚野	uᴀ 抓瓜卦垮蛙
	e 北迫墨德哲塞隔		
		ʒi 憋别灭铁立节息页	
	o 波抹多乐火哥河左桌俄	io 六角瘸足肉药	
	ei 杯陪煤尾飞会	uei 溃对内最吹贵委维	
		ue 国扩或	
	ai 摆买戴泥灾挨街鞋		uai 背台岁睡怪来妹害
	ɑu 包桃毛劳早烧绕高奥	iɑu 标条苗尿焦巧晓要	
	əu 都豆楼丑走揉狗扣欧		iəu 丢留酒求秀有忧
	ɚ 汁舌实直侄饵		

韵 头	开口呼	齐齿呼	合口呼
鼻尾韵	an 班丹慢范兰赞缠闲按敢染		uan 短乱关钻川官看万完
		ien 边绵电联检选严圆	
	en 镇逞门芬炖等能嫩尊曾奔村仍根耕昏	in 宾冰敏定令星亲林寻人银英	uen 文温准纯润滚
	aŋ 莽丁声冷听城	iaŋ 明病井岭轻影	uaŋ 壮爽况狂
	oŋ 朋贸孟峰东龙宋中公戎红	ioŋ 拥穷兄荣融熊	
	ɔŋ 帮忙放当狼丧章瀛杆光黄	iɔŋ 粮江想让抢央羊	
塞尾韵	ɐʔ 八发袜塔腊摘擦夹鸭	iɐʔ 锡峡匣壁	uɐʔ 刮啄滑刷
自成音节	ṃ 武五午无舞鱼		

1. 黄联客家话韵母说明

黄联客家话有韵母 39 个，包括自成音节的 [ṃ]。分开、齐、合三呼，在黄联客家话中没有撮口呼。其中有开尾韵韵母 23 个，鼻尾韵韵母 13 个，塞尾韵韵母 3 个。

2. 黄联客家话韵母音值描写

（1）喉塞尾 [ʔ] 大多脱落，只 [ɐʔ]、[uɐʔ]、[iɐʔ] 三韵仍保留。其余入声韵，发音都比较短促。例如："毒" [thʊ]、"诺" [lo55]、"笠" [liɛi55]、"肋" [le55]、"弱" lio [55]。

（2）［i］与标准元音同。

（3）［u］作单元音韵母时实际发音舌位略低，实际音值为［ʊ］。例如："雾"［vʊ51］、"布"［pʊ51］。

（4）［ʌ］、［iʌ］、［uʌ］发音时主元音略靠后，例如："爸"［pʌ35］、"扁"［piʌ31］、"抓"［tʂuʌ35］。

（5）［o］、［io］发音时舌位略靠后，开口度略小，例如："菠"［po35］、"药"［io55］。

（6）［ɿ］只拼 ts－、tsh－、s－。例如："紫"［tsɿ31］、"次"［tshɿ51］、"字"［sɿ51］。

（7）［ʅ］只拼 tʂ－、tʂh－、ʂ－。例如："知"［tʂʅ35］、"迟"［tʂhʅ22］、"试"［ʂʅ51］。

（8）［ɚ］韵只在与 tʂ－、tʂh－、ʂ－相拼的入声韵中出现。例如："植"［tʂɚ43］、"侄"［tʂhɚ55］、"十"［ʂɚ55］。

（9）［ei］、［uei］发音时［i］尾发音略弱，例如："辈"［pei51］、"徽"［xuei35］。［ue］发音比较短促。例如："国"［kue43］、"括"［khue43］。

（10）［əu］、［iəu］主元音略靠前。例如："藕"［ŋəu35］、"叟"［çiəu31］。［iəu］韵主元音［ə］短促，例如："舅"［tɕhiəu35］。

（11）［an］、［uan］主元音略靠前、略高。例如："安"［uan35］、"按"［ŋan51］。

（12）［en］、［uen］发音与标准音同，后鼻音韵尾合并在［en］韵中，例如："崩"［pen35］、"整"［tʂen31］。当声母为［f］时，［eŋ］合并到［oŋ］韵中，例如："风"［foŋ35］。

（13）［in］发音与标准音同，例如："林"［lin22］。后鼻音韵尾合并在［in］韵中。例如："英"［in35］。

（14）［aŋ］、［iaŋ、［uaŋ］主元音［a］比标准音开口度略小，略靠前。例如："钉"［taŋ35］、"平"［phiaŋ22］、"爽"［ʂuaŋ31］。

（15）［ɔŋ］、［iɔŋ］主要分布在宕、江摄中，例如："唐"［tɔŋ51］、"江"［tɕiɔŋ35］。

（16）［oŋ］、［ioŋ］主元音比标准元音略开，例如："凤"［foŋ51］、"兄"［çioŋ35］。

（17）m̩是自成音节韵母。例如："五"［m̩22］、"武"［m̩42］、"鱼"［m̩22］。

（18）［ɐʔ］、［iɐʔ］、［ʂɐʔ］只在入声韵中出现。其余的韵［e］、［o］、［ɚ］、［ʊ］、［uʌ］、［ue］、［io］、［iu］、［iʌ］、［iɛ］在读入声时没有明显的［ʔ］尾。

（三）声调系统

声调表

调类	调值	例　　字
阴平	35	波分堆高尖中针蒸　铺翻偷丘掀村先超初春尚
阳平	22	繁材长槽愁承何绳辞　煤娘来雷俄仁荣门延原
上声	31	把品匪纺典椭展丑爪闯纸喘解可饮散水险宰取产　米挽脑李呕远演扰
去声	51	坝粪戴借智皱占过暗　份步大就住状顺轿羡睡号 范倍簟罪丈盾竞象是旱
阴入	43	必发搭接桌竹汁菊屋夹一
阳入	55	别服毒杂集盒食石值

黄联客家话声调说明：

黄联客家话一共有六个声调。黄联客家话仍保持了独立的入声声调。平声和入声分阴阳，上声和去声不分阴阳。

四 黄联客家话声韵配合关系

黄联客家话声韵配合关系表

声　母	开口呼	齐齿呼	合口呼
[p, ph, m]	+	+	(ʋ)
[f]	+	−	(ʋ)
[t, th]	+	+	+
[l]	+	+	+
[ŋ]	+	−	−
[ts, tsh, s]	+	−	+
[tʂ, tʂh, ʂ, ɻ]	+	−	+
[tɕ, tɕh, ɕ]	−	+	−
[k, kh, x]	+	−	+
ø	+	+	+

声韵配合关系说明：

（1）表内"−"表示声韵不能配合，"+"表示能配合。（ʋ）表示这类声母只能和合口呼中的单韵母［ʋ］配合。

（2）客家话韵母只有三呼，没有撮口呼。从声母来看，能和三呼相拼的有零声母，舌尖前音 [t、th、l] 和双唇音 [p、ph、m]（合口呼仅限于 [u]）。

(3) 从韵母来看，开口呼的配合能力最强，除了舌面音 [tɕ、tɕh、ɕ、j]，跟其他声母都能配合。

五　黄联客家话同音字汇

ɿ

ts　[35] 资姿咨滋兹 [31] 紫子梓牸淬 [51] 已

tsh　[35] 疵 [22] 雌瓷糍磁慈祠辞词 [31] 此 [51] 刺自赐伺差翅侍

s　[35] 斯厮撕私司思丝师狮 [51] 字肆祀似寺嗣饲士仕事什

ʅ

tʂ　[35] 知支枝栀肢之芝 [31] 只纸脂指旨止址趾 [51] 智致置窒滞痣治蛰制至志

tʂh　[35] 痴 [22] 池驰迟 [31] 耻侈嗤齿 [51] 秩

ʂ　[35] 施尸诗 [22] 时 [31] 驶史使屎矢匙 [51] 柿示世势始试式饰适拭释誓逝氏豉视嗜市

i

p　[31] 彼比鄙 [51] 蔽闭算弊毙币陛避备辟

ph　[35] 屁 [22] 癖匹脾疲皮琵痞 [51] 癖屁庇鼻

m　[22] 迷谜糜弥靡眉 [31] 米

t　[31] 抵 [51] 递

th　[22] 堤屉提题蹄 [51] 帝蒂体替剔第地

l　［35］旅礼履里鲤捋　［22］尼你驴黎离篱璃梨厘倪疑
　　　［31］女李耳拟　［51］腻溺虑滤励厉丽吏咯栗二艺逆

tɕ　［35］挤居举锯拘驹稽饥肌几基箕机讥　［31］姊矩己几
　　　［51］祭际济聚剂辑寂据俱句计继系寄冀纪记既季巨拒
　　　距具惧妓技忌剧

tɕh　［35］趋蛆妻区驱欺期　［22］脐瞿岐棋旗祈　［31］取
　　　娶启起岂乞　［51］砌讫企

ɕ　［35］需须西犀膝夕墟溪虚吁牺嬉熙希稀奚兮豨　［22］
　　　徐　［31］死许喜　［51］趣细婿四序叙绪去弃器气汽泣戏

j　［35］蚁淤迂依衣医伊倚　［22］娱虞愚盂余愉榆逾移姨
　　　夷遗　［31］语椅雨羽宇禹　［51］御遇寓宜议义谊毅玉意
　　　乙忆亿抑益郁与预誉豫愈喻裕易以已异翼亦译易疫役

ʊ

p　　［31］补　［51］布怖　［43］不

ph　［35］扑仆　［22］脯菩蒲　［31］谱普浦朴捕　［51］铺步
　　　瀑孵　［55］铺

m　　［35］母拇牡　［22］模　［43］木目沫牧

f　　［35］夫肤敷俘麸扶呼忽乎　［22］蝠符芙浮湖胡壶狐
　　　［31］斧府脯俯抚斧腐辅苦虎浒　［51］傅付赋咐富副腹
　　　父附负妇裤户互沪护核　［43］福复赴佛覆缚　［55］服
　　　伏袱

v　　［35］巫诬侮乌污　［22］吴梧蜈　［51］戊务雾误悟恶芋
　　　［43］物勿屋　［55］锅

t　　［35］都　［31］堵赌肚　［51］妒度杜渡镀　［43］督笃

th　［35］秃　［22］途图徒涂屠　［31］土吐　［51］兔　［43］

突［55］毒独读犊牍

l ［35］努鲁橹卤虏［22］奴芦卢炉庐［51］怒路露律鹿禄陆录［43］赂［55］烙

ts ［35］租［31］组祖阻

tsh ［35］粗［31］楚础［51］醋猝［45］出促猝术畜族

s ［35］苏酥蔬疏［51］素塑诉数漱朔

tʂ ［35］猪蛛诛诸珠朱［31］煮主嘱［51］著驻注苎住祝助蛀祝［43］竹筑轴烛触

tʂh ［35］柱［22］除厨橱［31］拄处杵［51］处鼠暑恕庶［43］畜储出

ʂ ［35］枢书舒输殊淑［22］薯［31］署属蜀［51］术述束墅竖树［43］赎叔［55］熟

ɻ ［35］ 㺟［22］如［31］辱［51］乳

k ［35］孤姑［31］估古鼓牯股［51］故固雇顾［43］骨谷

kh ［35］箍枯窟［51］库酷

A

p ［35］巴疤爸爬［31］把［51］橱坝霸罢爿

ph ［35］琶杷［22］耙簸
［51］怕帕

m ［35］马码［22］麻

f ［35］花［22］华划猾［22］化画

t ［31］打

l ［35］拏［51］纳

ts ［35］查渣［51］诈榨炸煠

tsh   [22] 茶搽察查

s   [35] 沙痧纱杉 [31] 撒洒

tʂ   [35] 查乍遮蔗

tʂh   [35] 钗差车 [31] 叉扯 [31] 叉岔

ʂ   [35] 杀赊 [22] 蛇畲 [31] 舍 [51] 射社

k   [35] 家加稼佳 [31] 假贾尬 [51] 架假价驾嫁

x   [35] 呵虾下 [31] 傻 [51] 厦下夏

ŋ   [35] 轧 [22] 牙芽衙 [31] 瓦

ø   [35] 鸦 [31] 哑

ɤʔ

p   [43] 八百伯

ph   [55] 白魄柏

m   [43] 抹袜 [55] 麦

f   [43] 发法乏罚伐筏

t   [44] 搭答达

th   [44] 榻踏塌塔搨沓

l   [55] 辣纳腊蜡劣

ts   [43] 摘眨扎闸铡

tsh   [43] 插擦拆

s   [43] 萨煞

tʂ   [43] 只个

tʂh   [43] 尺

ʂ   [55] 石

k   [43] 夹胛甲

kh   [43] 恰掐

x　　［43］客吓吓骇

ø　　［43］鸭捏

e

p　　［43］北

ph　　［43］迫拍泊　［55］卜

m　　［35］妈［43］墨默脉

t　　［43］得德

th　　［43］特

l　　［43］那［43］肋勒

ts　　［43］宅责

tsh　　［51］厕［43］则泽侧测策册［55］贼

s　　［43］塞瑟色啬

tʂ　　［51］者［51］哲辙褶折浙

tʂh　　［43］彻撤

ʂ　　［35］奢［51］赦舍［43］摄设涉折

k　　［35］给［22］黢［43］格革骼隔

kh　　［43］刻克

ŋ　　［43］扼轭

x　　［35］黑［51］是

ɚ

tʂ　　［43］蜘稚值汁执质织职植殖［55］侄直

tʂh　　［43］赤斥

ʂ　　［43］湿失吃［55］舌十实食蚀室识恃拾吃

o

p　　［35］波菠玻［51］簸播薄［43］钵拨博剥驳勃钹帛

ph　　〔35〕坡泼　〔22〕婆　〔51〕破剖　〔43〕泼　〔55〕薄

m　　〔35〕摸　〔22〕魔磨模摹　〔51〕墓幕暮慕募抹寞陌穆
　　〔43〕末没莫

f　　〔31〕火伙　〔51〕祸货

t　　〔35〕多　〔31〕朵躲　〔51〕剁舵惰垛　〔43〕夺铎戳

th　　〔35〕拖唾　〔22〕陀驮驼　〔31〕妥椭　〔43〕铎托脱
　　〔55〕择

l　　〔35〕啰　〔22〕挪锣箩罗萝螺骡脶　〔51〕糯摞　〔43〕骆
　　酪　〔55〕诺裸落乐洛络

ts　　〔31〕左佐　〔51〕做作　〔43〕撮捉

tsh　　〔35〕搓座坐初　〔22〕昨锄　〔51〕错措锉　〔55〕凿

s　　〔35〕蓑梭唆梳　〔31〕锁琐索所　〔43〕率索缩

tʂ　　〔43〕着桌卓琢镯酌

tʂh　　〔43〕浊拙绰　〔55〕着

ʂ　　〔55〕杓

k　　〔35〕哥歌戈　〔31〕果粿裹　〔51〕过　〔43〕鸽割阁各葛
　　角胳

kh　　〔35〕科棵窠　〔31〕可　〔51〕搁课颗　〔43〕嗑

x　　〔35〕荷喝豁　〔22〕焙何河荷禾和　〔51〕屙喝霍藿贺鹤
　　〔43〕渴壳赫　〔55〕盒合活学核

φ　　〔35〕蜗倭窝凹　〔22〕鹅蛾俄讹　〔51〕饿卧颚沃　〔43〕
　　握恶

iʌ

p　　〔31〕匾

tɕ　　〔31〕姐　〔51〕借藉介

tɕh　　[22] 斜 [51] 谢

ɕ　　　[31] 写 [51] 洽

l　　　[35] 惹

ɸ　　　[35] 丫也野 [22] 爹

[31] 雅 [51] 亚压夜液

uA

tʂ　　　[35] 抓 [31] 爪

ʂ　　　[31] 耍

k　　　[35] 瓜 [31] 剐寡 [51] 卦挂剐

kh　　　[35] 夸 [31] 垮 [51] 跨

ɸ　　　[35] 挖蛙洼

ieʔ

p　　　[43] 壁

ɕ　　　[43] 锡狭峡匣侠挟辖

ø　　　[43] 押

uɐʔ

tʂ　　　[43] 啄

ʂ　　　[43] 刷

k　　　[43] 刮

ø　　　[43] 滑

iɛi

p　　　[35] 憋逼 [43] 毕必笔滗碧璧

ph　　　[43] 别撇僻 [55] 别

m　　　[43] 秘灭蜜密 [55] 篾觅

t　　　[43] 的滴嫡碟迭牒蝶谍敌笛狄隶

th [43] 跌涕帖贴铁踢

l [43] 匿立粒烈列裂历业 [55] 猎聂镊例笠力热日孽月

tç [51] 界芥械 [43] 接节疖即鲫积迹脊绩缉集截绝疾籍
戒疥髻急级揭结洁吉击激枸杞及杰竭偈极吸 [55] 窄

tçh [43] 且姜七漆戚劫契怯缺渠奇其 [55] 捷

ç [35] 蝎 [22] 携 [51] 泻卸泄解 [43] 栖玺徙薛屑雪
悉恤息熄媳昔靴惜析邪习袭楔席虱隙胁歇血系协穴

φ [35] 耶 [43] 于揖噎一粤越页 [55] 叶阅

ue

k [43] 郭国

kh [43] 括奎阔廓逵葵

x [44] 或获惑

io

l [43] 略掠六绿肉 [55] 入若弱疟虐

tç [43] 足嚼术蕨厥决诀脚角觉 [55] 撵逐吮

tçh [22] 瘸茄 [43] 雀觑鹊屈却确

ç [43] 戌削

iu

φ [43] 狱药钥欲育域浴约 [55] 岳

tç [43] 足嚼术蕨厥决诀脚角觉 [55] 撵逐吮

tçh [22] 瘸茄 [43] 雀觑鹊屈却确

ç [43] 戌削

φ [43] 狱药钥欲育域浴约 [55] 岳

ɑu

p [35] 褒包胞 [31] 保宝堡饱 [51] 报豹爆抱暴菢鲍

雹曝

ph　　[35] 泡抛脬 [51] 炮泡

m　　[35] 猫 [22] 毛茅矛没 [51] 冒帽貌卯

t　　[35] 刀叨 [31] 倒岛祷 [51] 到倒稻道盗

th　　[35] 涛掏滔萄 [22] 桃逃淘陶 [31] 讨 [51] 套导

l　　[35] 捞 [22] 劳牢唠了 [31] 老姥恼脑 [51] 闹涝

ts　　[35] 糟遭 [31] 早枣蚤澡爪 [51] 灶皂

tsh　　[35] 操 [22] 曹槽 [31] 草 [51] 糙造躁

s　　[35] 臊骚 [31] 嫂 [51] 臊扫溞

tʂ　　[35] 朝召招昭沼 [22] 着 [31] 找 [51] 罩赵兆照诏

tʂh　　[35] 超抄钞 [22] 潮朝巢 [31] 炒吵

ʂ　　[35] 梢筲稍烧 [22] 芍 [31] 少 [51] 哨少绍邵

ȵ　　[22] 饶 [31] 扰绕 [51] 绕

k　　[35] 高糕膏羔教 [31] 搞稿 [51] 告窖觉

kh　　[35] 搅敲 [31] 考烤拷 [51] 犒铐

ŋ　　[35] 熬咬爊 [22] 熬昂 [31] 袄 [51] 撬澳奥懊坳拗

x　　[35] 薅 [22] 蒿豪毫壕号 [31] 好（~坏）[51] 好（爱~）好浩耗号（~数）

iɑu

p　　[35] 彪标膘跑 [31] 表

ph　　[35] 漂飘瀌 [22] 瓢嫖 [51] 漂票

m　　[35] 瞄 [22] 苗描 [31] 秒渺 [51] 妙庙谬藐

t　　[35] 刁貂雕 [51] 吊掉钓调

th　　[35] 挑 [22] 调条 [31] 掉（~头）[51] 跳

l　　[35] 撩缭 [22] 寥辽憭疗瞭 [31] 了 [51] 料尿寥

tç　　[35] 焦蕉郊胶骄娇浇 [31] 剿侥铰饺矫缴搅 [51] 较教叫

tçh　[35] 悄 [22] 乔侨荞樵桥瞧 [31] 巧 [51] 俏鞘窍跷轿

ç　　[35] 宵消硝销霄萧箫嚣肖 [22] 淆 [31] 晓 [51] 涍孝效笑校（~对）

ɸ　　[35] 么吆妖腰邀要（~求）[22] 肴姚尧摇谣窑 [31] 杳舀 [51] 要（需~）耀鹞跃

ai

p　　[35] 跛 [51] 拜

ph　[22] 排牌 [51] 派稗败

m　　[35] 买 [22] 埋 [51] 卖迈

f　　[51] 坏

t　　[35] 呆 [31] 底（~子，白读）[51] 代怠殆带袋（~子，文读）贷戴

th　[35] 战胎弟 [31] 啼 [51] 太泰态剃大

l　　[35] 拉 [22] 泥犁 [51] 奈耐赖癞

ts　　[35] 灾栽斋 [31] 宰载 [51] 载再债

tsh　[35] 猜 [22] 柴 [31] 采彩睬踩

s　　[35] 腮鳃筛 [51] 赛晒

tʂ　[51] 寨

k　　[35] 鸡阶街 [31] 改解懈

kh　[31] 慨凯楷 [51] 溉概

ŋ　［35］哀埃　［22］我呆硙涯崖捱岩挨　［31］矮　［51］碍
　　艾爱蔼隘

x　［35］害（~怕）［22］还鞋　［31］蟹　［51］亥

uai

p　　［51］背（~脊）臂

ph　［51］背（~书）

m　　［51］妹

t　　［35］堆

th　［35］梯　［31］台苔
　　　［51］待揣

l　　［22］来

tsh　［35］在　［31］才财材裁豺　［51］菜蔡

s　　［51］岁

tʂ　［35］摔　［51］嘴拽

ʂ　　［35］衰　［51］率帅税睡

ɻ　　［31］软

k　　［35］该乖　［31］拐　［51］怪盖丐

kh　［31］凯慨楷　［51］溉会刽快块筷

x　　［35］揩灰　［22］鞋还淮怀槐痒　［31］蟹海　［51］亥害
　　　（~人）

ɸ　　［35］歪　［51］外

ue

f　　［35］否

t　　［35］都兜逗　［31］斗陡　［51］逗斗

th　［35］偷　［22］投头　［31］抖敨　［51］透豆痘·

l　　[35] 搂娄 [22] 楼 [51] 陋漏

ts　　[31] 走 [51] 奏

tsh　　[35] 掫 [22] 愁 [51] 凑

s　　[35] 搜馊 [51] 瘦嗽

tʂ　　[35] 粥邹周舟州洲 [31] 肘 [51] 昼宙骤咒

tʂh　　[22] 绸稠筹仇酬 [31] 丑 [51] 臭

ʂ　　[35] 收 [31] 手守首 [51] 兽受寿授售

ɻ　　[22] 柔揉

k　　[35] 勾钩沟 [31] 狗 [51] 苟垢构购够

kh　　[35] 抠眍 [51] 叩扣寇

ŋ　　[35] 欧 [31] 殴偶呕藕 [51] 沤

x　　[22] 侯喉猴 [31] 口吼 [51] 后（帝～）后（～面）候

uəi

t　　[35] 丢

l　　[35] 柳溜 [22] 留刘流榴硫琉馏牛 [31] 纽 [51] 扭

tɕ　　[35] 纠鸠阄灸枢咎 [31] 九久韭酒 [51] 救枢

tɕh　　[35] 秋锹鳅丘舅 [22] 囚仇求球 [51] 就旧

ɕ　　[35] 休修羞 [31] 朽叟 [51] 宿（星～）秀袖锈嗅绣

ɸ　　[35] 优忧优幽有友悠酉 [22] 尤邮油游犹由 [51] 幼又右佑诱柚釉

ei

p　　[35] 杯卑碑偝悲 [51] 贝辈被倍婢沸

ph　　[35] 批胚坯披 [22] 培陪赔裴肥 [51] 沛佩配

m　　[31] 枚眉梅媒楣煤霉媚 [41] 每美寐 [223] 妹昧

f　　[35] 妃非飞 [22] 回 [31] 匪翡 [51] 废费肺会悔讳
汇绘慧惠

tsh　[35] 齐

s　　[31] 洗 [51] 小

ɸ　　[35] 那

uei

t　　[35] 堆 [51] 对队兑

th　　[35] 推 [22] 頹 [31] 腿 [51] 退褪

l　[35] 偏垒累（积～）[22] 雷累 [31] 屡 [51] 内吕累
类泪

ts　　[35] 追锥 [51] 最醉

tsh　[35] 炊崔催 [51] 翠脆罪粹

s　　[35] 虽 [22] 随 [31] 髓 [51] 絮碎穗隧遂

tʂh　[35] 吹 [22] 锤槌垂

ʂ　　[31] 水

ɻ　　[51] 瑞锐

k　　[35] 闺圭规龟归 [31] 诡鬼轨 [51] 桂癸贵

kh　　[35] 盔窥亏 [22] 魁傀 [31] 跪柜 [51] 愧

x　　[35] 恢挥辉徽 [31] 毁 [51] 秽贿晦

ɸ　[35] 微威煨委萎 [22] 维桅危为围违唯惟 [31] 伪纬
[51] 未伟魏味喂畏慰位卫为芦苇胃谓猬

an

p　　[35] 班般斑搬颁扳 [31] 板版 [51] 半伴扮拌办瓣

ph　[35] 潘攀 [22] 盘螃 [51] 绊判叛盼襻畔

m　［35］满　［22］瞒馒蛮　［51］漫 鳗慢蔓

f　［35］番翻　［22］帆凡烦繁矾　［31］反　［51］泛犯范贩
饭唤

t　［35］丹耽单担　［31］疸胆　［51］担但诞

th　［35］贪坍摊瘫滩叹淡（白读）　［22］谭潭痰谈弹坛檀
　　［31］坦毯掸　［51］旦探炭弹蛋

l　［35］懒　［22］南难（困~）蓝拦篮兰栏男榄　［31］览
揽缆　［51］滥烂难（灾~）

ts　［35］簪錾　［31］攒盏　［51］赞溅瓒蘸

tsh　［35］参餐　［22］残惭　［31］惨　［51］灿

s　［35］三衫　［31］散伞　［51］散

tʂ　［35］粘黏暂沾瞻毡　［31］展绽斩　［51］站栈占战

tʂh　［35］掺搀　［22］缠馋谗禅蝉　［31］产　［51］颤

ʂ　［35］山扇　［31］陕　［51］膻扇鳝善膳

ɻ　［22］然燃　［31］冉染

k　［35］柑尴间　［31］感敢橄擀　［51］干

kh　［35］堪龛勘刊　［31］坎砍

x　［35］憨鼾　［22］含寒韩翰函闲　［31］罕　［51］喊憾苋

iɛn

p　［35］编鞭边蝙　［31］贬匾　［51］变辨辫辩

ph　［35］篇偏　［22］便　［31］片劈　［51］遍骗片便

m　［35］勉免缅　［22］棉绵眠　［51］面

t　［35］颠癫　［31］点典　［51］店踮垫电殿奠佃

th　［35］添天　［22］甜田填　［31］舔　［51］簟

l　［35］拈碾研砚　［22］年廉帘镰连联怜莲严　［51］念敛

辇练炼链恋验

tɕ　[35] 尖奸煎监兼坚艰肩绢捐 [31] 剪减检简捡柬谏茧
　　趼笕俭 [51] 箭荐渐践贱饯鉴间建见券卷眷键健腱圈倦

tɕh　[35] 歼笺签迁千谦牵圈铅 [22] 钱前全泉钳乾虔权
　　拳颧 [31] 潜谴犬 [51] 嵌欠歉劝件舰

ɕ　[35] 先仙鲜宣掀轩 [22] 旋衔嫌闲贤弦玄悬 [31] 鲜
　　癣选险显 [51] 线羡旋宪献喧楦陷馅限现县眩

ø　[35] 阉腌蔫烟渊焉 [22] 颜言元原源炎袁辕圆员园援
　　盐檐阎延缘沿 [31] 掩远演 [51] 雁谚愿厌晏堰宴燕咽
　　怨焰艳筵

uan

t　[51] 短 [51] 锻断（文读）段缎

th　[35] 断（白读）[22] 团

l　[35] 暖 [31] 卵 [51] 乱

ts　[35] 钻 [31] 纂 [51] 钻

tsh　[35] 篡餐 [51] 窜

s　[35] 酸 [51] 蒜算

tʂ　[35] 专砖 [31] 转 [51] 赚转篆

tʂh　[22] 川穿 [22] 传 [31] 铲喘 [51] 串

ʂ　[35] 删拴 [22] 船 [51] 涮疝

ɻ　[31] 阮

k　[35] 甘干（~净）官冠（鸡~）棺关鳏观肝竿 [31]
　　管馆秆赶 [51] 冠（~军）贯惯灌罐观

kh　[35] 宽 [31] 款 [51] 看

x　[35] 欢 [22] 环 [31] 缓 [51] 幻患唤焕汉鼾撼焊旱

汗翰宦

ɸ 　[35] 豌弯湾腕鞍 [22] 还丸完玩顽皖 [31] 皖宛挽碗
　　[51] 万院腕换

en

p 　[35] 奔崩绷 [31] 本 [51] 逩笨粪

ph 　　[35] 喷厚 [22] 盆彭澎．

m 　[35] 蚊 [22] 门 [51] 闷问璺

f 　[35] 分吩芬纷昏婚荤 [22] 焚坟 [31] 粉 [51] 份愤
　　奋忿喷混

t 　[35] 敦登灯炖蹲 [31] 等戥墩 [51] 顿扽凳囤沌遁瞪

th 　　[35] 吞 [22] 屯豚臀藤腾誊 [51] 邓钝

l 　[22] 能伦轮崘 [51] 嫩论奶

ts 　[35] 尊遵增曾砧 [51] 甑赠

tsh 　　[35] 村 [22] 存层曾 [51] 寸蹭

s 　[35] 孙僧 [31] 损笋榫省

tʂ 　[35] 珍征贞侦臻针斟真诊疹蒸 [31] 枕拯整 [51] 镇
　　阵澄震振证症正政

tʂh 　　[35] 撑称伸 [22] 沉陈尘澄橙呈程乘臣承诚丞 [31]
　　逞惩 [51] 趁称秤

ʂ 　[35] 深身申升 [22] 神晨承 [31] 审婶沈 [51] 渗剩
　　胜圣甚肾慎盛

ɻ 　[35] 仍扔 [31] 韧 [51] 刃

k 　[35] 根跟庚耕羹 [31] 哽梗耿粳 [51] 更埂

kh 　　[35] 坑 [31] 肯垦恳

ŋ 　[35] 恩樱

x   [35] 亨 [22] 痕恒衡横 [31] 很 [51] 恨杏（白读）

uen

tʂ   [31] 准

tʂh   [35] 春椿 [31] 蠢

ʂ   [22] 唇纯醇绳 [51] 舜顺

ɻ   [51] 闰润

k   [31] 滚 [51] 棍

kh   [35] 坤昆 [31] 捆 [51] 困

ɸ   [35] 温瘟 [22] 文纹蚊闻魂 [31] 吻刎稳

in

p   [35] 蓖宾彬槟殡冰兵笾 [31] 禀丙秉柄 [51] 鬓并

ph   [35] 拼 [22] 姘贫频屏瓶萍评 [31] 品并 [51] 聘

m   [35] 抿 [22] 冥暝鸣 [31] 皿闽悯 [51] 敏

t   [31] 鼎

th   [35] 厅 [22] 廷亭庭停蜓 [31] 挺艇 [51] 订锭定

l   [35] 拎忍 [22] 宁林淋临鳞磷凌陵菱灵零铃人仁任伶 [51] 赁令另任壬认凝

tɕ   [35] 巾今斤金津筋襟禁京荆晶睛经精惊均钧君 [31] 仅紧锦谨景颈警境余 [51] 进晋俊劲境敬竟径静靖郡竟

tɕh   [35] 亲钦卿倾顷近菌 [22] 秦情晴禽琴擒勤芹群裙擎琼 [51] 浸侵尽庆

ɕ   [35] 心芯新薪星欣熏勋兴 [22] 寻询循巡旬行形刑型 [51] 信讯逊殉衅训兴幸

ɸ   [35] 音阴姻荫因鹰莺鹦英婴缨晕引允蝇 [22] 吟银迎云淫寅匀营盈 [31] 隐影尹颖 [51] 印熨应映运韵永孕

ɑŋ

m　　［35］莽蟒

t　　［35］丁钉疗［31］顶［51］钉

th　　［51］听

l　　［35］冷［51］浪朗

ts　　［35］争睁

tsh　　［51］撑掌

s　　［35］生牲甥［31］嗓搡

tʂ　　［35］正

ʂ　　［35］声［22］成城

ŋ　　［51］硬

iaŋ

p　　［31］饼［51］藏

ph　　［22］平

m　　［22］明民名铭［51］命

l　　［35］领岭

tɕ　　［31］井颈［51］镜

tɕh　　［35］清青蜻轻［31］寝请［51］净

ɕ　　［35］腥［31］醒［51］姓

ɸ　　［22］赢［31］影

uaŋ

tʂ　　［31］壮

ʂ　　［31］爽

kh　　［22］狂［51］况

ɸ　　［35］汪［31］枉

oŋ

ph　　［35］蓬　［22］朋棚篷　［31］捧　［51］喷碰

m　　　［35］某亩蒙懵　［22］谋膜萌盟　［31］猛　［51］贸梦孟

f　　　［35］封风枫蜂疯锋丰峰　［22］冯逢缝红洪弘鸿　［31］讽　［51］奉俸凤缝

w　　　［35］翁壅　［51］瓮

t　　　［35］冬东　［31］懂　［51］洞冻栋

th　　　［35］通　［22］同桐童铜瞳筒　［31］捅桶统　［51］痛动

l　　　［35］垄拢聋　［22］隆龙笼陇农浓脓　［51］弄

ts　　　［35］棕宗综踪鬃　［31］总　［51］粽纵皱

tsh　　［35］葱匆聪囱　［22］从丛崇

s　　　［35］松　［31］怂（~恿）［51］宋送讼颂诵

tʂ　　　［35］中忠终钟盅　［31］种肿　［51］中仲众种

tʂh　　［35］重充铳冲舂　［22］虫重　［31］怂宠

ɻ　　　［22］绒戎茸氄　［31］冗

k　　　［35］工弓公功攻供宫恭蚣躬　［31］汞拱巩　［51］共贡供

kh　　　［35］空（天~）［31］孔恐　［51］空（~闲）控

x　　　［35］烘轰　［31］哄

ioŋ

tɕ　　　［31］窘

tɕh　　　［22］穷

ɕ　　　［35］凶兄胸　［22］雄熊

φ　　　［35］庸雍　［22］容溶蓉融荣　［31］拥咏涌　［51］泳

勇用

oŋ

p　　[35] 帮邦 [31] 榜绑 [51] 棒谤傍

ph　　[22] 旁庞 [51] 胖

m　　[22] 忙盲氓亡芒 [51] 忘望妄旺

f　　[35] 方芳坊慌荒 [22] 妨房防 [31] 仿访仿纺
　　[51] 放

t　　[35] 当 [31] 党挡 [51] 当荡宕

th　　[35] 汤 [22] 堂唐糖塘棠 [31] 躺 [51] 趟

l　　[22] 狼郎廊螂

ts　　[35] 赃桩装庄妆 [51] 脏葬藏臓

tsh　　[35] 仓苍舱疮窗 [22] 床 [31] 闯 [51] 撞创状

s　　[35] 桑丧霜孀双 [31] 磉丧 [51] 丧

tʂ　　[35] 张章樟獐 [31] 长涨掌 [51] 帐胀账障瘴丈

tʂh　　[35] 昌娼 [22] 肠 [31] 厂场 [51] 畅丈唱倡

ʂ　　[35] 商伤 [22] 尝长常 [31] 赏偿 [51] 上尚

ɻ　　[22] 瓤 [31] 壤嚷

k　　[35] 刚钢纲光更 [31] 说讲秆岗广港 [51] 襁逛扛虹

kh　　[35] 康慷框眶筐 [51] 矿抗炕况旷

x　　[35] 夯 [31] 行杭航 [22] 谎

w　　[35] 网、往

ŋ　　[35] 肮

ɸ　　[22] 黄簧皇蝗惶横王 [51] 晃巷项

ioŋ

l　　[22] 娘良粮凉梁粱 [31] 两 [51] 酿凉量亮谅辆让

tɕ　[35] 将浆姜疆僵缰江豇 [31] 蒋桨奖 [51] 浆酱匠
　　降强

tɕh　[35] 枪羌 [22] 墙祥强 [31] 抢强 [51] 像

ɕ　[35] 相厢箱湘镶襄香乡 [22] 详降 [31] 想饷享响享
　　[51] 相象橡向

ø　[35] 央秧殃养 [22] 羊杨洋扬疡 [31] 仰 [51] 样

m̩
[22] 无鱼渔 [31] 舞武鹉五午伍

参考文献:

[1] 中国社会科学院语言研究所. 方言调查字表 [M]. 北京：商务印书馆, 2007.

[2] 李瑞禾. 西昌市黄联乡的客家话 [J]. 西昌师专学报（哲学社会科学版）1996（4）.

[3] 李瑞禾, 曹晋英. 西昌黄联客家话同音字汇 [J]. 西昌学院学报（社会科学版）, 2001（2）.

[4] 段英. 四川黄联客家话与梅县客家话的比较 [J]. 汕头大学学报（人文社会科学版）, 2002（4）.

Phonetic system of Huanglian Hakka dialect

Xiao Jun

(Sichuan Normal University, Chengdu, Sichuan, 610068)

Abstract: The Huanglian Hakka Speech Island is investigated by us in Xichang, Sichuan Province. We give a description of the phonetic system of the dialect from the initial consonants, rhymes and tones. A table including about 3,000 homophones is added to the end of the article.

Keywords：Chinese dialect, Hakka dialect, Huanglian village, phonetic system

蜀难纪实

[清] 杨鸿基撰

周及徐 标点注释

【说明】明末清初时期四川地区遭受剧烈的战乱，社会生产和人民生活毁灭殆尽，文章记述了这段惨痛的历史。张献忠三次率众入川，大肆杀戮，使富庶繁荣的天府之国城镇丘墟、荒野千里。作者四川富顺人，生活在明末清初，侥幸地躲过了战乱。这篇亲历者记实是四川近代历史的宝贵资料。文章脉络清楚，叙事简明，文言纯熟，遣词生动。采自清代著名学者段玉裁主编的《富顺县志·卷五·乡贤下》。根据《西南稀见方志文献·富顺县志》（林超民主编，兰州大学出版社，2003 年，584~586 页）整理。原文据清代刻本影印①。

---

① 原文计算机录入：四川师范大学文学院 2010 级语言学研究生唐文静、殷科、肖俊。校对：周及徐。

思陵践祚，[1]边事日非。大河南北，蝗旱频仍，饥民蜂起，秦陇三川诸郡鞠为盗区。[2]焚杀掳掠，千百为群，名号不一，而李自成、张献忠其魁杰也。丁丑，[3]献贼窃入蜀疆，杀总兵侯良柱，[4]由巴、剑入，[5]西而南并罹其害。此虽蜀难之始，然不过所经遭其杀劫，尚未攻城屠邑也。于是于望星关、半园关、蒙坝关、九园子诸隘增置将兵，[6]以防自秦趋蜀之歧路，总名曰通邑五营。[7]

【注释】

［1］思陵践祚：指明崇祯皇帝思宗朱由检登位，时公元1628年。

［2］鞠：尽，完全。

［3］丁丑：崇祯十年，1637年。

［4］侯良柱：明末四川总兵，1637年与农民军战于绵州（今四川绵阳），阵亡。

［5］巴、剑：即巴州，剑州，今四川巴中、剑阁。

［6］望星关：位于今四川万源县城西二十余公里，是由湖北入四川的关隘。蒙坝关：又作濛坝关，位于今四川阆中市，是由汉中地区入四川的关隘。这些关口是从北面和东北面进入四川的要道。

［7］此段叙述明末张献忠第一次进入四川，战乱起。

至庚辰，[1]献贼仍由丁丑盗入之途以扰川地，[2]究之五营虽设，徒縻饷扰民，[3]于防御未有毫发益也。自是诸贼横行秦晋楚豫濠泗间，[4]夷陵寝，贼宗藩，在在荼毒，而当事无策。[5]虽朝廷屡命重臣，推毂授钺，[6]然不过收采虚声，壮猷罔据，[7]故动皆覆没，不返只轮，浸淫漫延，不可扑遏。[8]

【注释】

［1］庚辰：崇祯十三年，1640年。

[2] 崇祯十三年闰正月，张献忠由湖北攻克开江县城，由此再入四川。

[3] 徒糜饷扰民：白白地耗费军饷，盘剥人民。糜，通"靡"。

[4] 濠泗：濠，同"壕"，护城河。这里指城市。

[5] 夷陵寝：铲平陵墓。贼宗藩：杀害宗室王侯。又作"宗蕃"，指天子分封的宗室诸侯。在在荼毒：到处残害。

[6] 推毂授钺：指古代帝王任命将帅的隆重礼节。推毂，推车；授钺，授以兵权。

[7] 壮猷：宏大的谋略。《诗经·小雅·采芑》："方叔元老，克壮其猷。"郑玄笺："猷，谋也。"罔据，无据，不合实际情形。

[8] 此段记张献忠军第二次入川，官府无力平乱，战祸蔓延。

至甲申三月，[1]自成犯阙，神京沦没矣。是岁之夏，献忠自楚挽舟而上，不过数万人耳，乃越下牢渡。[2]三峡古称天险，如蹈无人之境。六月至重庆，一鼓破城。时瑞王自汉中为贼所逼，[3]奔避渝城。献忠乃执王磔于教场，[4]时白日正中，迅雷忽震，献贼反以炮向雷电击之。其无忌惮有如此者。渝城夹在两江之间，惟西北佛图关一路仅通车骑，[5]贼由是路攻城。渝城之人，如在釜中，无所逃匿。贼尽拘在城男女老幼杀之。其或不杀者，则断手劓刖，纵令西上，[6]以张先声。时成平既久，[7]沿途州县见此辈狼狈之状，莫不魂丧胆裂，避之恐后，孰敢撄其锋者？[8]献忠驻渝，杀戮逾月，鼓行而西，水陆并进。陆路由永、荣、资、简，水路由中外二水。[9][10]

【注释】

[1] 甲申：崇祯十七年，1644年。

[2] 下牢渡：位于湖北宜昌南津关，有下牢溪汇入长江，为三峡的东

入口。

[3] 瑞王朱常浩，封于汉中，从汉中、阆中败退至重庆。

[4] 磔于教场：斩杀于教场。磔（zhé），古代剐刑。教场，古代练兵场。今又作"校场"或"较场"。重庆校场口在今渝中区。

[5] 渝城夹在两江之间：重庆旧城夹在西北的嘉陵江和南面的长江之间，成"＞"地形。佛图关：位于今重庆市渝中区西，地势高峻，为从西面进入重庆城区要道。

[6] 劓（yì）刖：割鼻、断足。纵：释放。

[7] 成平：和平生活。

[8] 撄（yīng），触犯。

[9] 永、荣、资、简：即永川、荣州、资州、简州，今重庆永川、荣昌、四川资阳、简阳。中外二水：即长江、嘉陵江。

[10] 此段记张献忠第三次入川，首陷重庆。

八月至成都，不三日而城陷矣。先是，蜀王闻京城不守，阴萌监国之谋。[1]巡按刘公之勃以正议格之，蜀王遂恚。[2]时抚军既不以守御为务，而按臣则无饷无兵。数请帑于王，[3]以资招募，王方以不得监国为憾，坚不予饷，故守备全无。及贼破渝而西，王方出锸，募人乘城，[4]人给白金五十两。应募率皆游手无赖，方授兵登埤，各怀锸超堞而去。[5]贼至，无一人御之，故破一都会，易于拉朽也。城破，巡抚刘公死之，蜀王及世子投宫井死，诸郡王、官吏、绅士、军民、男女老幼并遭杀戮，惨毒有不忍闻者。献忠僭称大西皇帝，改年大顺，伪设部、寺等官，以成都为西京。然而赋性不移，虽以为开基立国，而群盗之习毫无悛改，[6]日以杀戮为事。聚徒数十万，惟以劫掠为资。所到之处无噍类焉。[7]劓、刖、截、剟者，其戏玩也。盖至是蜀难已成。然遭屠戮者，尚不过十二三耳。乃西川人性戆愚，特明顺逆，不量势力，不肯被不义之名，故其所置郡县，贼吏特以兵威迫，胁民勉听从。兵才他适，则群起而杀之。而献忠不自谓非帝王之器，无绥靖之能，反谓民刁俗悍，难服易携，[8]惟欲以杀戮为威，而剿洗之兵肆出矣。且其赋性凶燥，必时时屠剥当前，然后快意。故所遣贼将，先诫其日录所杀多寡以闻。若一日之间所报但数十人，则终日不怡，必杀左右以泄其怒。必报杀万人或杀数万人，然后色喜，愈多愈快。如是者岁余，蜀人之存者十仅五六矣。所杀虽多，蜀民犹无别也。[9]于是下令郡县，勒令诸生赴伪京考试，[10]搜求勾摄，驱迫而行，皆要诸途而歼之。[11]故蜀士之得脱锋刃者，较齐民尤少耳。[12]乃民难未瘳，[13]天复助虐。凡剿洗未及，及岩穴窜匿之余，疫疠盛行，十不活一。甚有不数日而灭门者。盖至是蜀难弥殷，[14]民之存者，十才三四矣。人不自存，义兵四起，什伯为徒，所在皆有。虽于贼无所创艾，[15]然贼至则或逃或窜，贼退则依然结聚自保。贼反讥其无能为也，而名之曰"土豹子"。盖嘲其昼伏夜出，窃噬鸡豚，只足增嫌，于人无大损也。[16]

【注释】

[1] 蜀王：朱至澍，明太祖十世孙，袭封蜀王。阴萌监国之谋：暗自产生了代立明朝中央王朝的念头。

[2] 格：纠正，《书·冏命》："绳愆纠谬，格其非心。"恚（huì）：怨恨。

[3] 帑（tǎng）：古代藏金帛的府库，这里指用作军饷的银两。

[4] 镪（qiǎng）：银子。乘：登上。

[5] 兵：武器。陴：城上矮墙。超：越过。堞（dié）：城上有射孔的矮墙，义同"陴"。

［6］悛（quān）：悔改。

［7］噍（jiào），咀嚼。噍类，活着的人或动物。

［8］携（xié）：离心，离间。难服易携：难以驯服，容易离心。

［9］蜀民犹无别也：四川人民还没有改变（对张献忠的态度）。

［10］伪京：指成都。

［11］勾摄：拘捕。皆要诸途而歼之：都在道途中拦截杀死。

［12］齐民：平民。

［13］瘳（chōu）：病愈。

［14］弥殷：更盛。

［15］创艾（yì）：因受惩治而畏惧。

［16］此段记张献忠在成都杀戮。

时宏光帝立南都，[1]起故辅巴县王公应熊为督师，出泸州；起故宁夏巡抚宜宾樊公一衡为总督，出纳溪。皆委以恢复之任，号召诸路官兵义旅，响应云合。于是闽人曾英，集众数万，复重庆矣，故弁王祥保綦江矣，[2]抚标参将杨展出黎雅矣。[3]游击马应试出叙南，[4]故弁侯天锡屯海坝。而新任川镇贾登联以及黔楚乌合之众熊俅、顾仁寿、谭得胜、莫宗文、张登贵、魏民望、熊小嘴辈，或称督师标，或称镇标，统号十副将者，并集川南矣。而松潘副总兵朱化龙敛兵自守，献忠招之不从，侵之不得。方遣贼至汶威郡，[5]番操兵据险，贼众见其狰狞之状，气慑心怖，反甘言陷以赏边，[6]委数万予之而还。自是不敢西向。贼威令所行，不过近省州县，号令不千里矣。献忠自知不厌人望，终无所成。且久贼之无归也，思欲挟多金泛吴越，易姓更名，效陶朱之游。[7]于是括府库民兵之银，载盈百艘，顺流而东，至彭山之江口，初心忽变，乃焚舟沉镪而还。自是无民可杀，乃欲尽杀入川所招掳之新兵以适意，以次及楚人，次及他省之人，而后及老本焉。老本者，秦人也。[8]其杀新兵也，先给之曰，[9]某日发某处。至其日，群贼露刃挟道，林立者数十里。所欲杀者从中鱼贯而行，以为防其逃逸，无他虞也。及至江河之所，然后以次杀之，而投水中，前者流壅波赤，而后人弗知也。如是者数月。新兵几尽。时丙戌八月矣，[10]乃尽焚宫殿、官寺、民居，火月余而行。自此西川东南皆无贼。[11]

【注释】

[1] 1644年五月，史可法等拥明福王朱由崧在南京即位，为南明宏光政权。

[2] 故弁：从前的从属武官。以下的各路人马，都是在拥戴南明政权的旗号下临时聚集起来的乱兵游勇。

[3] 黎雅：黎州、雅州，约相当于今四川汉源、雅安一带。

[4] 叙南：明代叙南卫，今四川宜宾地区。

[5] 汶威郡：今四川阿坝州汶川一带。

[6] 反甘言陷以赏边："陷"当为"谄"。意为：反而用守边有功应当奖赏的好话谄媚番人。

[7] 陶朱：春秋越国大夫范蠡，助勾践灭吴国后归隐江湖，成为富商，号"陶朱公"。

[8] 张献忠陕西定边县人，起兵于陕西米脂，旧部多秦人。

[9] 给（dài）：欺骗。

[10] 丙戌：清顺治三年，1646年。

[11] 此段记张献忠杀人殆尽，又及自己军中的士兵。

蜀难其或已乎？乃贾镇及十副将辈闻贼北去，相与倡言恢省，[1]牵率而西。凡贼杀戮之余，恣其拷掠。方至简汉间，不虞尚有余贼，回兵一击，大溃而奔，不敢复西，而惟盘踞于资、内、富、隆、泸、合之间，[2]日以打粮为名，四出抢掠，其难更酷于贼。盖贼所嗜者杀人，子女之可取者取之，其马骡绫縠绮罗而外，皆非所好。虽金银重资，献忠恐兵富而易逃也。其令挟赀则杀之，时时搜索，故贼虽见金亦取之，不端求。[3]不若此辈无所不欲。每得一人，榜刺炮烙，必得财物而后已，但不辄杀之耳。故民虽或免于兵刃，而死于拷掠者，十常八九也。时蜀土不耕已二年，余粮罄竭，民惟拾穞谷、采野蓛以充腹，[4]已有人相食者。而诸兵搜劫无已，民不能出而求食。故不死于兵，则死于饿。蜀难至斯转剧，民存十不能一矣。[5]

【注释】

[1] 相与倡言恢省：互相夸口说要恢复（明朝）的人。"省"当为"者"，形近而误。

[2] 资、内、富、隆、泸、合：今为资阳、内江、富顺、隆昌、泸州、合川。

[3] 赀（zī）：钱财。端：同专。

[4] 穞（lǔ）：落粒自生的稻谷。野蓛（sù）：野菜。

[5] 此段记南明乱兵游勇继张献忠之后在四川掳掠杀戮。

初，献忠之弃成都而北也，本欲归秦，不知清师已定关、陇。[1]（献忠）至川北，而进退无所，回翔莫适，犹日以杀兵为事，于杀之务尽，俾他日逃遁，[2]无人认识也。至冬，遣其伪骁骑都督刘进忠，先驱出秦。进忠见其肆杀部人，惧祸及己，因赴肃王投诚，及为乡道，至顺庆而及之。[3]献忠方结垒凤凰山，[4]侦者报秦兵至，以为骇众，立杀之，如是者三。及大兵压垒，献忠始出帐觇望，[5]则一矢贯咽而殪矣。贼将孙可望等，收合余众，尚数万人，奔渝。曾英不思致死之寇当姑纵之，而设伏尾击之，可数日而尽也。乃列兵江上，以竭其锋，一战而败，英坠江而死。贼众遂由遵而黔，而滇焉。[6]献忠死而其众奔。肃王亦不追蹑，惟帅师自西而南，贾镇辈闻风逃遁。丁亥二月，[7]肃王至遵义，贾登联、谭得胜诣降，给以宴犒军，歼焉。王祥裒集曾英余众，[8]亦数万人，由川南绥阳而复遵义。[9]遵人迎战，失利。且以北人不宜南土，人病畜亡，遂敛兵而还。蜀土千里丘墟，刍粮莫给，径返川北保宁。[10]从此归版图矣。[11]

【注释】

[1] 关陇：指陕西关中，甘肃陇西一带。

[2] 俾（bǐ）：使。

[3] 乡道：即向导。顺庆：顺庆府治在今四川南充市。

[4] 凤凰山：在今四川南充市西充县境内的多扶镇境。

[5] 觇（chān），观察。

[6] 遵、黔、滇：指遵义、贵阳、昆明地区。

[7] 丁亥：顺治四年，1647 年。

[8] 裒（póu）集：聚集。

[9] 绥阳：今属贵州省遵义市。

[10] 保宁：今阆中市。

[11] 此段记张献忠兵败死，清军不能克遵义，川中无粮，北还阆中。

　　时蜀疆无寇，向之仗言恢复者，[1]皆出而据土，自雄于是。杨展据嘉定，[2]省东州县，上下川南，皆其属，惟永、泸不与焉。[3]王祥据遵义，以津、合、彭、黔为边境而时扰于境外；[4]侯天锡据永宁，马应试据泸卫，[5]而时往来于泸、富之间；曾英部将余大海、李占春据涪州之平西坝上，而长、垫下止，[6]酆都以北则以近清而不敢问。其忠、万则为忠州世弁谭文、谭宏及谭诣号"三谭"者所有。[7] 其他聚一乡，保一砦，[8] 或孤立自守，或遥附于他人者，故难仆数也。使其各保境安民，积粮养士，以待时清，则蜀难从此亦可止矣。无如此曹，贪乱乐祸，不肯少悛，[9] 日寻干戈，忽相吞噬，当此千里无烟之日，孑遗落落值其蹂躏者，吁天罔应，[10] 入地无门，人生至此，生趣尽矣！[11]

【注释】

[1] 指下文所说的各支名义上的南明军队，实为割地称霸之徒。

[2] 嘉定：今四川乐山市。

[3] 永、泸：指永宁和泸州。永宁，今四川泸州市叙永县。

[4] 津、合、彭、黔：今重庆江津、合江、彭水、黔江县。

[5] 泸卫：即泸州，明朝置泸州卫，故名。

[6] 长、垫：指今重庆长寿、垫江。

[7] 忠、万：指忠州、万州，今重庆忠县和万州市。

[8] 砦（zhài）：即寨。

[9] 不肯少悛：不肯有一点悔改。少：稍微。悛（quān），悔改。

[10] 吁天罔应：即呼天不应。吁：呼喊，《尚书·泰誓中》："无辜吁天。"

[11] 此段记南明残兵割据，残害仅存的蜀民。

奈之何乱兵之祸未终，姚黄之难复及耶！姚黄者本流贼别部，亦起于延庆诸郡[1]，有扫地王、夺食王、满天星、飞行十里、小红娘诸名最为猥琐。其众亦不如自成、献忠之强，而尚（专）己，横行，不相附丽。其行径与献忠小异而大同者，以杀人为寻常。所独者，以索财为痼癖。自献贼方炽之日，已入蜀疆，特以势力相悬，不敢向迩，惟萍荡于巴、阆、重、夔诸郡。[2] 边秦之兵，杀劫为资。及（清）众兵已驻保宁，复不向北,渐流而东。至是民尽食穷,搜括无所,乃由梁、垫、涪、彭、南、綦诸郡邑,[3] 自东而南。己丑之春,[4] 遂至叙、泸之邑。[5] 于时,地不耕已五年,民之仅存百一。戊子之冬,[6] 乱兵之害方稀,残民远求豆麦,刀耕火种,以为自是,或可少延。乃豆麦甫实未成,而姚黄猝至。夫以长林丰草,鹿豕纵横,寥寥孑遗,何难伏匿?不知姚黄掩捕搜索之功,不特献贼之所不能,即向之乱兵亦有所不逮。盖此日之姚黄已无不饶于财者矣,获人而拷掠,所急在于得粮。(得)粮不可则杀之以充食。民之仅存百一者,至是又死过半矣。至是蜀难已极,无可复加,民之存者百不一人。若能完其家室者,千万中不一见也。鸡豚绝种已数年。斗米数十金,[7] 耕牛一头售银三百两,皆遵、黔重利轻生之辈,远贩而至。加以数年断绝人烟,虎豹生殖转盛,昼夜群游,城郭村墟之内,不见一人驰逐之。其胆益张,遇人即攫,甚至突墙排户,人不能御焉。残黎之多死于虎,又一难矣。人生至此,宁复望再睹天日耶?[8]

【注释】

[1] 延庆诸郡:今陕西延安、庆阳地区。这两句说姚黄与李自成、张献忠一样,亦是起于秦地的流贼。

[2] 巴、阆、重、夔:今四川、重庆之巴中、阆中、重庆、奉节。

[3] 梁、垫、涪、彭、南、綦:指今重庆所属市县铜梁、垫江、涪陵、彭水、南溪、綦江。

[4] 己丑:顺治六年,1649 年。

[5] 叙:叙府,今宜宾市。

[6] 戊子:顺治五年,1648 年。

[7] 斗米数十金:一斗米要值数十两银子。

[8] 此段记述姚黄之乱又加害于满目疮痍的四川。

迨至孙可望自滇据黔，辛卯遣兵逼遵，[1] 王祥兵溃自到。于是，有遵义刘文秀自建南出黎雅，杨景星奔投保宁，下兵犍为，擒袁韬而降武大定。[2] 再合遵、渝之兵东下，余大海、李占春放舟而奔楚。他如三谭、天锡之辈或降或遁，自此三川之阻兵者皆尽。虽杀运犹未尽，民难犹未弭，而回视向之日月捋虎、霜雪衣裘、倾耳戴目、东窜西奔，以赊须臾之死者，[3] 已不啻水火衽席之不侔矣。[4] 迨己亥、庚子归于一统[5]，蜀民始有生全之乐焉。即今休养五六十年，而元气未复，诚古今所罕见。[6]

【注释】

[1] 辛卯：顺治八年，1651 年。

[2] 刘文秀：张献忠部将，后归降南明政权。杨景星：南明军将领杨展子，率众至阆中降清。袁韬、武大定：姚黄首领，名义上降南明，谋杀杨展，后降清。

[3] 弭：消除。向之：过去的日子。日月捋虎：天天冒虎患的威胁，捋（lǚ），用手指梳理。捋虎，是"捋虎须"之省。霜雪衣裘：寒冬披着兽皮。倾耳戴目：侧耳倾听，搭手张望。形容惊恐的样子。以赊须臾之死：以延缓迫在眼前的死亡。赊，这里指延缓。须臾：极短的时间。

[4] 衽席：床褥和簟席。水火衽席：比喻水深火热的战乱与和平安定的生活。侔：等同。

[5] 己亥：顺治十六年，1659 年。庚子：1660 年。

[6] 此段记众乱军或逃或降而蜀终于平定。自张献忠初入川，历23 年。

余本蜀人，生逢其世，幸赖先人之荫，孩提从先君游宦滇南。迨复故乡间，视故垒遗垣，白骨如霜，弥漫蔽野。故老指之曰：此某贼某君之所屠也。颓垣断壁之间，血痕犹赭，曰：此某贼某兵所污染为游戏者也。城郭村墟，惟余瓦砾，曰：此某贼某兵之所焚毁者也。甚而破釜败缶之中，髑髅犹在，曰：此姚黄或饥民所食之弃余也。至今思之，犹为心悸。故详忆见闻，传之笔札，事皆考实，言非无稽。将来有事蜀乘之君子，[1]或见斯编，不以人废，得荷兼收，非欲补掌故之遗，或可证传闻之误云尔。[2]

【注释】

[1] 有事蜀乘：指编写四川地方史书。乘：史书。

[2] 此段记述明末乱后亲历故乡所见。

附作者传：（采自清段玉裁编《富顺县志·卷五》）

杨鸿基，字德公，号自怡，侍郎述中孙，三泊县令愈昌子。[1]幼随父云南任，父卒，扶榇归自黔中。值蜀乱，侨居贵筑，[2]方七岁。母郭氏，知书，侍母课读，遂通经、史、诗、古文、词。乱后归，无意仕进，布衣终身。……卒年七十四，著有《葛山集》。

【注释】

[1] 三泊县：今云南省安宁市县街镇。

[2] 贵筑：在今贵州省贵阳市。

沈华阳传

[明] 范文英撰

殷　科　标点注释，周及徐　审订

【说明】：沈云祚，崇祯年间四川华阳（今属成都）县令。故称沈华阳。沈云祚为官忠直，有才干。生当乱危之际，不顾身家，忠于职守，竭力于危难之间。城陷不屈，慷慨赴死。时（南）明王朝四川西南巡抚范文英（四川内江人）为之作传。其子沈荀蔚长大成人后著《蜀难叙略》，记录了这一段动乱的历史，为明末四川地区重要史料。选自《中国西南文献丛书》，《西南史地文献·蜀难叙略》，缪文远主编，兰州大学出版社，2004 年，383 – 385 页。

公讳云祚[1]，字予凌，号岱来，南直隶太仓州人[2]。崇祯丙子[3]，举于乡，庚辰[4]，成进士。授华阳令[5]。

【注释】

[1] 沈云祚：崇祯年间华阳县令。

[2] 太仓州：今江苏省太仓市，位于江苏省东南部。

[3] 丙子：崇祯九年，1636 年。

[4] 庚辰：崇祯十三年，1640 年。

[5] 华阳：今成都市明代分为成都府和华阳府，华阳为成都南边部分，包括现在的市区南部和郊区。

本段叙述沈云祚的简要生平。

时群寇纵横久，海内糜烂。逆贼张献忠屡出没于楚蜀之交[1]，所在残破[2]。揭竿而起者，浸不可制[3]。公初释褐[4]，万里单舸，溯江流，摩贼垒[5]，远令岩邑[6]，慨然有保障全蜀之志[7]。

【注释】

[1] 张献忠（1606 - 1647），陕西定边县人，明末农民起义首领。曾在成都建立大西政权（1644 年 8 月）。在占据四川时期，大肆屠杀。顺治三年（1647 年 1 月）在交战中被清军射杀于四川西充县。

[2] 所在残破：指张献忠军队所到之处损毁破坏。残破，用如动词。

[3] 浸：逐渐。制：禁止、遏制。

[4] 释：放下。褐：粗布或粗布衣服。释褐：指摆脱平民身份。

[5] 摩：接近，迫近。

[6] 远令岩邑：远道而来做华阳令。岩邑：险要的城邑，这里指成都。

[7] 本段叙述明末形势，以及沈云祚的志向。

壬午四月[1]，甫视事[2]，即以计擒诛狡贼秦缵勋等。先是，蜀有摇黄贼之祸[3]。秦缵勋者，川东石柱土司秦良玉之族也[4]，潜伏内地，为贼耳目。已并其党诱执之，置于狱，夜半杀狱卒逸去[5]。吏请闭城大索[6]。公曰："无张皇[7]，扰民无益也。"潜发书土司[8]，授以方略。土司果擒贼至，悉断其手足指矣。吏惊以为神。公曰："吾策之审矣[9]，贼逾狱，必以石柱为逋逃薮[10]。"秦夫人方以剿寇效节朝廷[11]。讵肯庇缵勋而隳功名乎[12]。于是立决杀之[13]。

【注释】

[1] 壬午：崇祯十五年，1642 年。

[2] 甫视事：刚上任。甫：开始，刚刚。视事：这里指上任办公。

[3] 摇黄贼之祸：号称"摇黄"的盗贼之祸。"摇黄"又称"姚黄十三家"，是明末趁乱活动于四川地区的盗匪。

[4] 秦良玉，四川忠县人。明末女将，骁勇善战，曾任石柱总兵、四川总兵官，为明王朝率所属"白杆兵"参加四川平叛、抗清诸役，战功卓著。累功至太子太傅，赐一品诰命夫人。族：家族同姓的亲属。

[5] 逸去：逃跑。

[6] 大索：大肆搜索。

[7] 张皇：惊慌。

[8] 潜：秘密地。发书：送信。土司：指秦良玉。

[9] 吾策之审矣：我推算这事很清楚了。审：明白。

[10] 逋逃薮：逃跑的地方。逋（bū）：逃亡。薮（sǒu）：人或东西聚集的地方。

[11] 效节：效力尽忠。

[12] 讵：副词，表反问，"难道"。隳：毁坏。

[13] 立决杀之：（沈云祚）立即判决处死了秦缵勋等人。决：判决。本段叙述沈云祚计擒逃犯。

甲申正月[1]，献逆破夔门而入[2]，蜀中大震。公知事迫，屡至蜀府请见，欲为王陈守御之策，不应[3]。内江王雅信公[4]，公乃欲借内江得之蜀[5]。往说内江曰："人无愚者，皆知贼势披狙[6]，成都必及于祸。今蜀府货财山积[7]，不及今捐之[8]，募死士东向杀贼，一旦豕突[9]疆场，军民奔逸，谁为王守此府库乎？愚者敛财而府（伏）祸[10]，智者转财以为功。蜀中有险可凭，有兵可战，特患无财用[11]，诚不爱万金之赏[12]，鼓励行间[13]，臣等身编行伍，效死争先。上赖朝廷威灵，犹可扫除寇乱，保全家国。不然，拱手授贼无为也。且独不见周楚之已事乎[14]？"先，闯逆围大梁，周王下令，斩贼一级赏五十金[15]。贼以是不克而去。献贼破武昌，阅楚府私藏[16]，笑其有财而不知用。公以是激内江，内江心动，入为蜀王言之。王内惜金钱，苟幸无事，以祖制辞。公见王府拥财不发，大吏握兵束手。一县令子立危城[17]，欲战守而无蚍蜉蚁子之卒，欲招募而无斗粟束刍之饷，张空拳而举动掣肘[18]，盖至是而知事不可为。不待城亡骂贼之日，已自分必死矣[19]。

【注释】

[1] 甲申：崇祯十七年，1644年。

[2] 夔门，瞿塘峡西口，雄踞长江三峡之首，在今重庆奉节的白帝城下。

[3] 不应：（蜀王）不接见（沈云祚）。蜀王：朱至澍，明王朝所封最后一位蜀王，张献忠破成都时其全族被戮，自己率妃妾投井自杀。

[4] 内江王雅信公：内江王很信任沈云祚。内江王：明蜀王之下的四川境内的王，是历代蜀王的嫡、庶子们。内江王第一代是蜀和王的庶子。文中这位可能是朱至沂，最后一位内江王。雅：甚，很。

[5] 公乃欲借内江得之蜀：沈云祚于是想凭借内江王的力量，让内江王到成都去说服蜀王。

[6] 披猖：猖狂。

[7] 蜀府：蜀王府。山积：堆积如山。

[8] 及今：趁现在。捐：献出。

[9] 豕突：像野猪一样奔突乱窜。

[10] 愚者敛财而府祸："府"当为"伏"，因上句"府"字而讹。

[11] 特：只、仅、独。

[12] 诚：果真。爱：吝惜。

[13] 行间：行伍之间，指军队。

[14] 已事：已经发生的事。

[15] 五十金：银五十两。银一两为一金。

[16] 阅：查看。

[17] 孑：单独，孤单。

[18] "欲战守而无虮蜉蚁子之卒，欲招募而无斗粟束刍之饷，张空拳而举动掣肘"：想要战斗守卫城池却没有一兵一卒，想要招募军士却没有粮草军饷，两手空空，一举一动皆受制于人。刍：喂牲口用的草。掣肘：拉住胳膊，比喻阻挠别人做事。

[19] 不待城亡骂贼之日，已自分必死矣：不需等到城破怒斥敌寇的时候，已经自度必死无疑了。分：料想。沈云祚后来被俘，怒斥张献忠而死。此语尤见沈云祚之忠于职守，生死不渝。

本段叙述沈云祚早有远见，使内江王游说蜀王，以王府资财充饷，扩军备战，却被昏庸的蜀王拒绝。

三月，闯逆陷京师[1]，先帝殉社稷[2]。六月，献逆破重庆，杀巡抚，乘破竹之势，鼓行而西[3]，所过无坚垒。纵火焚掠，数百里烟焰属天[4]。漏刃余民[5]，扶老携幼，号哭道路西奔者，日夜不绝[6]。

【注释】

[1] 闯逆：指李自成（1606 - 1645），明末农民起义首领，号闯王。陕西米脂人，崇祯二年（1629 年）加入农民起义，后成为首领。崇祯十六

年（1643年）进占西安，1644年正月，建立大顺政权，年号永昌。同年三月，攻克北京，推翻明王朝。四月，被清军与明总兵吴三桂合兵在山海关击败，李自成逃归西安。顺治二年（1645年）在湖北通山九宫山战死。

　　[2] 先帝殉社稷：指崇祯皇帝死于国难。殉：为……牺牲生命。社稷：社指土神，稷指谷神，后来就用社稷来代表国家。

　　[3] 献逆：指张献忠。西：这里指向川西进攻。

　　[4] 属天：连天。

　　[5] 漏刃余民：侥幸逃过屠杀而余生的难民。

　　[6] 本段叙述张献忠攻破重庆，烧杀抢掠，乘势向西。

　　是月，成都火器局无故火发，毁庐舍，军民死无算[1]。人情益汹汹[2]，疑肘腋皆贼[3]。蜀藩始惧[4]，悔用公言不早。甫出财佐招募，而贼已水陆薄城下矣[5]。八月五日，御史刘公之渤、总兵刘公佳胤，乘城而守[6]。总兵出战，大败奔还。贼乘势急攻，三日城陷。蜀王率其妃嫔自沉于井。总兵走死浣花溪[7]。公与刘御史及理刑刘士斗、成都令吴继善等俱被执，幽于大慈寺[8]。

【注释】

　　[1] 无算：无法计算，形容极多。

　　[2] 汹汹：形容慌乱、纷扰的样子。

　　[3] 肘腋：胳膊肘和夹肢窝，比喻极近的周围。

　　[4] 蜀藩：指蜀王。

　　[5] 甫：开始，刚刚。佐：辅助，帮助。薄：迫近。

　　[6] 乘城：登城。

　　[7] 走：逃跑。浣花溪：在成都西郊杜甫草堂一带。

　　[8] 执：拘捕。幽：囚拘，监禁。大慈寺，位于今成都市东风路。创建于唐，玄宗赐额"敕建大圣慈寺"，历经兴废，多次毁于兵火。现存诸

殿为清顺治至同治年间陆续重建。为成都著名古寺。

本段叙述成都陷于张献忠军，沈云祚等官员被囚禁于大慈寺。

是时，贼有众百余万，据名都，雄视全蜀，谓天下不足定，将即伪位[1]。乃遣其党，即幽所，飨诸文武[2]，欲降之以备百官，而临以白刃[3]。贼固属意大吏也[4]。公奋然怒，从众中跃而起，手掷案大骂逆贼死万段[5]，指其口曰："有口，食贼肉耳，岂食贼粟哉!"公长躯雅度，至是气愤盈，目光炯射，须髯戟张[6]，揎袖指贼，骂声响撼廊庑。出贼不意，相顾错愕[7]，奔告逆[8]，遂杀公。时年四十有三。两刘公亦同日死之[9]。

【注释】

[1] 谓天下不足定：认为平定天下（也）不难。伪位：指张献忠自立为皇帝。

[2] 乃遣其党，即幽所，飨诸文武：（张）于是派遣自己的党羽，来到监狱，让被俘的文武官员就餐。即：来到。飨：让……吃饭。

[3] 欲降之以备百官，而临以白刃：想要使他们投降，来充任自己的新朝官员，并用明晃晃的屠刀相向。备：充任。白刃：锋利的刀。

[4] 贼固属意大吏也：张献忠专门用意在大官员（指沈云祚等人）。属（zhǔ）意：专注于。

[5] 掷：扔。案：这里指饭食的托盘。

[6] 炯：明亮，光亮。戟张：像戟一样竖立张开。

[7] 错愕：惊愕。

[8] 奔告逆：跑去禀告张献忠。

[9] 本段叙述张献忠欲招降百官以为大西朝，沈云祚不为所动，怒斥敌酋，不屈就义。

呜呼，公自闻警以来[1]，已决计于死，而今果死矣。当日法吏戎臣伏节而死者相枕藉[2]。舍生取义，岂独难一县令？然是日为县令而死者独有公，则公之死又似不易也。夫人臣之义，未有陷贼而不死者，彼幸生者何人欤[3]？于是而知公为得死所矣。余曾谒公于华阳，语及寇乱，叹息："国论之失于操纵[4]，坐使中原流离[5]。益州天府，已残毁不支[6]。而文法烦密，虽有豪杰，欲自奋不能。国家事正未可知，万里孤臣，死不知所[7]。"语次慷慨[8]，余已为公悲之。至是道路籍籍[9]，果传沈知县独死贼矣。乙酉十一月[10]，义师复雅州[11]。有反正参议郝孟旋道其事。而参将邹振从贼中来，稔其死时状[12]，谓献逆怒公，挥众丛刃之，骨肉为醢[13]，始得其详。[14]

【注释】

[1] 闻警以来：听到张献忠进犯成都的报警以后。

[2] 当日法吏戎臣伏节而死者相枕藉：当时文官武臣循节操而死的人不计其数。相枕藉：（很多死去的人）交错地倒或躺在一起。

[3] 彼幸生者何人欤：那些苟且偷生的是何等（卑劣的）人啊？幸：希图得到非分的东西。

[4] 国论：指国家大计。操纵：筹划。

[5] 坐使：致使。流离：因为灾荒战乱而流转离散。

[6] 益州，指今天的四川盆地一带。不支：不能支撑。

[7] 死不知所：不知将死于何处。

[8] 语次：交谈之间。慷慨：充满正气，情绪激昂。

[9] 籍籍：众口喧腾的样子。

[10] 乙酉：顺治二年，1645 年。

[11] 义师复雅州：指南明军攻占雅安一带。雅州：今四川雅安。

[12] 稔：熟悉。

[13] 谓献逆怒公，挥众丛刃之，骨肉为醢：说张献忠暴怒于沈云祚

之不屈，指挥徒众乱刀齐下，砍成了肉酱。丛：众多。醢（hǎi）：肉酱。

[14] 本段叙述作者（范文英）对沈云祚的追思。

闻公妻子尚有存者[1]，余访得之于九溪山[2]。其戚张士伟以公之子来见，仅八龄[3]。士伟为余道，挈公遗拏（孥）[4]，奔走流离，滨死而生。且述秦缵勋事，谓公临事晓畅机宜[5]，发策洞中窾要[6]。使当日少用其言[7]，不以绳墨束缚之，使得展布四体，先事办贼[8]，即未能灭贼，比不至为贼所破。纵大势不可为，亦当如巡、远百战杀贼[9]，少伸忠臣义士之气，惜乎其未遂也！相与流涕久之。士伟江南奇士，有经济才[10]。余檄之权洪雅令[11]。能画策佐军需不乏，无何死于职，未竟其用[12]，至今惜之。[13]

【注释】

[1] 闻公妻子尚有存者：听说沈云祚的妻子、儿女还有活着的。

[2] 九溪山，位于云南省红河泸西县永宁乡境内。

[3] 其戚张士伟以公之子来见，仅八龄：沈的亲戚张士伟领着沈云祚的儿子来相见，才八岁。公之子：即《蜀难叙略》的作者沈荀蔚，时尚年幼。以：带着。

[4] 挈：带着，领着。遗孥（nú）：（死后）留下的孩子。

[5] 晓畅机宜：明了熟悉对策。

[6] 发策洞中窾要：发出对策能明察对方的空虚和要害之处。洞：明白地观察。窾（kuǎn）要：空虚和要害。

[7] 少：略微。

[8] 办：对付。

[9] 如巡、远百战杀贼：如张巡、许远一样守城苦战杀敌无数。巡、远：指唐代名臣张巡、许远。二人在安史之乱中，率兵几千人坚守睢阳城，抵抗十万叛军数月，城陷被杀。事迹见韩愈《张中丞传后叙》。

［10］有经济才：有经国济世的才能。

［11］檄：用文书来征召。权：代理官职。

［12］无何：不久。竟：终。

［13］本段叙述作者寻得沈云祚的遗孤，与张世伟谈论，叹息沈云祚壮志未伸。

论曰：余次序华阳公事，而知守节死义之臣，天之所属意，必有所以扶持于其间也。方贼之斩艾蜀民[1]，搜牢仕宦[2]，数千里扫地无迹。即畏死而降者，往往龆龀不遗[3]。而华阳之寡妻弱子，独能脱其身于刀涂血道之中。虽提携悍御之有人[4]，亦天之悯其忠而不忍使之无后也。天步方艰，尚阙襃阳赠恤之典[5]。一旦皇路清彝[6]，访求死事孤忠，则公之食报于身后者[7]？宜何如其俊伟乎？第恐其子语焉而不详，士伟即死而无所考，故传其大节以授之[8]，且名之曰世荫，以俟[9]诸异日焉。

【注释】

［1］方：当。艾：通"刈"，割，引申为砍掉、杀害。

［2］搜牢：掳掠。

［3］龆（tiáo）龀（chèn）：儿童换牙。这里指儿童。

［4］提携：这里为保护之意。

［5］襃扬赠恤之典：宣扬英名、厚加抚恤的法规。

［6］皇路清彝：天下太平。清彝：即清夷，太平。作者为明朝官员，当时南明王朝还在西南诸省抵抗清军，所以作者抱着希望这样说。

［7］食报于身后：指国家为有功的忠臣立庙祭祀。

［8］第：但，只。即：假若。授之：指交给沈云祚的儿子。

［9］荫：指因祖先有勋劳受封、得官。俟：等候。异日：指明王朝恢复的那一天。

本段叙述作者写作此文的原因。顺治十八年（1661）永历帝被俘，南明政权灭亡，作者的希望最终破灭了。然而他的《沈云祚传》和沈荀蔚的《蜀难叙略》都流传了下来，告诉后人四川地区这一历史上的浩劫，以及忠直之士在危难关头的毅然抉择。

【启事】为研究西南地区方言与本地区历史之关系，《语言历史论丛》从本期起开辟专栏，将陆续选刊元明清时期西南地区有关史料（标点和注释），以及与历史移民有关的史料和研究文章，请读者留意，并欢迎投稿。

图书在版编目（CIP）数据

语言历史论丛.5/四川师范大学汉语研究所编.—成都：巴蜀书社，2012.5

ISBN 978-7-5531-0017-3

Ⅰ.①语… Ⅱ.①四… Ⅲ.①语言学—文集 Ⅳ.①H0-53

中国版本图书馆 CIP 数据核字（2012）第 079574 号

语言历史论丛（第五辑） 四川师范大学汉语研究所 编

责任编辑	黄云生
出　　版	四川出版集团巴蜀书社
	成都市槐树街2号　邮编610031
	总编室电话：（028）86259397
网　　址	www. bsbook. com
发　　行	巴蜀书社
	发行科电话：（028）86259422　86259423
经　　销	新华书店
印　　刷	成都蜀通印务有限责任公司
版　　次	2012年5月第1版
印　　次	2012年5月第1次印刷
成品尺寸	203mm×140mm
印　　张	11.75
字　　数	280千字
书　　号	ISBN 978-7-5531-0017-3
定　　价	25.00元

本书如有印装质量问题，请与发行科联系调换